本书是 2017 年度宁波市与中国社科院战略合作研究课题经费资助的课题《宁波城乡一体完全消融范式研究——基于全域都市化的视角》（NZKT201703）的研究成果。

Ningbo Chengxiang Yiti Wanquan
Xiaorong Fanshi Yanjiu
Jiyu Quanyu Dushihua de Shijiao

宁波城乡一体完全消融范式研究
——基于全域都市化的视角

姜卫韬 / 著

ZHEJIANG UNIVERSITY PRESS
浙江大学出版社

前　言

　　党的十九大报告对乡村振兴战略的有关阐述中特别提到,要建立健全城乡融合发展体制机制和政策体系。在城市化率超过50%的今天,我们究竟需要一条什么样的城乡一体化道路?推进新型城乡一体化,就是要在产业支撑、人居环境、社会保障、生活方式等方面实现由"乡"到"城"的转变。未来10年至20年,我国城乡一体化仍然处于快速发展期,城乡一体化带来的需求是支撑未来20年中国经济平稳较快发展的最大潜力所在。

　　总体上看,改革开放以来,中国基本上走的是一条粗放外延式的城乡一体化道路。城乡一体化推进呈现"高速度、低质量"的特点,农民市民化程度低,城乡一体化速度与质量不匹配。特别是在城乡一体化加速推进的过程中存在着严重的"五重五轻"现象,即重速度、轻质量,重建设、轻管理,重生产、轻生活,重经济、轻社会,重开发、轻保护,由此导致城乡一体化进程中的不协调、不可持续、不和谐和非包容性问题的突出。可以说,中国的城乡一体化是一种典型的缺乏质量的不完全城乡一体化。这种不完全性主要体现在大量进城务工的农民工、郊区就地转化的农转非居民,以及城镇扩区后存在的大量农民。他们虽然常住在城镇地区并被统计为城镇居民,但并没有真正融入城市,仍然游离在城市体制之外,处于非城非乡的尴尬境地,其生活和消费方式仍然保留着农民的习惯和特征,市民化程度很低。

　　从根本上讲,城乡一体化不是简单的人口比例增加和城市面积扩张,更重要的是实现产业结构、就业方式、人居环境、社会保障等由"乡"到"城"的重要转变,蕴含着深刻的利益结构调整。长期以来,城乡一体化被一些地方片面地当作经济增长的引擎,而城乡一体化过程的本质是要使农民、市民富裕起来。有的地方只有"城市",还没有"化",城市化率存在虚高现象。由于统计口径方面的原因,在城市连续居住超过 6 个月便统计为城市人口。但实际上,绝大部分进城务工人员和失地农民仍未能充分享受到城市的公共服务和社会保障。

当前,中国城乡一体化已经进入一个重要的战略转型期。这种战略转型主要表现在以下几个方面:

第一,城乡一体化速度将由加速向减速转变。一般认为,30％～70％的区间属于城乡一体化的快速推进阶段,其中,30％～50％的区间为加速时期,50％～70％的区间为减速时期(魏后凯,2011)。2017 年,中国城乡一体化率达到 58.52％,表明未来中国城乡一体化将进入减速期,城乡一体化推进的速度将会逐渐放慢。由于发展水平和阶段的差异,四大区域的城乡一体化将呈现不同的发展格局,东部和东北地区已进入减速期,而中西部地区仍将处于加速期。

专栏:中国城市化发展历程

一、改革开放前城市化发展历程

1.1949—1957 年城市化起步发展

　　特点:实施重工业优先发展战略,优先发展资源型城市。

2.1958—1965 年城市化曲折发展

　　特点:盲目加快工业化,严格限制城市人口。

3.1966—1978 年城市化停滞发展

　　特点:政治运动成为社会活动中心,工农业生产停滞不前。

二、改革开放后城市化发展历程

1.1979—1984 年城市化恢复发展

　　特点:农村体制改革推动城市化发展,呈现"先进城后建城"特征。

2.1985—1991 年城市化稳步发展

　　特点:乡镇企业和城市改革双重推动城市化,这个阶段以发展新城镇为主,沿海地区出现了大量新兴的小城镇。

3.1992 年至今城市化快速发展

　　特点:社会主义市场经济体制的改革推动了城镇化,大中小城市和小城镇协调发展的新政策鼓励和支持了农民进城务工,城市化进程进入快速推进、全面发展的新阶段。

第二,由速度型向质量型转变。现阶段中国城乡一体化的基本特点是速度快、质量低,城乡一体化的速度与质量严重不协调。在今后较长一段时期内,尽管中国城乡一体化仍将处于快速推进时期,但主要矛盾已经转移到

如何提高城乡一体化质量上来。为此,要坚持速度与质量并重,把城乡一体化快速推进与质量提升有机结合起来,促使城乡一体化从单纯追求速度型向着力提升质量型转变,全面提高城乡一体化的质量。全面提高城乡一体化的质量,关键是坚持制度创新,敢于突破体制性障碍。城乡一体化不是简单的耕地非农化、户口非农化的问题。农村融入城市至少要经历4个方面的变化:一是土地权属变化——从集体土地到国有土地;二是身份变化——从村民到居民;三是经济体制功能变化——从村办集体经济组织到社区股份合作组织;四是社区管理功能变化——从村委会到居委会。其中身份的改变最为容易,土地权属界定最为复杂,社区管理变化最为漫长,而产权则是核心要素。目前,城乡一体化进程中的薄弱环节在于制度建设滞后,制约其他层面的发展建设。这是所谓"城乡一体化滞后"的实质问题。城乡一体化迫切需要加快改革步伐,通过配套的体制改革、政策调整,以及机制创新,突破过去限制城乡一体化发展的各种体制性、机制性、政策性障碍。

第三,由不完全城乡一体化向完全城乡一体化转变。要促使这种不完全城乡一体化向完全城乡一体化转变,关键是加快推进农民市民化进程。目前,农民市民化面临着高成本的障碍。据初步测算,仅解决社会保障和公共服务,农民市民化成本至少人均30万元。很明显,单纯依靠政府或农民都是无法解决的。为此,需要尽快建立多元化的成本分担机制,加快推进农民市民化进程,使农民在社会保障、就业和转岗培训、公共服务等方面享受到与市民同等的待遇,真正使广大农民能够和谐地融入城市,共享城乡一体化的利益和成果。

因此,不能再走过去那种城乡分割的城乡一体化传统老路,而要走符合各地区实际的特色新型城乡一体化道路,强调"以人为本、全面发展",走一种多元化、渐进式、和谐型、可持续的基于全域都市化战略的城乡一体化道路,构建城乡一体完全消融范式。

一、深入推进城乡一体化

浙江是全国城乡一体化发展最快的地区之一,正在由追求城市化速度向转变城市发展方式的阶段过渡。新发布的《浙江省新型城市化发展"十三五"规划》显示,2015年全省常住人口城市化水平达65.8%,高出全国平均水平约10个百分点。"十二五"期间,城乡居民收入比缩小至2.07∶1,是我国城乡居民收入差距最小的省份之一。浙江以占全国1%的陆域面积、4%的人口,创造了近7%的经济总量,这离不开城乡一体化发展释放的巨大能量。

宁波作为与杭州、温州、金华—义乌并列的浙江省四大都市区,经济加快发展,城市集聚辐射功能不断增强,在长三角城市群的地位逐步提升,其省域副中心城市发展势头良好,美丽乡镇加快建设,城市化结构形态更为合理,城乡一体化进程取得显著成就。"十二五"以来,宁波深入实施新型城乡一体化战略,城乡规模结构更为合理,城乡建设和管理体系不断完善,城乡统筹改革深入推进。城乡基础设施和公共服务设施水平及均等化程度明显提高,全面进入全民养老医保时代。城市化体制机制建设方面,深化户籍制度改革,实施居住证制度,稳步推进城镇基本公共服务常住人口全覆盖。深化城乡社会保障制度改革,养老、医疗、社会救助等社会保障水平不断提高。农村产权制度改革稳步推进,开展农村土地承包经营权有序流转,普遍建立县、乡镇两级土地流转服务中心,村经济合作社股份合作制改造稳步推进。

但是实践中仍然存在一些矛盾和问题。比如:城市化滞后于工业化,以人为核心的生存发展需求还未有效激发,对于扩大内需的动力作用还需增强;城镇综合承载能力特别是作为中心城市辐射带动能力还不够强;产业层次提升不快,交通拥堵、环境污染等"城市病"日益突出;等等。

二、加快实施"人的城市化"

随着内外部环境和条件的深刻变化,宁波城乡一体化已经进入以提升质量为主的转型发展阶段。未来一段时期,新型城乡一体要以"人的城市化"为核心。

浙江省提出未来新型城市化发展的六个目标是:城市化水平和质量同步提升,区域协同和城乡一体化水平更高,城市经济创新力进一步增强,城市建设和管理水平全面提升,城乡环境品质显著改善,城市化体制机制不断完善。宁波如果要实现省里提出的目标,就必须对传统的城乡一体化战略和模式彻底扬弃,全面提高城乡一体化质量,促进城乡一体化健康发展。一是走融合型城乡一体化道路。坚持城乡统筹的理念,积极推进城乡规划、产业布局、基础设施、劳动就业、公共服务、社会保障和社会管理的一体化,促进城乡经济社会协调发展,形成城乡良性互动、融合发展的格局。二是走和谐型城乡一体化道路。坚持以人为本,倡导和谐理念,切实保护城乡一体化进程中农民的合法利益,维护农民的各种正当权益,促进农民和谐融入城市,加快城中村、城市危旧房的边缘区改造,建设平等、公正、安全、宜居的和谐型城镇,加快"人的城市化"进程。

优先解决新生代农民工落户问题,全面放开技术工人落户限制,强化农业转移人口劳动权益保障。要以"人的城市化"为核心，有序推进农业转移人口市民化，着力增加适应居民需求的公共产品和公共服务供给，逐步提升城乡就业和福利待遇水平，大力培育城市人文精神，完善社会治理和社区自治，促进人的素质提高和社会公平正义，使全体居民更多更好地共享城市化发展成果。

同时，保障随迁子女的平等受教育权利，逐步将持有居住证的农业转移人口纳入城市医疗卫生服务和救助体系，全面提高已就业农业转移人口的参保率。确保进城镇落户的农业转移人口享有和城镇居民同等住房救助和保障权益。未在城镇落户的农业转移人口，按照合法稳定就业和合法稳定住所、参加社会保险年限、连续居住年限等条件，逐步纳入城镇住房保障体系。此外，企业应承担劳动保障成本，确保农业转移人口与城镇职工实现同工同酬同权。

为了提高农业转移人口融入城市能力，全面开展农业转移人口的就业技能培训，提高就业素质和生存技能。实行劳动预备制度、职业资格证书制度和就业准入制度，开展岗位技能提升培训，实施企业"订单式"培训，逐步消除无技能上岗现象。强化农业转移人口劳动权益保障。深化完善劳动合同制度，加大执法和监督力度，引导各级政府建立劳动工资预警机制，加强社会应急管理机制建设，保障劳动安全、规范劳动关系。

《浙江省新型城市化发展"十三五"规划》提出，到 2020 年，浙江户籍人口城市化率达 55% 左右，常住人口城市化率达 70% 左右。农业转移人口随迁子女接受义务教育比例达到 100%，城镇失业人员、农民工、新成长劳动力免费接受基本职业技能培训覆盖率大于或等于 90%。届时，城市化水平和质量同步提升，区域协同和城乡一体化水平更高，城市经济创新力进一步增强，城市建设和管理水平全面提升，城乡环境品质显著改善，城市化体制机制不断完善，全省城乡一体发展将进入更高水平的全域都市化阶段，形成完全消融格局。

总之，必须逐步改变传统的增长导向型城市化模式，以民生改善为根本目的，不单纯追求城乡一体化的速度，更关注城乡一体化进程中提高人的生活质量。用科学发展观统领城乡一体化建设，走一条新型城市化道路，全面提升城乡一体化质量和水平。未来，我国还将有 3 亿多人告别农村、进入城市，在十几亿人口的大国推进城乡一体化，进而实现现代化，在人类历史上没有先例可循。中国城乡一体化已经取得的成就举世瞩目，其健康发展在很大程度上决定了中国未来的发展高度，也深刻影响着国民的归属感和幸福感。

目　录

1 绪 论

1.1 研究现状

1.1.1 城乡互动发展研究综述

城乡互动研究从 2004 年呈现快速增长趋势。受农工商联合发展的启示,学者们最初的研究主要集中在城乡经济一体化,将城乡一体化作为一种手段来优化配置生产要素,以便确保城乡协调发展。在这样的基础上提出了城乡发展战略一体化、经济管理一体化、商品市场一体化、经济活动网络化、利益分配合理化等对策思路。其后,研究领域扩展到户籍管理、就业、教育等更为广泛的制度领域,对传统的城乡分割体制的改革进行探讨。目前,学者们已将城乡一体化发展的研究领域扩展到政治、经济、生态环境、文化、空间等各个方面,认为城市与乡村最终将成为一个互相依托、互相促进的统一体(石忆邵,2013)。

一、国外城乡互动发展研究现状

国外城乡互动发展研究主要集中在以下两个方面:

1.综合研究城乡互动发展与可持续发展。日本学者 Takeuch 认为,城乡互动发展能够使城市和乡村的自然环境得到完善和恢复,有助于可持续发展理念的实施,他据此提出了在城市边缘区、典型农村地区和边缘山区建立生态村的设想。在摩洛哥举行的 FIG(国际测量师联合会)区域发展大会上,城乡互动发展和可持续发展的关系得到了与会者的普遍关注。FIG 主席 Holger Magel 教授认为,城乡互动发展有助于解决城市迅速激增的人口、城市贫困人口增加等影响城市和乡村可持续发展的问题,这应该得到土地资源管理、城乡冲突的解决和城乡发展、21 世纪议程等主题的关注和重视。在波兰索波特举行的高级官员团会议上,"只有把城市和乡村看作一个有联系的整体,才是真正意义上的可持续发展"这一观点得到了与会者的一致认同。

2.提出了发展中国家城乡互动发展理念。在美国肯塔基州法兰克福举行的家庭农场管理者委员会年度会议上,提出了发展中国家城乡互动(urban-rural partnership)理念,并认为城乡间贸易、信息、市场和交流等各方面的互助与相互依赖可以促进区域经济发展、提高生活质量和实施可持续发展理念。Christer Bangs 教授在芬兰农村政策委员会的资助下,对区域城乡互助进行了研究,该项目研究的目的在于分析欧洲空间规划项目的研究成果和城乡互助政策的目的,把国际上其他国家和芬兰的城乡互助政策进行联系讨论,评价芬兰城乡互助研究的区域发展项目,为总体评价城乡互助政策打下了基础。

二、国内城乡互动发展研究现状

国内城乡互动发展研究近几年来主要集中在:

1.研究重点从理论研究走向实证研究。修春亮等(2015)选取东北地区具有代表性的大连、长春和白城三市作为研究对象,构建了东北地区城乡一体化进程评估模型;郑国等(2015)以能够代表我国不同地带经济发展水平的江苏、四川和重庆两省一市内共 32 个地级市作为评价对象,构建了城乡统筹评价指标体系。

2.城乡一体化发展水平测评指标体系和测评方法多样化、更加科学化。鲁奇等(2014)采用因子分析法和 ArcGIS 空间分析法,对重庆市城乡关联发展进行了分析。陈鸿彬(2014)借鉴人类发展指数(HDI)的构成,构建了城乡统筹发展评价指标体系。

3.注重制度变迁在城乡一体化发展中的作用。罗雅丽和李同升(2015)分析了制度因素在我国城乡一体化发展过程中的作用,指出制度对城乡一体化的作用机制和阻滞作用。童中贤(2014)指出我国城乡二元结构中的制度因素,并对城乡一体化发展过程中的制度安排作了分析。唐复柱(2016)指出了当前统筹城乡发展中存在的制度障碍以及消除障碍的措施建议。田宝玉、赵云耕(2016)考察了我国城乡二元结构形成的制度根源,并对二元结构转型的阻力和对策建议进行了分析。国务院发展研究中心农村经济研究部部长韩俊提出了我国统筹城乡发展的制度体系构建。张丽艳、李雪艳、高翠珍(2015)等分析了我国统筹城乡发展的制度障碍并给出相应对策。

4.研究与实践紧密结合。黄国胜等(2013)探讨了城乡一体化背景下的新农村建设;陈书卿等(2014)研究了城乡统筹发展视角下重庆市土地资源承载力及农民市民化问题。

三、研究贡献

国内外学者经过长期的研究,在城乡一体化发展研究领域取得了相当大的突破和进展,主要体现在:

1.在城乡一体化发展动力机制研究上,国内学者从乡镇企业发展、乡村工业化、小城镇发展、乡村城镇化、农业产业化、农业现代化等方面进行剖析,形成了具有时代意义的自上而下和自下而上两种城乡一体化发展动力机制。近期不同学科的学者在对不同地区进行实证研究后,认为不同的地区应该有不同的城乡一体化发展动力机制,修正了自下而上和自上而下两种传统城乡一体化发展模式,为不同地区城乡一体化发展提供了理论和经验上的借鉴。

2.在城乡一体化发展模式研究上,国内外学者研究了具有普遍意义的城乡一体化发展模式、小城镇发展模式、城乡网络化发展模式、农村全面发展模式和城市带动发展模式,对不同地区城乡一体化发展具有指导意义。

3.在城乡一体化发展测评研究上,国内社会学、地理学、人口学、经济学、规划学等学科的学者根据学科特色构建了不同内容的评价指标体系:社会发展一体化、经济发展一体化、环境生态一体化、基础设施一体化方面的一级指标较多;二级或三级指标则是数量较多,差异较大。指标权重的确定方法由单一的层次分析法逐渐转向德尔菲法、客观赋权法、专家打分法、主成分分析法、因子分析法、综合比较法等方法的综合应用,评价模型逐渐多元化、科学化,加深和加强了城乡一体化发展研究的深度和科学性。

4.在研究过程中,将城市和乡村纳入一个统一的整体背景下,加强了研究问题的系统性,扩大了研究问题的视野,并广泛开展了对城市的个案研究,产生了一大批具有地方特色的城乡一体化发展模式,有利于更好地服务于地方经济建设。

5.在有关社会保障与公共服务的研究上,研究者已就社会保障与公共服务对于城乡一体化的作用取得共识,围绕社保、教育、文化体系、医疗卫生等城乡一体化进行了研究。

6.在区域城乡一体化发展机制、路径、模式的研究上,相关研究愈加重视区域之间的差异,强调发展模式的独特性;对于城乡一体化发展机制,开始注重多要素、全方位的考虑设计。从乡村城镇化、文化整合、城乡信息化、城乡基础设施一体化、特色产业集群等不同角度探讨了城乡一体化发展的多种途径,有利于指导不同地区城乡一体化发展。

7.在国内外城乡一体化发展理论研究和实践经验总结的基础上提出:(1)城乡一体化发展的实质是实现城乡产业互动发展,城乡产业互动发展是实现城乡一体化发展的基础和重要力量;(2)城乡统筹规划是城乡一体化发展的实现途径,城乡统筹规划可以避免城乡重复建设,保障城乡互动发展有序推进,明确城乡阶段性任务,有效整合城乡资源;(3)政府职能转换、相关法律法规的建立和完善是城乡一体化发展实现的有效保障,具有明确职能定位的政府可以在一定程度上加速城乡一体化发展的实现,相关法律法规的建立和完善是保障城乡居民在城乡一体化发展中利益的重要途径;(4)城乡基础设施的建设和完善是城乡一体化发展的基础,发达、完善的基础设施可以使城乡之间的物流、人流和信息流顺畅、快捷地流通,减小城乡发展的成本。这四个具有普遍意义的城乡一体化发展基础条件的提出,为指导各地区城乡一体化发展指明了方向。

四、研究不足

1.在城乡一体化发展影响因素和动力机制研究上,对影响城乡一体化发展的内在因素研究不足,如城乡间历史文化的联系、意识形态、共同发展意向等,一味强调城乡如何发展,忽略了城乡一体化发展的基础性因素。缺乏这些基础性因素的研究将导致城乡不能互动发展或发展具有不可持续性。

2.在城乡一体化发展模式研究上,城市带动农村发展模式和农村全面发展模式过分强调城市的优先发展和农村的自我发展,忽视了城乡联系对城乡一体化发展的影响,违背了经济发展的客观规律。对于小城镇发展模式的研究,过分强调乡镇企业发展的作用,而忽视了不同地区发展乡镇企业的可能性,现阶段国家政策、乡镇企业自身发展规模、投资主体、农村劳动力转移等因素的变化对乡镇企业的影响,缺乏对乡镇企业带动城镇化发展的深层次分析和对乡镇企业以外推动城镇化产业或因素的研究,忽视了无产业推动小城镇建设的弊病。

3.在对不同地区城乡一体化发展模式的研究上,对经济发达地区的城乡一体化发展模式研究较多,而且研究的尺度以省级行政区居多,针对中观层面的县级行政区研究较少。同时,针对大都市区这类地区的城乡一体化发展研究较少。

4.在城乡一体化发展的实现途径研究上,提出的实现途径只偏重宏观层面,概括性太强,忽视了对不同类型地区城乡一体化发展途径的研究,而且理论性较强、可操作性较差,忽视了适用的可能性和针对性。

5.在城乡一体化发展测评指标体系研究上,(1)评价指标缺乏完整性:虽然不同学科的学者从不同的学科角度构建了城乡一体化发展测评指标体系,但各学科侧重点不一,过分注重显性指标,忽视了揭示城乡不平衡发展的分析性指标;(2)用工业比较代替城乡比较:城乡一体化发展测评指标测量的是城乡间的互动水平,用工农财政支出比等反映城市和乡村的差别有失准确性;(3)忽视了指标的适用范围:城乡地域系统是一个不断演化的系统,不同的时期、不同的地区应该具有不同的特征,而目前各个学者构建的指标体系试图使用于整个区域,忽视了不同类型地区影响因素的不同;(4)指标缺乏科学性:某些指标只有人均比较意义,缺乏区域比较意义,城乡难以区分,不能如实反映城乡发展的一体化程度。

五、研究趋势

城乡一体化发展是涉及城市和乡村两个子系统间信息、资源、劳动力等要素流动的、复杂的、动态变化的地域系统发展。在研究中需要定性、定量结合,宏观、微观结合。在今后的研究中需要在汲取当前研究不足的基础上,结合研究发展趋势,重点探讨以下几个方面:

1.把城乡地域系统放在一个更大范围的区域背景下研究。国内外学者目前多从城市及其腹地——乡村的角度探讨城乡发展,对大范围区域间其他城市以及乡村对本地城市、乡村的发展影响探讨极少,这样就本地城乡地域系统探讨本地城乡地域系统的研究,缺乏与外部系统的有机联系,使城乡地域系统研究缺乏科学性和说服力。

2.加强研究不同类型地区的城乡一体化发展目标、发展模式、实现途径、测评指标。城乡地域系统是一个不断随时间和空间变化而变化的动态系统,不同地区的城乡一体化发展应该具有不同的发展目标、发展模式、实现途径、测评指标,这就决定了对不同地区城乡一体化发展研究的变化性和多样性。尤其针对目前集中于研究东、中、西三类不同地区的城乡互动,而缺乏大都市区等地区的研究的现实情况,此类研究就显得更加迫切和重要。

3.加强城乡一体化发展基础条件研究。区域系统能够一体化发展是建立在一定的历史文化等基础之上的,针对研究城乡一体化发展基础条件研究的空白,加强城乡系统基础条件研究是实现城乡更好、更快发展的迫切要求。

4.加强城乡一体化发展应用研究。主体功能区、乡村振兴是近几年我国提出的重大理论和实践性课题,应加强主体功能区背景下不同地区城乡互动发展动力、实现途径、测评指标和乡村振兴与城乡互动发展关系等深层次的研究。

1.1.2　农业转移人口市民化研究综述

一、制度与体制障碍的相关研究

农业转移人口市民化的概念提出以后,有关农业转移人口市民化的理论研究便蓬勃发展起来并取得了一定的成果。但由于研究时间较短,并没有形成一个完整的理论体系,并且大多数研究集中在分析农业转移人口市民化的制度及体制障碍上,对农业转移人口市民化的现实影响及与其他过程的耦合衔接研究较少。

（一）制度障碍方面

制度障碍在制度层面阻碍了农业转移人口的市民化进程。这些制度是计划经济时代遗留下来的并以致力于实现和维护城乡二元结构为特点。其中最为典型的是以户籍制度为依托的城市公共服务和社会保障制度以及农村土地制度。

1.户籍制度

户籍制度的原有职能是人口的登记与管理。但是,在城市公共服务提供相对不足的背景下,户籍制度还附带着教育、医疗、社会保障及就业等公共服务的职能。在我国过去的发展模式中,地方政府在晋升锦标赛的带动下,把主要精力放在了经济建设上,忽视了公共服务的充分提供,造成了城市公共服务的相对稀缺。一方面,为了更好地促进经济发展,地方政府更倾向于将农业转移人口定位为廉价劳动的提供者,而不是城市公共服务的享受者;另一方面,出于压低成本的考量,雇主也没有足够的意愿为农业转移人口缴纳社会保险。可以说,在上述博弈过程中,农业转移人口牺牲了本该享有的社会保障,换来了城市经济的发展和微观主体效益的提高。更重要的是,城市公共服务不但总量不足,而且结构不优。结构不优体现在大城市拥有较好的教育、医疗、住房保障等条件,而小城镇则因公共服务较差而不具有吸引力,这也从侧面反映出我国财政体制存在的问题。提供全面、充足、均衡的公共物品与公共服务应该是政府的主要职能之一。

在对于户籍制度的研究中,学术界已就户籍制度阻碍农业转移人口市民化达成共识,现在研究的重点主要集中在户籍制度的改革上。辜胜阻(2013)等在分析农业转移人口市民化进程中存在的问题的基础上提出:通过实施差别化落户以及积分制政策实现符合条件的农业转移人口落户;通过居住证制度有序实现农业转移人口市民化的"二维路径"。魏后凯(2015)认为,应按照普惠权利、统一户籍、区别对待、逐步推进的政策思路推进户籍制度改革。同时,在具体的政策措施层面上,应引导农业人口有序转移,建立全国统一的居住证制度,清理与居住证挂钩的各项政策,加快推进相关配套制度改革,以及建立多元化成本分担体系。傅晨等(2012)研究了广东省实施的农业转移人口积分入户政策,分析了政策存在的问题并提出了扩大指标数量、调整指标地区分配、完善计分标准,以及开展相关的配套改革的政策建议。王春蕊(2011)分析了广州和上海两地所实施的居住证管理制度,并指出了其中存在的"人才"偏好,以及普惠赋权相对保守的问题,最后给出了拓宽赋权范围、完善指标体系等政策建议。崔庆五(2014)研究了成都市的户籍制度改革,在总结经验的基础上提出了存在改革的不彻底、改革的收益范围较小及资金压力较大等不足之处,并给出了争取财政支持、改善农村医疗等建议。吴波(2015)解构了2014年7月30日出台的户籍新政,认为应该遵循"规范有序、以人为本、因地制宜、统筹配套"的推进机理,重构农业转移人口市民化推进路径。在实证层面,孙文凯等(2014)研究了2003—2006年大中城市户籍制度改革的效果,结果发现很少有证据显示制度改革对短期劳动力流动产生了显著影响。

2. 农村土地制度

农村土地制度主要指现行的农村土地征用制度及农村土地产权制度。现行制度规定:农村土地属于集体所有,城市土地属于国家所有。在农村土地转变为城市建设用地的过程中,地方政府拥有垄断权。在旧城镇化发展模式下,地方政府在土地一级市场上以征用的方式低价获得土地,在二级市场上通过拍卖的方式高价出让土地。地方政府通过高额的土地出让金来弥补财政收支缺口,更好地实现经济增长的目标。获得土地后,房地产开发商或高价囤地或高价卖房。而农业转移人口在农村面临的是低廉的征地补偿,在城市面临的是畸高的房价。这在无形中增加了农业转移人口市民化的难度。可以说,通过土地用途的转变,实现了财富由失地农民向地方政府以及房地产开发商的转移。而失地农民是农业转移人口的重要组成部分。

农村土地产权制度忽视了农业转移人口的"退出"需求。面临着高昂的市民化成本,农业转移人口仅仅依靠工资性收入很难顺利实现市民化。而农村土地承包权作为农业人口独有的权利,应该为其提供财产性收入。且目前存在的制度变革滞后、市场发育迟缓等问题严重阻碍了农业转移人口从中获利。同时,土地不但是农民的生产资料,更是农民的保障来源。因此,在市民化进程受阻之际,农业转移人口更加重视土地的作用,他们大多将承包地转给亲戚代种或者干脆抛荒,这既损害了农业转移人口的利益,也不利于农业现代化的实现。

同样,在对于土地制度的研究中,学术界已就土地制度迫切需要改革达成共识。目前,学术界关注的重点是如何改革农村土地制度。韩立达等(2013)对农业转移人口市民化的私人成本进行了研究,指出应转化农民的土地承包权和宅基地使用权,从而增加农业转移人口的财产性收入,突破其市民化的私人成本障碍。傅晨等(2015)在对农业人口进行合理分类的基础上,根据不同农业人口对土地的差异化需求,提出需要完善农村土地产权制度,赋予农业转移人口"退出权"。康涌泉(2014)比较了农业转移人口市民化的成本和收益,并指出可以用农村承包土地经营权的抵押来解决城市住房资金问题。吴宝华等(2014)指出,要推进农村土地制度改革,在不改变所有权性质的前提下,强化宅基地、承包地的用益物权属性。安虎森等(2015)认为,农村土地制度改革应该在农村设立退出机制、在城市设立进入机制,并在城乡之间设立鼓励转移的激励机制。郑无喧等(2012)提出了在渐进市民化过程中,"带地进城"的过渡性发展策略的内涵是在保留农业转移人口土地承包权、享受土地收益的同时,允许其带地落户,实现市民化。

(二)体制障碍方面

除了从制度层面研究农业转移人口市民化问题,学者们还从体制层面研究如何促进农业转移人口市民化。对农业转移人口而言,不合理的制度是其市民化的主要障碍。同时,不可否认的是,财政体制改革的滞后以及市民化促进体制和成本分担机制的缺失在深层次制约着农业转移人口市民化的顺利推进。

农业转移人口实现市民化的最主要标志是同等地享有城市公共资源,因此,农业转移人口市民化问题本质上是财政问题。财政体制涉及中央与地方的转移支付、地方政府的支出责任,以及地方政府的政绩考核等多个层面。乔俊峰(2013)认为,农业转移人口市民化受阻的根本性体制原因是现行的财政体制无法实现公共服务的均等配置。他认为主要原因是支出责任的地方化、地方政府缺乏财政能力和意愿,以及转移支付制度未能与流动人口挂钩。石智雷等(2014)认为,由农业转移人口数量过大造成的市民化成本过高以及转移支付制度的不合理导致了农业转移人口市民化进程趋缓。"推进农业转移人口市民化问题研究"课题组(2014)认为,农业转移人口市民化存在财政能力以及财政体制两方面的障碍。其中,财政体制障碍主要体现在政绩考核制度和财政制度设计忽视了农业转移人口。

针对财政体制上存在的问题,不同的学者提出了不同的政策建议。孙红玲等(2014)针对党的十八届三中全会提出的"建立财政转移同农业转移人口市民化挂钩机制",提出了打破户籍界限,按常住人口"标准人"分配的政策主张。石智雷等(2015)提出建立以常住人口为依据的转移支付制度并改善转移制度结构,重点向农业转移人口市民化倾斜等政策建议。乔俊峰(2015)认为,应该明确中央与地方的支出责任,建设与支出责任相适应的地方税收体系以及重构地方政绩考核体系。"推进农业转移人口市民化问题研究"课题组(2014)提出了分类引导、渐次推进的市民化推进原则,以及一系列建立成本分担机制、破除体制障碍的制度建议。寇琳琳(2014)提出,应按照"有序引导增量、优先解决存量"的原则促进农业转移人口市民化,并在教育、社保、住房等方面重点投入,提高农业转移人口市民化能力。

农业转移人口市民化涉及中央政府、地方政府、企业、农业转移人口个人以及城市居民等相关利益主体,为构建市民化的促进及成本分担机制,各利益主体应该进行适当的变革。

赵红等(2015)在分析了农业转移人口市民化制约因素的基础上,以机制设计理论为指导,从五个不同的角度提出了涉及法律、宣传、土地等各个方面的农业转移人口市民化促进机制。王琛(2015)从政府、企业、农业转移人口自身三个层面提出了促进农业转移人口市民化的政策措施,并设计了三者之间的利益分享机制。王玲杰(2014)分析了农业转移人口市民化面临的新变化,在揭示农业转移人口市民化主要问题的基础上提出了城市融入、协调推进、创新支持的农业转移人口市民化推进机制。徐世江(2014)分析了农业转移人口不能顺利实现市民化对经济社会带来的负面效应,在阐述农业转移人口市民化过程中多重矛盾的基础上,提出了涉及财税、成本分担等各个方面的政策建议。余传杰(2014)分析了农业转移人口市民化在素质、能力、成本等方面的多维困境,并提出了政府主导、自愿转化、户籍蜕变等七个不同的机制创新,同时在制度层面也提出了相应的政策建议。杨云善(2014)认为,要想实现农业转移人口市民化,就必须在经济、政治、文化、制度、社会五个方面建立融合机制,在不同机制下,又提出了不同的子机制,共同促进农业转移人口市民化。

蔡瑞林等(2015)在构建目标函数的基础上,用博弈论的方法研究了农业转移人口市民化过程中,地方政府、中央政府以及农业转移人口的行为取向,并提出了旨在促进市民化的改进指标考核,实现地方政府事权与财权相匹配,以及差异化转移支付的政策建议。蔡瑞林等(2015)还提出了以农地非农化收益来补偿农业转移人口市民化公共成本的政策建议,并认为此举是政府获利后对失地农民的反哺。

二、实证研究

在理论研究的基础上,学者们也对农业转移人口市民化做了实证分析,主要沿着以下三条路径:一是对农业转移人口市民化进程的评价;二是对区域农业转移人口市民化公共成本的估算;三是对区域农业转移人口市民化意愿的评估。

(一)对农业转移人口市民化进程的评价

对农业转移人口市民化进程进行评价,有利于找出促进其市民化方面存在的不足之处,从而更好地服务于农业转移人口市民化工作。上官卉彦等(2015)基于 C-D 函数的市民化进程模型,利用 SPSS 计量软件分析调查问卷数据,实证研究了福州市的新生代农业转移人口市民化进程,认为福州市的市民化水平整体偏低,并从政府的职能和新生代农业转移人口两个方面给出了相应的政策建议。魏后凯(2013)首先定义了农业转移人口市民化,并基于计量数据的可获得性,从政治参与、公共服务、经济生活、综合素质等方面对中国农业转移人口市民化进程进行了实证分析,结果表明:2011 年我国农业转移人口市民化程度仅为 39.56%。王桂新(2015)等以调查问卷的形式,研究了上海市的农业转移人口市民化进程。他们将农业转移人口市民化细分为:居住条件、经济生活、社会关系、政治参与以及心理认同等五个方面,计算出农业转移人口市民化程度已经达到 54%。刘传江等(2008)利用 2005 年调查问卷数据实证分析了第二代农民工市民化现状,认为第二代农业转移人口处于中市民化阶段,最后提出了进行户籍制度、土地流转、劳动力市场制度等方面制度创新的建议。周密等(2012)利用沈阳、余姚等地区的调查数据,采用需求可识别的 Biprobit 模型测算出两地的新生代农民工城镇化率为 73%,并提出了增强新生代农业转移人口职业技能培训、提升人力资本的政策建议。勋彦辉(2009)构建了测度农业转移人口市民化率的指标体系,他认为农业转移人口市民化应该包括:人口素质、主观认同、行为方式、权利行使以及生活质量,并给出了计算市民化率的具体公式。徐建玲(2010)将市民化进程测度分为市民化意愿与市民化能力两个维度,从理论层面提出农业转移人口市民化的测度方法,具体测算了 2005 年武汉市农业转移人口市民化程度,结论是达到半市民化状态。张斐(2011)通过建立较为完善的指标体系,计算出我国新生代农业转移人口处于中市民化阶段,并认为其性别、年龄、是否为独生子女对其市民化水平有显著影响。

由以上文献综述可以看出,我国学者通常采用先具体定义农业转移人口市民化内涵,再利用某地区问卷调查数据或全国数据来评价农业转移人口市民化进程。不同的学者在实证方法选取上存在差异,这些方法都存在各自的缺陷,需要学者们作进一步的探索和创新。

(二)对区域农业转移人口市民化公共成本的估算

对农业转移人口市民化成本的估算,有利于进一步厘清各级政府、企业的支出责任,为财税体制改革提供有益参考。张华初等(2015)在综述不同成本测算方案的基础上,选取了分类加总法,分项测算了广州市农业转移人口市民化成本,并提出了成本分担的对策建议。张仲芳等(2015)在合理定义农业转移人口市民化公共成本内涵的基础上,具体测算出江西省 2014 年农业转移人口市民化公共成本为 139843.06 元。李为等(2015)构建了公共成本测算模型,计算得出福建省农业转移人口市民化的公共成本为 10.22 万元,并构建了各级政府之间的公共成本分担机制。眭海霞等(2015)通过计算得出成都市农业转移人口市民化总成本为 285760.84 元,并详细区分了政府、企业以及农业转移人口各自的分担比例,最后提出了构建成本分担机制的对策建议。国务院发展研究中心课题组(2011)基于全国 6 个城市 6232 名农民工的调研数据,计算出农业转移人口市民化的公共成本为 8 万元,并提出了促进农业转移人口市民化的对策建议。姚毅等(2015)使用计量方法测算了四川省、重庆市以及成都市、乐山市的农业转移人口市民化公共成本,并对不同省(市)的公共成本进行了比较,最后构建了在政府、企业以及农业转移人口之间的成本分担机制。张国胜等(2013)从政治经济学的角度出发,认为农业转移人口市民化社会成本产生的根本原因是其劳动的制度性贬值以及基本权利的缺失。同时,农业转移人口市民化的社会成本会随着时间的推移而动态积累,最后提出了就业、户籍、土地等方方面面的制度创新。张继良等(2015)利用第六次全国人口普查数据,计算得出江苏省农业转移人口市民化的成本为 12.3 万元,同时分类计算了第一代以及第二代农业转移人口的市民化成本,苏中、苏南、苏北的市民化成本。

（三）对区域农业转移人口市民化意愿的评估

对区域农业转移人口市民化意愿的评估是采用调查问卷的方式进行的。评估的结果可以作为决策者参考的依据。宋周等(2014)运用主成分分析法,实证检验了成都市影响农业转移人口市民化意愿的各种因素,认为其意愿主要受收入、支出、居住条件的影响,并提出了下一步促进农业转移人口市民化的工作重点。黄勇等(2014)通过大样本调查问卷,从定居意愿、农地权益处理以及期望政策等多个维度实证检验了浙江省农业转移人口的市民化意愿,为制定政策体系提供了有益参考。姜凯凯等(2015)调研了马鞍山市博望镇农业转移人口市民化相关情况,发现影响小城镇市民化意愿的主要因素是房价、年收入等,并提出了小城镇促进农业转移人口市民化的对策建议,包括合理规划城镇、控制房价及户籍制度改革等。何一鸣等(2014)在理论模型分析的基础上,根据广州市农业转移人口问卷调查数据,实证检验了农业转移人口的市民化水平,发现积分入户资格、农地产权及公共福利三个维度都增加了农业转移人口的市民化水平。黄锟(2011)运用罗杰斯特回归模型及入户调查数据对农业转移人口市民化意愿进行了实证分析,结果发现城乡二元制度对农业转移人口市民化意愿有重要影响。王桂新等(2015)通过定量分析发现,就业、住房等社会保障状况对农业转移人口市民化状况具有显著的正向影响,同时农业转移人口自身的年龄、婚育状况以及迁入地的经济发达程度也影响其市民化倾向。

三、研究述评与展望

农业转移人口市民化一经提出,便受到学术界的广泛关注,突破了以往的研究范式,拓展了城乡劳动力转移问题研究的广度和深度。特别是在当前人口红利逐渐消失的背景下,对于农业转移人口市民化的研究会不断走向深入。农业转移人口市民化研究已经取得了一定的成果,对当前全面深化改革具有重要的指导意义,但仍然没有形成一套完整的、系统的理论体系,还存在很多需要完善的地方,主要表现在以下几个方面:

首先,农业转移人口市民化作为一个正在进行的伟大实践,学术界只是就农业转移人口市民化进行单独研究,忽视了与其他进程的耦合、衔接研究。例如:农业转移人口退出农村后,怎样引导农民走规模化、集约化、生态化、市场化的现代农业道路;农业转移人口进入城市以后,如何实现农业转移人口市民化和新型工业化的良性互动与同步发展;农业转移人口市民化对转入地造成了巨大的财政压力,在中央层面,如何协调转入地和转出地之间的财政关系;农业转移人口巨大的住房需求如何与当前的房地产去库存相匹配;农业转移人口市民化与经济增长的相关性有多大;中央政府站在全局的高度,如何才能更好地进行顶层设计,妥善协调好各方的利益冲突;等等。这些问题的解决有赖于学术界的后续研究。

其次,农业转移人口是一个较为笼统的概念。按流入地可以分为:地级市内部农业转移人口、省内农业转移人口以及省外农业转移人口;按是否参与劳动可以分为:劳动力、劳动力家属;按年龄以及市民化意愿可以分为:市民化意愿较弱的第一代农民工、市民化意愿较强的新生代农民工;按受教育程度,可以分为学历较高的农业转移人口以及学历较低的农业转移人口。不同类型的农业转移人口有其独特的利益诉求,而目前的研究对这方面的关注较少。学术界依然停留在对农业转移人口的宏观总量研究,还没有进入微观分析的阶段。

再次,城市也可以按规模分为特大城市、大城市、中等城市和小城镇,不同的城市有不同的土地、公共资源、人口状况。地方政府如何自主探索出一条符合本地区实际情况的农业转移人口市民化发展路径,如何更好地激发中央和地方两个主体的积极性,形成合力,共同促进农业转移人口市民化,等等,这些问题的解答都有赖于学者们的后续研究。

最后,在促进农业转移人口市民化的对策上,虽然学者就制度变革提出了诸多建议,但是大多偏重理论层面,对于我国当前促进农业转移人口市民化以及经济发展的实际而言,缺乏可操作性,实践意义不大。

总之,当前还未对农业转移人口市民化的动态演进进行深入的、实质性的研究。在以后的研究中,要不断拓宽研究领域、深化研究内容、创新研究方法,着重研究农业转移人口市民化与其他进程的相互影响、协调运行,以期形成一套完整的、具有中国特色的农业转移人口市民化理论体系,为我国农业转移人口市民化做出应有的贡献。

1.1.3 全域城市化研究综述

全域都市化的相关研究主要以政府部门为主,相关的学术研究并不多。目前理论研究尚不成体系,案例研究也大多针对大连等少数几个城市,缺乏与城乡一体化、网络化大都市等城市化经验模式的衔接和延伸。因此,在全域城市化的定义内涵、理论基础、在城市化演变中所处的阶段、与相关概念的衔接及区别以及发展模式等诸多方面仍然存在不少争议(见表1.1)。

表 1.1　全域城市化主要研究文献和研究内容

	研究文献	研究内容
学术研究	理论研究:宫希魁《少数发达地区可率先实现全域城市化》,李珊、张弘《全域城市化的理论解析和实践探索》,李宪坡等《全域城市化:理论与实践》等。案例研究:宋凯琦《大连全域城市化发展问题研究》、于洪平《大连全域城市化的内涵及对策》等。	主要是 2009—2011 年的理论成果:一类为全域城市化的内涵、特点、概念研究;另一类是对大连全域城市化的案例研究。
政府研究	大连:《关于加快推进全域城市化的若干意见》《大连加快推进全域城市化实施方案》《大连市加快推进全域城市化的相关政策》等。成都:《中共成都市委成都市人民政府关于推进统筹城乡综合配套改革试验区建设的意见》《世界现代田园城市规划纲要》等。	主要为具体的城市规划政策研究。

　　在学术研究上,宫希魁(2009)在《少数发达地区可率先实现全域城市化》一文中提出,少数局部发达地区可率先实施全域城市化战略,深圳、上海、广州、厦门、青岛、宁波、大连等城市就具备了实施全域城市化的基本条件。宋凯琦(2011)在《大连全域城市化发展问题研究》一文中整理了国外城乡经济统筹发展的理论和实践经验,对近年来大连推动城乡统筹,实现全域城市化的实践过程进行较为系统的归纳总结,针对全域城市化过程中遇到的困难和重点问题进行剖析,并提出自己的对策和见解。李珊、张弘(2011)的《全域城市化的理论解析和实践探索》、于洪平(2011)的《大连全域城市化的内涵及对策》、李宪坡等(2011)的《全域城市化:理论与实践》等研究都对全域城市化的概念、特点、理论基础等进行了探讨。李忠民(2010)的《大连全域城市化发展的策略研究》、李鹏(2011)的《城市化理论与大连市全域城市化战略推进》等研究则对大连全域城市化推进的实施策略和发展现状进行了梳理。

　　国内比较明确提出全域城市化的城市有提出"全域城市化"的大连和提出"全域都市"的成都。大连是国内首个系统地提出全域城市化的城市。2003 年,大连城市发展开始从"精品"向"规模"突破,提出"大大连"发展战略,全域谋划发展。2009 年,在大连市委十届七次全会上第一次提出了"全域城市化"发展战略。2012 年出台《关于加快推进全域城市化的若干意见》《大连加快推进全域城市化实施方案》《大连市加快推进全域城市化的相关政策》等,具体界定了全域城市化的基本含义,并对具体实施情况进行了规划。

　　成都从 2003 年开始探索城乡统筹之路。经过几年的建设发展,2007 年

6月7日,成都被批准设立全国统筹城乡综合配套改革试验区,同年《中共成都市委成都市人民政府关于推进统筹城乡综合配套改革试验区建设的意见》的文件首次提出"全域成都"的理念。文件明确指出,运用"全域成都"的理念和"三个集中"的原则,进一步统筹城乡,推动发展。2010年成都颁布《关于全域成都城乡统一户籍实现居民自由迁徙的意见》,出台12条意见促成城乡居民自由迁移。同年出台的《世界现代田园城市规划纲要》,从霍华德的"田园城市"理论出发,立足成都的现实基础,对全域成都的理念、发展方向和未来具体规划进行了阐述。

宁波城乡一体化的脚步从2002年的"百村示范、千村整治"开始,大力推崇城乡统筹一体化发展。2009年7月出台《关于深化中心镇改革加快卫星城市发展若干意见》,开始网络化大都市建设。近年来,随着城乡一体化初步格局形成,宁波政府有意迈向"全域都市化"新阶段。"全域都市化"理念在2012年宁波第十二次党代会报告上正式提出,之后由宁波市城乡规划研究中心正式成立课题组进行研究。

1.2 研究重点和意义

1.2.1 研究重点

从世界城市化的实践来看,城市化的发展形态有两种模式:一是"人口数量转移型"的城市化;二是"结构形态转换型"的城市化。其中,"人口数量转移型"城市化是初级阶段,传统的城乡一体化模式内在体现于"人口数量转移型"城市化,本质上是一种单维度的城市化;而基于全域都市化的城乡一体化完全消融范式内在体现于"结构形态转换型"城市化,本质上是一种多维度的城市化。

基于全域都市化的城乡一体化完全消融范式是一个以人为中心、受众多因素影响、极其复杂多变的系统转化过程,包括硬件结构和软件结构两大系统的更替和提升,是从传统社会向现代文明社会全面转型和变迁的过程。在继续推进人口数量转移型城市化的同时,要大力推进结构形态转换型的城市化,其核心是城市物质文明和精神文明的不断扩散,农村居民的生活方式日益接近城市居民。因此,基于全域都市化的城乡一体化完全消融范式应当是推动农村现代化和农民全面发展的城乡一体化。

从表征上看,基于全域都市化的城乡一体化完全消融范式同样表现为农业人口转化为非农业人口,并向城市集中的聚集过程,而且是城市在空间数量上的增多、区域规模上的扩大、职能和设施上的完善和城市的经济关系、居民的生活方式以及人类的社会文明广泛向农村渗透的过程。但就更深层次的内涵而言,基于全域都市化的城乡一体化完全消融范式除表现为越来越多的农民从土地上被解放出来以外,更是农村居民物质生活和精神生活得到极大提高,逐步实现城乡协调发展,最终实现消除城乡差别和工农差别的过程。基于全域都市化的城乡一体化完全消融范式更应该强调的是质的方面,强调的是作为一切经济社会活动的终极目的的人在城乡一体化过程中,思想、观念和文化的转变以及附着的物质生活的提高,强调的是一种生活状态的现代化和人的全面发展,是一个综合性的概念(见表 1.2)。

表 1.2　基于全域都市化的城乡一体化完全消融范式与传统城市化的比较

项目类别	传统城市化	基于全域都市化的城乡一体化完全消融范式
城市化核心标志	以城市人口占总人口的比例大小为标志,农民不能充分享受国民待遇	以城乡统筹能力与城乡一体化水平的高低为标志,全体社会成员实现共建共享
城市化动力机制	以农村的贫困和破产为代价,以城乡之间攫取财富能力和享受财富程度的巨大梯度为引力	以城乡享受公共服务均质化为中心,以城乡之间攫取财富能力和享受财富程度的机会平等为追求
城市化哲学思考	在低发展水平条件下,区域:从同化走向异化,从均质走向差异,从和谐走向矛盾	在高发展水平条件下,区域:从异化走向同化,从差异走向均质,从矛盾走向和谐
城市化社会效应	不断加剧的城乡二元结构,表现为贫富差异与区域差异越来越大,最终形成农村与城市的社会对抗	逐步减缓和消解城乡二元结构,表现为贫富差异与区域差异逐步缩小,最终形成城乡一体的社会格局
城市化关注重点	关注城市(产生城乡分离),主要追求物质文明	关注区域(达到城乡融合),共同追求物质文明、政治文明、精神文明和生态文明
城市化要素流动	"人流、物流、信息流、货币流"在城乡之间的单向流动,城市化以集聚为主	"人流、物流、信息流、货币流"在城乡之间的双向流动,城市化表现出集聚与扩散并重
城市化空间结构	以"摊大饼"的模式扩张,产生严重的城市病	以大中小城市与乡村相协调的模式发展,克服城市病

续表

项目类别	传统城市化	基于全域都市化的 城乡一体化完全消融范式
城市化产业关系	第一、二、三产业的产业链简单,互不衔接,界限分明,不利于获取"发展红利"	第一、二、三产业的产业链复杂,界限模糊并互相交叉,有利于获取"发展红利"
城市化演变趋势	城乡之间贫富差异逐步向城市内部贫富差异推移	城市效应外溢,城市内部的富余能力逐步向农村反哺
城市化环境效应	城市污染集中、生存空间狭小,污染物向农村转移,忽视生态伦理	城乡环境统一规划,共建绿色家园,实施生态补偿,达到生态文明
城市化生产方式	城市大工业与农村小农经济并存	城乡作为共同体实现区域的合理分工
城市化生活方式	趋向于奢华和占有的非理性消费,人居环境和生活质量下降	推崇简约和绿色的理性消费,人居环境和生活质量提升
城市化文化方式	削弱和消灭文化多样性	保留乡村文化遗产,倡导文化多样性
城市化发展战略	不利于人与自然和谐,不利于人与人和谐,以"自然系统、社会系统、人文系统"的共同劣质化为内涵	走人与自然和谐、人与人和谐的可持续发展之路,统筹城乡发展,以人的全面提高和发展为基本宗旨

1.2.2 研究意义

中国的城乡一体化进程存在严重的发展不平衡的情况,内陆地区还处于外在功能转化阶段,而以珠三角、长三角及成渝地区为代表的发达地区已经进入到"以人为本"的深度融合阶段。

发达国家的实践表明,农民市民化的变迁缓慢而痛苦,特别是在思想观念上,要让受传统思想观念束缚严重的农民做到真正意义上的市民化,需要经历一个渐进蜕变的过程。在城镇化进程中,我国农民同样面临着相同的市民化困境,他们比较容易在生活空间和户籍身份上完成转化,但在经济条件、思想观念、社会关系转化方面困难重重。解决好农民在生产、生活、观念等方面的市民化转变问题,将直接关系到我国城乡一体化的成败。

因此,研究"不仅涉及农民身份、居住条件和管理体制等外在功能形态上的转变,而且涉及生活方式、行为习惯和精神文化等内在本质上的人的城市化"的基于全域都市化的城乡一体化完全消融范式,对顺利推进我国城乡一体化进程,促进城乡统筹发展和乡村振兴具有重大的现实意义。

1.3 研究目标和方法

1.3.1 研究目标

本课题基于社会融入理论、布迪厄资本理论等城乡一体化理论,在考察国外具有典型意义的发达国家(英国、美国、日本)、发展中国家(巴西、韩国、印度)的城乡关系演变趋势,以及农村人口非农化模式的基础上,从农民非农化与工业化的非同步性、农民非农化内生机制的差异性、农民非农化进程的差异性等三个角度提出了解决城乡一体化的紧迫性与特殊性;在借鉴了国内江苏(长三角地区)、广东(珠三角地区)、成渝全国统筹城乡综合配套改革试验区(西南地区)等具有代表性地区的先进经验之后,揭示了我国城乡一体化进程中存在的核心问题;同时以宁波市鄞州区为样本来源地,通过实地访谈、案例调研,对宁波市城乡一体化的现状进行实证分析;最终从制度层面、文化层面、社会层面、经济层面等 4 个纬度,以及土地制度、社会保障制度、就业制度、农村传统文化、自身素质、社区责任、原市民包容、股权融资、股权交易、组织创新、民主决策、监督管理等 12 个经度,全方位构建基于全域都市化的城乡一体化完全消融范式。

1.3.2 研究方法

本研究遵循"文献、数据资料收集与整理—理论探讨和述评—案例分析研究—资料、数据处理—指标体系构建评价—提出建议措施与研究结论"的研究路径,对目前我国全域城市化、城乡一体化等相关理论及实践研究进行梳理总结,对城乡统筹发展现状进行评价分析,通过借鉴国内外相关城市化理论实践研究经验,提供基于全域都市化的宁波城乡一体完全消融范式构建的相应政策意见。在具体研究方法上强调:

一、归纳演绎法

通过大量查阅国内外已有的理论研究成果,以及城乡一体化进程成熟路径和先进模式,结合宁波的实际,从 4 个纬度、12 个经度构建全域都市化战略下城乡一体的完全消融范式。

二、案例实证法

通过实地访谈、发放调查问卷、随机抽样调查等方法,深入研究宁波城乡一体化进程中的制度瓶颈、保障短板和人的素质缺失,为政策设计提供翔实的依据。

1.4 研究难点与创新点

1.4.1 研究难点

一是宁波城乡一体化进程的初级、中级、高级等三阶段的提炼以及每阶段重点表征及功能的阐述;二是基于全域都市化战略的视角,城乡一体的完全消融范式的构成要素论证,以及逻辑框架的构建。

1.4.2 创新之处

(1)研究完全消融范式下的城乡一体化

本课题研究城乡一体的完全消融范式,不仅涉及农民身份、居住条件、管理体制等外在功能形态上的转变,而且涉及生活方式、行为习惯、精神文化等内在本质上的人的城市化,是对新型城乡统筹模式的有益探索。

(2)研究基于人自身素质及管理体制转化的全域都市化

现有的全域都市化研究大多聚焦于全域空间统筹协调,经济功能分工协作的网络化大都市格局的构建,"域"的范畴偏重于"硬环境"规划,而疏于"软环境"的提升。本课题从人自身素质的转化、物质基础的转化、管理体制的转化三方面来探讨全域都市化,以此契合中央和浙江省提出的新型城镇(市)化战略,是对相关研究的有益拓展。

2　相关概念与理论基础

2.1　相关概念

2.1.1　全域都市化

全域都市化是伴随新型城市化出现的一个新概念,体现了可持续发展、新城市主义、城乡一体化、区域经济一体化等多方面的内容。全域城市化是城市化发展过程中的高级状态,它不仅是区域概念,更重要的是人口结构概念,核心是人的城市化,要求人口在实现从农村到城市空间"转移"的基础上,使农民的从业形态、聚居形态、观念形态,乃至于生产、生活和文化方式向市民转变,教育、医疗、就业、社保等基本公共服务与市民均等化,建立起根本区别于农业社会的城市社会新秩序。中共大连市委党校教授宫希魁(2011)认为,全域都市化指的是在少数发达城市的行政辖区内,经过一定时段的社会发展、市场扩张、自然演进和政府推动过程,逐步实现全地域按照一般通行的城市标准、制度框架、人文理念运行。李宪坡、高宏良等(2013)则认为,全域都市化可以理解为在特定时间维度和特定地域空间内实现人口、产业、生活环境向城市转型,城乡均质发展,城乡二元结构消失,传统"三农"逐步淡出,城乡实现高度融合的状态,是城市化的高级状态,也是城市化的终极目标。于洪平(2014)认为,全域都市化的"全域"指的是"城市化空间",其范围基本上是以经济城市的空间为边界。全域都市化绝不是将大连的全域都市变成城市,也不是农村人口向大连中心城区集中而全域孤立地发展城市。全域城市化的总体发展思路应突出三大主线:(1)由传统农民向现代城市居民转型,即由农民身份转变为市民身份,农民与市民身份一致;(2)由传统农村向现代城市社区转型,即农民的生活环境、居住空间、邻里关系、交往方式将打破传统乡村模式并逐步向城市社区模式转化;(3)由传统农业向现代都市农业转型,即农民生产方式的转型。

总的来说,对于全域都市化的内涵,本研究从以下六点进行讨论。

第一,全域都市化是城市化发展的高级阶段。从国外城市化发展过程来看,一般在郊区化以后,城市会出现松散无序的状态,同边缘城市的发展出现规模不经济,因此以基础设施网络化为起点的再城市化,通过区域产业重构、区域功能重组等打破分割凌乱的状态,逐渐发展成为一个要素流通自由、产业融合发展、功能分工明确的大都市区。全域都市化也是这样一个城市化高级阶段,这一阶段的大都市区的特点是有一个经济实力较强的核心地区,并且区域内社会、经济、文化发展已经较为成熟。在此基础上,以中心城市为核心,统筹实现区域的融合优化,提高大都市区整体的实力。如上海、苏州、大连、宁波等城市化率较高,经济实力强,中心城市实力较强,城乡有差距但差距已经不大的城市,才有能力进行全域都市化建设。因此,所有城市在建设发展中都可以将这一理念作为城市建设的目标,但并不是所有城市都可以顺利实现这样的发展。

第二,全域都市化是把城市作为一个整体来进行建设,实现城市的一体化发展。不同于以往关注城市区域中心或节点的发展,全域都市化关注的是整个城市区域的整体发展。区域内有着层级明确的现代化城市体系,各层次节点间通过完善的交通网、信息网形成脉络通畅、运转高效的现代化网络城市。整个区域实现基础设施、公共服务、制度建设、社会保障、环境保护、规划布局的一体化。

第三,全域都市化注重区域协调发展,实现城市空间功能重组。城市内不同区域有着不同的历史基础和优势条件,全域都市化并不是简单地把城市空间揉成一体,而是根据城市发展的需要和区域基础条件,将原先混乱不堪的城市布局重新进行合理规划,突出不同区域的功能特点,并实现区域间的有机组合和联动发展。区域之间的差异只是功能的不同,而不是优劣的不同。

第四,全域都市化打破城乡割据,实现城乡融合发展。以往城乡割裂的二元社会结构得到改变,形成一种新的城乡形态。农村是有特色的现代化农村,城市是高效的政治经济功能中心。资源、要素、人口在农村和城市之间自由流通,农村和城市相互交融,最终城乡只存在差异而不存在差距。城和乡是各具特色但相互融合的对等关系,并不是单纯的全部城市化。

第五,全域都市化以现代化为其核心价值取向,即从经济、政治、文化、社会全方位建设现代城市和现代农村。城乡经济向着规模化、生态化、效益化发展,社会生活上实现真正的城市化。

第六,全域都市化应该被视为一个长期目标。它的实现需要长时间的铺垫准备,大连(表2.1)、成都(表2.2)、宁波(表2.3)都是经过若干年城乡一体化、网络化的建设之后才着手进行全域都市化建设的,而且在提出实施后也不是立竿见影的,比如成都虽然提出全域成都的理念以及实施的政策措施,但是就现状而言还存在不少问题,无法完全实现这个理念。

表2.1　大连"全域城市化"理念内涵

关键理念	内　涵
全域谋划空间布局	全域科学谋划城市空间、产业和功能布局,按照多中心规划、组团式开发、链条式发展的思路,沿黄渤两海、沈大和丹大两线,构建主城区、新市区、黄海区域城市和渤海区域城市组团,加快推进制造业布局向北转移,基础设施向北推进,城市功能向北延伸,重大项目向北落户,生产要素向北聚集
全域城乡一体化	在全域形成一个完整、层次分明、结构合理、路径明晰、凝聚人心、可控可实现的统一的发展蓝图,从而实现城乡政策上平等、产业发展上互补、国民待遇上一致的新局面
全域农业现代化	全域城市化不是放弃传统农业,而是向工厂农业、生态农业和效益农业转型,对农业和农村经济实行区域化布局、专业化生产、一体化经营、社会化服务、企业化管理
全域村镇社区化	把现代文明输入农村,逐步改造农村的社会意识和社会结构,把农村引领到现代社会和城市体系中来,逐步让农村享受城市社区的文明,实现农村社会的战略转型
全域农民市民化	一方面充分利用区内职业教育资源,实现农民"能力再造",转变农民观念,使农民从根本上转变为现代公民;另一方面完善社会保障和公共服务,使农民享受到与市民平等的权益,而不单单只是户籍的市民化

表 2.2 成都"全域成都"理念内涵

关键词	内 涵
城乡一体	在"全域成都"的理念下,成都 1.24 万平方公里的地域是一个城乡协调、一体发展的经济社会单元,是城市与乡村两种聚落形态的有机结合,是现代城市与现代农村和谐相融、历史文化与现代文明交相辉映的现代大都市
功能重组	在"全域成都"的理念下,成都 1.24 万平方公里的空间范围是一个完整的城市功能地域,是大都市区形态下的城市功能分区和有机重组。成都的周边郊区不再是核心城市的附属,不仅仅是分担核心城市的功能,而是一个完整的大都市区地域单元中不可缺少的重要功能区
城市体系	在"全域成都"的理念下,成都 1.24 万平方公里的地域是一个健康而有序发展的城镇化地区,核心城市与中小城市、小城镇协调发展,人口有序集聚、集疏合理,城市文化、城市生活方式和价值观得到更为广泛的扩散和传播
空间优化	在"全域成都"的理念下,成都 1.24 万平方公里的地域是一个优化的地理空间,是一个包括城镇、乡村、生态等各种基质地域的整体,需要有效整合和利用空间资源,既要保证城市居民生产、生活的发展空间,也要留足必要的生态空间;既要高效地利用平原,也要合理地利用丘陵与山地
协调管理	在"全域成都"的理念下,成都 1.24 万平方公里的地域是一个统一协调、共同管理的行政区域,各个区(市)县既是一个相对独立的行政区域,也是大都市区的一个组成部分,既要增强区(市)县的发展活力,也要强化大都市区的整体协调,既要为本行政区提供公共服务,也需要参与大都市区的共同管理事务

表 2.3 宁波"全域都市化"理念内涵

内 涵	主要内容
综合实力强大	市域经济发展水平高,社会文明程度高,生态环境优良
城乡高度融合	农村发展水平不断提高,城乡差距不断缩小,城市文明向乡村扩散
要素优化配置	网络化交通系统不断完善,基础设施和公共服务设施不断向农村延伸
城市服务优质	城市综合实力不断增强,服务水平持续提升,中心城市重要性不断增强

本研究在对国内外相关理论研究的基础上,对全域都市化的概念进行界定,认为全域都市化指的是,城市化后期,以城市整体作为发展的落脚点,打破城乡割据,协调区域发展的网络化、现代化的城市化高级阶段,是均衡化发展的一种城市化模式。全域都市化的内涵包括城市一体化发展、空间功能重组、城乡融合发展、价值取向现代化等几个方面。全域都市化的核心是耦合发展和均衡发展。一方面,全域都市化注重城市整体的协调发展,在城乡一体化和城市网络化建设的基础上,要求城市内部的资源要素、产业布局、功能分工实现最大限度的耦合发展,提高整体的协调度和综合实力;另

一方面,全域都市化关注城市每一个居民公平的发展权和享有公共服务的权利。因此,全域都市化关注区域、关注城乡间的均衡发展,注重民生建设,缩小居民间收入差距。但值得注意的是,均衡发展并不是平均发展,全域都市化也不是全部城市化。相比人口的城市化,全域都市化关注的是生活水平、价值观、生活方式的城市化。农村和城市、城市各区域间存在发展的差异,但是不应该存在发展的差距。全域都市化的目标是实现城市整体的现代化发展:城市空间功能优化,三次产业全面融合;区域城乡统筹发展,公共服务社会保障均质化,经济发展惠及全民;基础设施全域覆盖,资源要素自由流通。

2.1.2　城市化

城市化,是非农业生产要素、人口、工业和服务业等集聚在城市地区的社会化进程,是人类社会不断发展和进步的产物。在世界经济发展历程中,近50年来,世界城市人口比重由31.2%上升到51.14%。在我国,城市化是一种趋势,与经济快速增长和工业化迅速发展同步。据国家统计局统计数据,我国城市化水平1950年为10.3%,此后30年呈缓慢变化。改革开放后,20世纪80年代城乡一体化进程加快。进入20世纪90年代,我国的城市化水平从1990年的26.41%增长到2005年的41.8%。国际经济发展趋势表明,城乡一体化模式会因具体情况而不同;城乡一体化水平超过30%之后,将进入快速增长期。事实上,我国已经进入城市化快速发展的阶段。

专栏2-1:城市、城市化与城镇化的内涵争议

城市化一词源于法文Urbanisation,后被英文吸纳,衍变为Urbanization。从词源学的角度来考察,Urban(城市、都市)是Rural(农村)的反义词,除农村居民点外,镇及镇以上的各级居民点都属于Urban Place(城市地区),既包括City,也包括Town。国内学术界对城市与城镇的概念与内涵的差异一直存在争论:一种观点认为应将城市与城镇分开来看,城市化主要指大中城市,城镇化则主要指中小城镇;另一种观点认为城市与城镇内容基本一致,都是相对农村而提出的,城市与城镇的生产方式、生活方式、文化等主要方面基本一致。在本课题中,采用第二种观点,相应地对"城市化"与"城镇化"也不作区分。

根据国际标准和经验,城市化有5种类型:①人口规模型,人口规模单纯以居民点人口数量来划分城镇;②人口规模+人口比重型,这既要求集聚区具有一定的居民人口规模,又要求这些居民中要有一定的非农业人口;③人口规模+人口密度型,根据人口的集中性来确定城镇定义;④行政区划型,不以居民集聚区的人口规模作为依据,而以法律或行政建制作为依据,即集聚区的行政建制市镇,其范围内的人口即为城镇人口;⑤综合复合型,强调同时使用几种标准,综合判断城乡居住地。

城市是非农业生产要素和人口居住的集中,是生产力、社会化分工、社会生产关系变革和发展的必然结果,是区域经济、政治、文化发展的中心和经济发展到一定阶段的重要标志,是人类历史长河中文明进步到一定阶段的必然产物。

城市化,最早出现在西班牙工程师塞罗达1867年的《城市化基本理论》一书中,他首次使用了"城市化"这一概念。城市化最原始的含义,是概述城市人口与非农业生产要素迅速的增加。随着时代的发展,城市化被认为是一个复杂的空间形态变化和社会的、经济的发展进程。就理论角度而言,学者们从不同的学科、不同的侧面对城市化做出了不同的解释。

人口学者认为,城市化是农业人口向非农业人口转化并在城市集中的过程,表现为城市数量的增加,城市人口的不断增多,乡村人口向城市人口迁移。

地理学者认为,城市化是由社会生产力的发展,导致农业人口向城镇人口、农村居住点形式向城市居民点形式转化的全过程。城市景观逐渐向乡村地区推进或乡村景观逐渐向城市景观转变,包括城镇人口比重和城镇数量的增加,城镇用地的扩展,以及城镇居民生活状况的实质性改变等。

经济学者认为,城市化是乡村经济向城市经济的转化过程,城市区别于乡村主要在于产业上以非农业为主,人口向城市的集中是从事第二、三产业的需要。因此,城市化的过程是由技术进步、生产专业化带来的人口从第一产业向第二产业和第三产业转移的过程,这种职业上的转移伴随空间上的进一步集聚。

社会学者认为,城市化是社会生活方式的主体从乡村向城市的转化。国外学者认为,城市化是一个变传统落后的乡村社会为现代的城市社会的自然历史过程。国内学者认为,城市化是指农业人口向城市人口转变,农业劳动方式向非农业劳动方式转变,以及城市生活方式的创立、采用和普及的过程。这包括城市数量的增加、规模的扩大、城市人口在总人口中的比重增长,公共设施、生活方式、组织体制、价值观念等方面城市特征的形成、发展以及对周围农村地区的传播和影响。

因此,全面理解城市化的概念,就必须从多个角度来认识。从根本上说,决定城市化的因素是生产要素的集聚,即非农产业尤其是工业生产要素的集聚。因为非农产业不同于农业,它要通过追求生产要素的集聚形成规模经济而获得更高的收益。劳动力也是生产要素,而这一生产要素的集聚表现为人口的集聚。非农业生产要素集聚的最佳方式就是城市或非农业生产要素集聚改变农村和村镇。在城市设立的企业还可以利用共同的基础设施,从而节约投资和运营成本;在城市生活的人口可以享受更舒适的生活。所以,城市呈现加速发展的趋势,这就是城市化的一般逻辑。

如果说上述的城市化可以称为"正向"的城市化,那么,随着城市化水平的提高,在一些发达国家还出现了"逆向"的城市化,即生产要素从集聚程度很高的城市尤其是大城市、特大城市流向集聚程度不高的小城市甚至农村地区,表现为企业迁移到相对不繁华的城镇,人口迁移到乡村居住。这也是经济和社会发展到一定阶段的结果。一是交通、通信的发展,降低了非城市生产要素集聚的成本。比如,快捷的交通工具可以使劳动者在很短时间内抵达工作地点,而没有必要居住在城市里;便捷的通信可以使生产决策不必采取线下开会的方式来做出,产品的交易也可以通过互联网来完成而不是通过传统的商店,一些公共管理可以实现"在家办公"。二是第三产业的某些行业并不需要生产要素的高度集聚。比如咨询业,只要有便捷的通信手段,在什么地方都可以发展。三是一些新兴产业对环境的要求很高,如电子、生物,这些企业往往选址在远离城市的没有污染的地方。

城市化的"逆向性"还表现为城市辐射功能的增强,也就是说,即使有些农村地区没有被"城市化",但仍受到城市的影响。这种辐射,一种是有形的。比如,城市的大工业采取"分包制"将一些与之配套的零部件或工序分散到广大的农村地区,城市企业成为一个"组装厂"。有名的日本丰田汽车公司采取的就是这种方式,将其所需的汽车零部件生产分散到总厂周围的城镇甚至乡村,由规模很小的企业完成,而组装厂要求这些小企业在规定的时间内将零部件准时送到指定的地点。通过这种方式,这些小企业成为城市大工业体系中的一部分。另一种辐射是无形的。这主要是指将城市文明、城市的生活方式等扩散到农村地区。随着信息传播网覆盖面扩大、人员交往增多,即使在远离城市的地方也能感受到城市文明的气息。

城市化是一个长期发展的社会进程,农村、农业和农民转变为城市、非农业和市民的社会发展阶段。其基本特征为:人口因素特征上,一个国家或地区内的人口由农村向城市转移,农业人口转变为非农业人口,城市人口所占总体比例提高;地理特征上,农村地区逐渐演化为城市地域,城市人口膨胀、用地规模扩大;数量特征上,农村地区出现新兴城镇,城市数目不断增加;产业特征上,非农经济代替农业经济;生活居住特征上,城市基础设施和公共服务设施水平不断提高,城市居民的生活水平和居住水平发生质的改变;社会文化特征上,城市文化、生活方式和价值观念的普及和传播。总之,城市化不仅是物质文明的体现,也是精神文明进步的动力。

2.1.3 农民市民化

对农民市民化的本质界定是农民成为与市民相近乃至同质的市场主体或市场经济条件下的生产要素。衍生出来的是农民在物质、精神层面达到或者接近市民的水平与标准。农民市民化是一项复杂的系统工程,更是一个较为漫长的历史过程,不仅仅包括空间布局上的城市化格局的调整,从事职业的非农化,而且包括一系列角色意识的树立、思想观念的更新、社会权利的履行、行为模式的革新和生产生活方式的转变,是多元化多层次的整体转型过程。本研究进一步把农民市民化拓展为五个具体方面的市民化,即"五化":一是指居住和户籍"城镇化"。农民集中到城镇居住,从单家独院的独居制向立体式楼层制转变。在居住方式上,实现从乡村亲缘聚居向现代社区居住转变,户籍关系变为城镇户口。二是就业岗位"非农化"。要么自己是市场主体,要么受雇于别人,在生存方式上"城市化",实现从以农业为主向依赖非农业生存转变。三是技能与素质"专业化"。在劳动技能上强调分工,强调专业化分工与协调要求下的技能提高、素质提高。四是生活与行为"城市化"。在行为方式上,日益摒弃传统规则,而依照现代规则来行事。由传统因循式向现代城市生活靠拢。五是身份与权利"同等化"。实现向城镇户籍身份的转变,并且不再自认为是乡下人和农民,而自认为是现代城市的一分子。一方面进行角色转型,另一方面把外部"赋能"和自身增能相结合,按照城市运行所要求的技能来塑造自我,适应城市,成为合格的新市民。这里"五化"的完成也就是市民化的真正实现。"化"强调过程,强调在时间、空间上双向维度的延展。市民更加强调生产方式和生活方式,或者自办企业,或者成为劳动力要素,不能自给自足,要面向市场,而且要转向和趋同于市民的生活方式。

尤其需要指出的是,在当前的中国,农民市民化具有重要表征意义的是市民化的生活方式的确立与市民权利的共享。首先,生活方式转变是首要内涵。王自亮(2012)在研究浙江现代化过程时认为,精致化的生活方式和特定人群的奢华竞赛,对浙江的消费模式以及普通民众的生活追求有着一定的影响。尽管其研究的问题及视角与本研究述及的农民市民化不同,但我们认为,这个研究揭示了生活方式的功能意义,尤其是生活方式的经济功能,通过示范消费、潮流性消费、时尚的生活方式产生增加消费和带动生产的功效,给经济生活增添了新的活力。因此,生活方式转变、生活方式市民化不仅是立足于微观个体角度的社会生活选择,而且是具有深刻经济功能的主体带动效应。从这样的意义上说,农民市民化过程中生活方式转变具有更为内在的表征意义。其次,市民权利的共享。如果生活方式转变具备经济功能诉求与实现的话,那么市民权利共享则是具有典型政治和法律功能的诉求与实现。完整意义上的市民不仅仅停留在经济主体的层面,不仅仅满足于物质生活的城市化,而且要体现政治权利、市民权利的享有。这是因为,在中国没有种族歧视,却有一定程度上的农民歧视。农民歧视根源于新中国成立后在苏联模式影响下的一系列限制和剥夺农民权益的制度安排,农民在这种歧视性制度形成的权利差序格局中不可避免地边缘化和底层化。这种边缘化和底层化主要体现在中国农民政治权益、经济权益和社会权益的缺失,也反映了中国农民的一系列不平等待遇。因此,正是这种缺失使得权利诉求成为农民市民化的重要内容。

农民市民化具有典型的整体性或有机性,其内容不是平面式或单点式,而是具有层次性和渐进性的一揽子内容:既包含农民社会身份和职业的一种转变,也包含农民居住空间的地域转移,还包含一系列角色意识、思想观念、社会权利、行为模式和生产生活方式的变迁,是农民角色群体向市民角色群体的整体转型过程(市民化)。

从市民化对象角度看,究竟应该分为哪些层次,从哪些角度去划分农民?谢建社(2014)将进城的农民工大体上分为五大层次即准市民身份的农民工、自我雇用的个体农民工、依靠打工维生的农民工、失业农民工、失地农民工。而目前农民工内部最明显的分化就是第一代农民工和第二代农民工的分化。刘传江和徐建玲(2015)认为,第二代农民工不仅在社会经济特征,而且在个人特征方面与第一代农民工有着诸多显著不同,也是最具有市民化意愿和亟须市民化的群体。

农民工有广义和狭义之分:广义的农民工包括两部分人,一部分是在本地乡镇企业就业的离土不离乡的农村劳动力,一部分是外出进入城镇从事第二、三产业的离土又离乡的农村劳动力;狭义的农民工主要是指后一部分人。据有关部门的调查,我国狭义农民工的数量为1.2亿人左右,广义农民工的数量大约为2亿人(根据户籍源和流动目的地之间的关系划分)。

当代农民市民化问题的重心和根本目标是内涵式市民化,这里有两点,一是技能素质的市民化,二是社会权利的市民化。因为农民与市民的根本差别在于他们与城市市民处于不同的权利状态,他们的公民权利没有得到应有的保障和尊重,这从根本上制约了农民群体的整体进步和社会化进程,使他们难以完成自身的现代性生成和现代化转型。

农民市民化的核心是权利问题。促进农民市民化转向需要解决的根本问题是城市与农村之间形成平等的权利架构,实现农民群体的权利回归,让农民享有与城市市民同等的社会权利。

从农民市民化的内容看,可以大致划分为内涵式和外延式。前者是农民社会身份和职业向市民的转变,更是思想观念、思维方式、角色意识、行为模式、社会权利等一揽子系统变迁的过程。而外延式的市民化则是指户籍身份的破除、市民身份的政策确认、居住空间的地域转移和位置的变换、收入的增加。

与农民市民化相关的几对关系包括:

(1)城乡二元结构与农民市民化。城乡二元结构是对经济社会运行体系中城市与农村两个地理单元的关系特征的概括,具体有城乡二元居民主体、城乡二元产业、二元社会结构等多层具体含义,这些含义的侧重各有不同。一是从发展经济学的角度来认识发展中国家城乡关系的基本特征。二元社会结构最早是由荷兰经济学家博克在观察荷兰殖民地印度尼西亚的社会经济时提出的一个概念,指的是一国内存在着两个在生活条件、生活方式、生活观念等方面完全不同的单元,这也是发展经济学研究问题的基本出发点。二是从中国具体国情出发的二元概括。城乡二元结构是指在计划经济体制下,长期以来由一揽子相关制度安排所形成的城乡对立、城乡分割、城乡劳动力流动隔绝的经济社会二元结构。在这种结构下,在户籍、住宅、粮食供给、副食品供应、教育、医疗、就业、保险、劳动保障、婚姻、征兵等 10 余种制度方面城乡存在严格不同,形成了城市和农村两个各自封闭循环的体系和市民与农民两种迥异的不同公民身份。应该说,中国二元社会结构具有非常突出的人为性。人为地把全体公民区分为农业户口和非农业户口,形成农民和市民社会地位完全不同的制度体系,形成了明显的城乡隔离。因此,城乡二元结构既是农民市民化的现实起点,也是农民市民化的逻辑延续。因为存在城乡二元结构,为了发展才有必要实现农民向市民的转化。农民市民化是突破城乡二元结构,统筹城乡发展,实现城乡融合的重要内容和根本目标。

(2)统筹城乡与农民市民化。统筹城乡是政府政策指向范畴,农民市民化是结果。统筹城乡是促进农民市民化的手段或方式。在我们看来,统筹城乡发展更多强调政策手段,注重从推动城乡协调发展的政策设计理念的角度来突出二者的关系,把符合条件的农民转化为市民,本身就是统筹城乡的内容。从长期而言,统筹城乡发展就是改变城乡二元经济结构,大幅提高城市化率,把相当部分的农民转化为内涵意义上的市民。从这个意义上来说,统筹城乡和农民市民化在本质目标上具有同一性,在一定条件下,统筹城乡是农民市民化的手段方式,农民市民化又是统筹城乡的重要内容。从人作为根本主体,人的发展是根本目标的角度来说,农民市民化是统筹城乡的长期根本目的。

(3)城乡经济一体化与农民市民化。城乡一体化的关键是人的一体化,更确切地讲关键是农民向市民的转变,是农民与市民一体化。"农民市民化是实现城乡经济社会一体化的关键"主要是从农民市民化的功能的视角而言的,主要包含四个方面:一是农民市民化有利于加快农村市场化与现代化进程;二是农民市民化有利于促进土地流转和增加农民收入;三是农民市民化有利于提高企业效益和生态环境质量;四是农民市民化有利于提高人口素质;五是农民市民化有利于开拓农村消费市场和扩大内需。

2.1.4 城乡关系

城乡关系是城市与乡村之间发生的各种经济关系和社会关系的总和,它伴随着城市与乡村的产生而产生。城市和乡村之间,从地域上看,属于不同的空间范畴,存在明显的地域分工;从产业上看,它们各自拥有自己的比较优势产业,存在着明显的产业分工。城市与乡村的关系按弗里德曼的核心边缘理论的理解就是核心区域与边缘区域的关系,这种关系可以是控制与被控制的关系,也可以是带动、互补、经济利益一体化相辅相成的关系。核心边缘理论肯定了大城市在区域经济发展中的中心地位,认为大城市在强化自身经济社会实力的同时,通过交通、信息、商品、流通、金融等网络系统把它与周围的区域紧密连接在一起并由此带动边缘城镇和农村的发展。在一定范围内,城市是带动外围地区发展的发展极,乡村是受发展极影响的外部空间。中心和外围建立紧密的联系,无论是对中心,还是对外围,都大有益处。对中心来说,其发展对外围有很强的依赖性,外围地区不仅为它提供原材料,还为它提供市场。对外围来说,中心向外围扩散资金、技术、信息,是外围地区的发展捷径。因此,城市与乡村的发展具有非均衡性和网络关联性的特征。

城乡关系是由城乡之间发生的社会经济联系而形成的一种地域关系,涉及自然、社会、经济等多个方面。城乡之间客观存在着交通和通信等各种关联性基础设施,以及以这种关联实体为载体的各种要素(物资、人力、资金、技术、信息)在城与乡之间的流动。要素在流动的过程中产生的联系具有两种形式,一种是空间联系,一种是功能联系。空间联系具体表现为城乡城镇体系网络构成和基础设施建设两个方面;而功能联系表现为由城乡在社会发展中所扮演的不同角色而产生的彼此间的经济联系和社会联系。

城镇体系是城市与乡村交往产生的基础:中心城市与各类城镇有着十分密切的依存关系,构成关联的母子体系。不同规模、不同位置的城镇,除了有着共同的基础功能,还有各自特定的地位和作用,在这个结构中担当着不同的角色,形成了丰富的层次。城镇的数量和密度是影响要素交流的重要因素。

基础设施是城乡空间关联发生的物质载体,其负载的人、财、物及信息等各种要素流是空间关联的具体表现。基础设施网络可以说是联系整个城镇网络的一根钢绳,尤其是公路网络对联系一个地区内部各个结点起着重要作用,是城乡经济活动的命脉。经济交往的变化,可以通过运输联系的特征来认识。

经济联系,实质是指经济活动中各种经济行为及行为者之间相互联系、相互依赖、相互影响的关系总和。现实经济生活中,城乡之间客观存在着各种联系——表现为企业的、生产的、流通的、交通的、金融的、信息的、文化的和科学教育的等多方面,具有相互依存、相互制约和相互促进的特点。

社会联系主要反映城乡社会服务体系的发展水平,评价城乡人口在接受社会服务时的公平程度,包括受教育程度、收入水平,以及医疗、公共事业设施情况等。

在城乡关系中,城乡之间的相互作用是城乡间人、商品、技术、货币、情报和思想的双向流动。城乡互动是在区域经济发展系统中,在承认城乡差别和明确城乡功能互补的基础上,以经济利益为纽带,促使城市和乡村两个子系统的资源、劳动力、信息、思想等要素高效、有序地双向流动和优化组合,从而带动城乡经济、社会和生态环境全面发展的过程。李培祥、李诚固(2013)认为,城乡相互作用是指在区域系统中,农村和城市相互影响、相互依赖、共同发展的动态过程。范海燕、李洪山(2014)认为,城乡互动是从区域角度出发,通过市场机制,使资源等生产要素在城乡之间有序流动和优化组合,促进城乡社会、经济、生态可持续发展的过程。这种互动是在承认城乡差别、明确城乡分工的基础上,城乡相互依赖、相互影响,共同提高发展水平的过程;这是一个有效聚集、有效扩散、高度协作的最优空间网络化的过程,不是城乡均衡化的过程;互动的目的是改善城乡结构,完善城乡功能,协调城乡利益再分配,优化合理配置生产资源。段娟等(2014)认为,在空间经济系统中,城市和乡村是互为关联的两个子系统。城乡互动发展是劳动力、信息等要素在城乡之间的双向流动和优化配置过程,这种互动可以突破城乡要素相互流动受阻隔、农村资源向城市集聚的格局,并通过城乡之间功能互补和资源的有效流动促进城乡全面发展(见图2.1)。

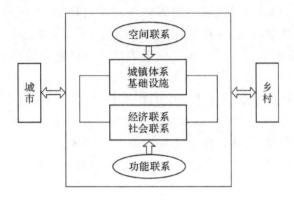

图 2.1　城乡联系的划分

2.2　相关理论

2.2.1　全域都市化理论

一、空间扩散理论

瑞典地理学家哈格斯特朗(T. Hagerstrand)在其 1953 年的著作《作为空间过程的创新扩散》中,系统地提出了空间扩散理论。他认为:城市核心区域一方面从边缘区吸收经济要素,产生大量的创新元素和成果(技术、商品、价值观、社会体制等);另一方面,这些创新元素和成果源源不断向外扩散,促进周边区域的社会文化结构、权力组织、经济活动和聚落类型等的转换,从而实现整个空间系统的发展。目前,经过众多学者不断地研究拓展,总结出社会经济活动空间扩散方式大体有领域扩散、等级式扩散、点轴式扩散、跳跃式扩散、反磁力式扩散等。

二、核心——边缘理论

美国区域规划专家弗里德曼在其 1966 年的著作《区域发展政策》中,首次提出核心——边缘理论。1969 年,他在《极化发展理论》一书中将这一理论归结为解释区域或者城乡间非均衡发展过程的理论模式。弗里德曼认为,核心和边缘是区域经济体系的两种基本要素,核心区是区域起源发展的中心,边缘区是核心区周围的地域,它的发展依赖于核心区。创新从核心区开始,通过在核心——边缘间不断进行的知识、信息、交易等的交流传播到边缘,以此促进边缘区和整个地域空间系统的发展。随着扩散作用加强,边缘区进一步发展,有可能形成次级核心。经济活动的空间结构将从离散向聚集,再向扩散,最终向均衡发展,是城乡一体化的理论基础。

三、区域经济一体化理论

经济一体化这个词是 20 世纪 50 年代以后开始沿用的一个词,最初主要是伴随着经济全球化出现,大体指的是区域集团利益共同体。美国经济学家贝拉·巴拉萨(Bela A. Balassa)在其名著《经济一体化理论》中提出,区域一体化旨在消除各国经济单位之间的差别待遇。随着区域经济一体化内容的广泛深入,各国学者们在不同尺度、不同方面进行了许多研究。总的来说,区域经济一体化指的是区域内相邻各区域依托自身经济发展和产业结构特点进行产业的分工、调整、转换和升级。在此过程中,为了解决区域间的差距和障碍问题,通过管理和制度创新消除彼此间的差别待遇,减少地区间经济发展的交易成本,增强区域竞争力。后区域一体化的内容进一步扩展,涵盖区域社会、经济、文化、环境、制度等各个领域和各个层面的一体化,强调的是打破区域内资源整合流通的制度和管理障碍。

四、大都市区理论

大都市区(metropolitan area)是一个大的城市人口核心以及与其有着密切社会经济联系的具有一体化倾向的邻接地域的组合,它是国际上进行城市统计和研究的基本地域单元。20 世纪 50 年代后,随着科技进步和城市化飞速发展,原本集中在中心城市的人才、资金、技术等要素资源开始不断向郊区扩散,城市高收入阶层外迁,随之而来的是工业、服务业也开始向郊区化发展。城市在集聚和扩散的双向推动中迅速扩张,并和周围的小城镇连成一体,形成了以中心城市为核心,边缘城市相互连通,共同发展的地域综合体,即大都市区。

五、都市圈理论

都市圈又称城市带、城市圈,是以区域内功能较强的大城市为核心,以发达的交通网络为依托,吸引和辐射周边一系列规模、等级、功能不同的中小城市,实现中心城市和中小城市体系共同参与经济、产业、文化、社会发展的分工合作,相互协调,共同发展的一体化的城市组织形式。该理论最早由法国地理学家戈特曼于 1957 年首次提出,用以概括一些国家出现的大城市群现象。这些大城市群往往具有以下特征(高汝熹、罗守贵,2015):第一,有强有力的中心城市和城市体系;第二,市场化;第三,产业融合;第四,合理配置资源;第五,竞争合作机制。

综上所述,空间扩散理论和核心——边缘理论是全域都市化的理论基础,区域一体化理论、大都市区理论和都市圈理论虽然在空间范围和具体应用上与全域都市化理论有所出入,但是对全域都市化发展有着重要的指导意义。上述理论都对全域都市化的研究提供了坚实的理论支撑。

2.2.2 社会融入理论

社会融入是国际移民理论研究的重要概念,该概念认为由于迁出地和迁入地文化形态的不同,移民在踏足迁入地之初并不能很快地适应陌生文化,表现出文化不适的特征。这种特征呈现出既有希望又常怀失望,既急需选择又别无选择,既要为适应新环境而进行冒险,又要为承受旧传统而付出忍耐,痛苦和憧憬并存、颓废和奋发同在等边缘特质。影响群体或个人社会融入的因素除了来自文化层面外,制度变迁、经济条件、社会网络等因素也会影响融入情况。一个有利于群体或个人融入的制度,会降低他们融入新社会的难度,比如消除户籍制度对农民进城的户籍和福利带来的障碍,有助于新市民快速适应城市生活。

与社会融入相对的概念是社会排斥,把社会融入和社会排斥结合起来理解,能更深刻地理解社会融入理论。社会排斥泛指主导群体在社会意识和政策法规等不同层面上对弱势群体的排斥。对这一问题的探讨可以从移民个体生命历程角度进行研究,从这一角度出发,就产生社会融入"三阶段说",即移民从迁出地到迁入地的融入要经过定居、适应和完全同化三个阶段。

如果把我国城镇化进程中产生的市民化群体作为城市移民,那么就可以从社会融入理论来分析他们的市民化进程。由于农民长期浸润的农村文化与城市文化不同,所以他们从农村迁入城市会出现文化不适的特征,表现为他们在意识形态方面难以与城市文化调和,而且由于制度不完善、经济条件不足、社会网络转型困难等因素的进一步影响,加剧了农业转移人口市民化的困难。城市对农业转移人口的社会排斥使得目前农业转移人口处于融入的适应阶段,离完全同化还有一段很长的距离。

一、布迪厄资本理论

布迪厄资本理论将阶级与阶层问题放在文化的视野下加以探究,赋予文化以特殊意义,认为它和经济资本一样都凝结着社会的不平等。布迪厄资本理论中的"资本"不再局限于经济资本,而是一个由经济资本、文化资本和社会资本多重因素组合而成的复合型概念,其中文化资本是布迪厄论述的重点。所谓文化资本,是指在社会上被认为值得追求和值得拥有的文化商品储备,是借助不同的教育行动传递的文化物品,是同经济资本一起,构成一切社会区分化的两大基本区分原则。经济资本、文化资本和社会资本这三种形态的资本彼此相互影响、相互制约,经济资本的发展程度决定了文化资本的状况,而文化资本同样反过来制约经济资本的发展。失地农民经济条件、身份认同、社会互动和观念意识的全面市民化,本质上就是农民的经济资本、文化资本和社会资本全面向市民转换的系统过程,失地农民是否能顺利实现市民化的问题其实就是失地农民的各层面资本能否顺利实现转换的问题。

二、城市生活能力指数基础模型

(一)城市生活能力理论的背景

经典劳动力转移理论无一例外地将城乡收入差距视为农村劳动力向城市转移的根本动因。但是这些传统从工资收益差异角度阐释劳动力转移的理论模型均基于一个前提:劳动力转移是指劳动力从传统部门彻底解放出来,职业属性、生活地点和身份都发生根本性转变,进而一步到位实现从农村到城市的永久性转移。从历史看,这符合早期工业化国家劳动力转移和城市化的演进历程。然而,这种一步转移理论对当前宁波具有明显两栖特征的转移模式不具有足够的解释力。当前,工资收入差异仅是劳动力转移的原因之一,要对其进行全面解释,需要从"城市生活能力"视角出发构建一个全新的分析框架予以系统阐释。

(二)基本假定

由于现代城市具有农村不可比拟的现代文明、公共服务设施等诸多优势,人们往往会倾向于转移到城市而非固守在农村。白南生等人(2013)的研究也显示,大部分外出劳动力选择回乡的主要原因并不是创业,而是因流入地就业困难所作出的"被动回流",以回乡投资为目的的回流仅占回流劳动力的2.5%。因此,一般认为农村劳动力尤其是失地农民具有"城市偏好",只要其具备城市生活能力,就会义无反顾地转移至城市。

（三）城市生活能力指数基础模型

劳动力能够转移到城市的一个必备条件就是必须具备城市生活能力。简单地说，就是其所得必须能够支付其城市生活成本。由此，"城市生活能力指数"可以表示为如下：

城市生活能力指数＝（工资收入＋非人力财富）/ 城市基本生活成本

劳动力赖以生活的收入来源主要有两个方面：工资收入和非人力财富。工资收入实质上是劳动力将无形的人力财富转化为有形财富的过程。在市场交换条件下，劳动力通过寻找工作机会就业来获取工资收入，因此，就业也往往是其主要收入来源。非人力财富概念是由弗里德曼在阐释新货币需求函数时提出的，非人力财富区别于人力财富，它是指有形的财富，诸如货币持有量、债券、股票、资本品、不动产等。这里借用这一概念，将非人力财富视为劳动力转移过程中可获得的除工资之外的额外支持。这种非人力财富可能以多种形式而发生，诸如：外出务工之前从事农业生产的收入积累；发生大额支出时，来自家庭或亲戚朋友的解囊相助或借款；等等。这些都是典型的获取非人力财富的过程。

城市基本生活成本 C 至少包括两个部分：一是日常城市基本生存成本 C_1。劳动力进入城市首先必须能够获取养活自己的基本生活费，大致包括房租、水电煤、交通费、通讯费、餐费、日用品开销和医疗费。二是转移成本 C_2。劳动力转移过程中需要支付用于进城的路费和路途其他开支的旅途成本、为获取在城市的暂住证和就业证及其他相关证件而形成的证卡成本、由寻找工作过程中的开支所形成的求职成本、背井离乡面对陌生环境的心理成本，这些都构成劳动力的转移成本。

（四）细分城市生活能力

根据以上关于城市生活能力的定义，可以进一步将其划分为即期城市生活能力和长期城市生活能力。

1. 即期城市生活能力

是指即期（短期）劳动力获得的收益与其城市生活成本之比，可表述为如下：

$$\theta_1 = \frac{Y+W}{C_1+C_2}$$

其中：θ_1 为即期城市生活能力指数；Y 为单期工资收入总额；W 为非人力财富；C_1 为城市基本生存成本；C_2 为转移成本。

2.长期城市生活能力

是指长期内劳动力获得的收益能否抵偿其生活成本,这就必须将劳动力自进入城市之后的一生作为时间维度来进行长期决策,因而其行为模式也应建立在较长的时间范围的基础上。为此,考虑未来一生中 n 期工资收入流的净现值。

$$PV_y = \sum_{t=0}^{n} Y_t / (1+r)^t$$

其中: PV_y 表示未来 n 期工资收入净现值; Y_t 表示 t 期工资收入; r 表示贴现率,它反映转移者的时间偏好程度; n 表示转移劳动力所能获取的工资收入期数或可获取工作的年限。显然, n 的大小取决于劳动力的工作类型、自身素质及城市就业机会等因素。

同样,考虑未来一生中城市最低生活成本的净现值:

$$PV_c = C_2 + \sum_{t=0}^{m} C_{1t} / (1+r)^t$$

其中: PV_c 表示未来 m 期城市生活成本净现值; C_{1t} 表示 t 期城市基本生存成本; C_2 为转移成本,即在城市长期生活只需支付转移初期的单期转移成本; m 表示支付城市生活成本的期数。显然, m 是一个较 n 更大的数字,因为生活成本发生在一生的时间通道内,而工作收入只可能发生在可工作年龄范围内。

由此,长期城市生活能力指数 θ_2 可进一步表述为如下:

$$\theta_2 = (PV_y + W) / PV_c$$

(五)理论分析得出结果

综合以上分析,从显成本、显收益角度对劳动力转移能力影响进行考量,在不考虑农民进城的制度约束条件下,劳动力根据其城市生活能力指数分别作出不同转移决策:

从即期转移来看:当 $\theta_1 > 0$ 时,劳动力就会进城务工;当 $\theta_1 \leqslant 0$ 时,劳动力就会滞留在农村。从长期转移来看:当 $\theta_2 > 0$ 时,劳动力就会永久性转移到城市;当 $\theta_2 \leqslant 0$ 时,劳动力将无法实现彻底转移。

由此,可以区分三种不同的转移状态:

(1)情形Ⅰ:当 $\theta_1 \leqslant 0$ 时,由于劳动力缺乏即期城市能力,将无法跨越向城市转移的"成本门槛",进而无法进城务工;

(2)情形Ⅱ:当 $\theta_1 > 0$ 且 $\theta_2 \leqslant 0$ 时,尽管劳动力具备即期城市生活能力并进城务工,但却因不具有长期城市生活能力而无法彻底转移到城市,形成

"两栖"劳动力转移模式。

（3）情形Ⅲ：当 $\theta_1 > 0$ 且 $\theta_2 > 0$ 时，劳动力同时具备即期和长期城市生活能力，进而实现永久性转移。

三、马卜贡杰模式

城乡一体化主要表现为人口和经济在空间上的转移，其中城乡人口的变迁最能鲜明地反映城市化的运行过程和变化特征。1970 年，马卜贡杰（Mabogunje）提出了城乡人口迁移的系统分析模式（见图 2.2）。该模式表明，城乡人口迁移的原因不仅在于移民本身，更重要的是在于农村和城市的控制性次系统和整个社会经济文化的调节机制，它们才是控制人口迁移数量的关键机制。农村控制性次系统主要通过农村各种组织机构、家族和家庭等来实现，如农业政策，人口移动政策，农村经济发展水平、教育水平，成年人的婚姻状况、奉养父母的需要等都会对人口迁移产生影响。城市控制性次系统主要通过寻找住房和职业的难易来实现。寻找住房和职业的难易可以起到抑制或鼓励农民移入城市的作用，而政府的有关政策规定可直接影响这两个方面的功能，如房屋、土地价格的制定，对木屋区或贫民窟居民的态度，对摊贩的管理以及是否设置职业介绍所等都会影响移民的数量。这一模型将推拉力模型中影响城市和农村发展的因素进一步深化，并强调了社会经济文化的调节功能，还考虑了各种系统间的联系，以此来分析不同时空的城乡人口迁移带来的城市化机制。

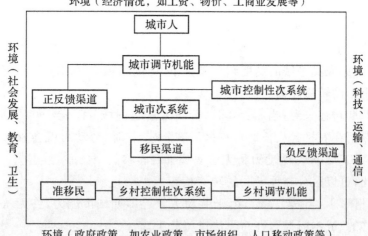

图 2.2 马卜贡杰模式

四、城乡融合理论

第一,田园城市理论。英国城市规划师霍华德提出了建设"田园城市"的设想,"田园城市是为安排健康的生活和工业而设计的城镇;其规模要有可能满足各种社会生活,但不能太大;被乡村所包围;全部土地归公众所有或者托人为社区代管",其实质是用城乡一体的新社会结构形态取代城乡对立的旧社会结构形态,在当时并对后世都产生了很大影响。田园城市实质上是城和乡的结合体。

第二,"Desakota"模型。麦基根据对东南亚很多国家和地区的实证研究,主张从城乡联系与城乡要素流动的角度把握社会经济变迁对区域发展的影响,认为亚洲国家城乡之间的传统差别和地域日渐模糊,城乡之间出现了一种以农业活动和非农业活动并存、趋向城乡融合的地域组织结构,它是作为城乡要素相互作用的结果而在地域空间上形成的一种独特的经济单元,麦基将其称之为"Desakota"。这种独特的地域空间单元表现出如下特征:地域空间结构上的动态性、过渡性;人口在社会学特征上的多元化;经济发展的复合型;激烈竞争的多样化土地利用;等等。Desakota 或城乡边缘区既不是农村,也不是城市,但兼有二者特征,或者说以城乡一体为特征,但又处于不断发展变化之中。

第三,沙里宁的有机疏散理论。沙里宁的有机疏散理论以解决城市布局和发展问题为主要内容,该理论主张将原来密集的城区分成单个的集镇,集镇之间用保护性的绿化地带联系起来。沙里宁讨论了城市发展思想、城市经济状况、土地、立法、城市居民教育、城市设计等方面的内容,将城市看作一个有机联系同时存在相对分离的区域,从区域角度讲,这是一种城乡差距较小的城乡区域均质体(见图 2.3)。

第四,赖特的广亩城理论。广亩城的设想将城市分散理论发展到极致。赖特的广亩城理论认为,现代城市不能代表和象征人类的愿望,也不能适应现代生活需要,是一种反民主机制,需要将其取消(尤其是取消大城市)。他指出,未来城市应该是无所不在而又一无所在的,这将是一种与古代城市或任何现代城市差异如此之大的城市,以至于我们根本不会把它当作城市。赖特的广亩城设想是在美国小汽车大量普及的条件下产生的,美国的"市郊商业中心"和"组合城市"可以被认为是这种思想的实际体现。

第五,芒福德的城乡发展观。关于城乡关系,美国著名城市地理学家芒福德很赞同霍华德的田园城市理论,他指出:"城与乡不能截然分开,城与乡

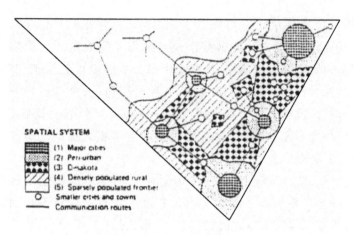

图 2.3　沙里宁的有机疏散理论

同等重要,城与乡应该有机地结合起来;如果要问城市与乡村哪一个更重要的话,应当说自然环境比人工环境更重要。"同时,芒福德也很推崇赖特的思想,主张通过分散权力来建造许多新的城市中心,形成一个更大的区域统一体,通过以现有的城市为主体并使之分散,就能把这种区域统一体引向许多平衡的社区内并作为整体运行,使城市与乡村相互包容,就有可能促进区域整体发展,重建城乡之间的平衡,使全部居民在任何一个地方享受到同样的生活质量,避免特大城市在发展过程中出现的各种困扰,最终实现霍华德的"田园城市"设想。

3 城乡一体化重要问题阐释

3.1 城乡一体化的科学内涵和主要内容

改革开放以来,随着我国沿海地区经济的快速发展,城乡交流、城乡互动逐渐紧密,长期以来形成的二元结构越来越显示出它的不适应性,城乡如何协调发展,成为政府和学界关注的焦点。城乡一体化也就是在这样的背景下被提出并推广实践。经过 30 年的发展,城乡一体化的研究逐渐成熟,学者们从自己的研究重点出发,纷纷提出不同的城乡一体化观点。城市学研究专家陈光庭等提出城乡一体化发生在生产力水平或现代化和城市化水平相当高的时期,是城市化的最高境界,是一种氛围,一种环境,一种感受。袁以星、冯小敏等学者在《上海城乡一体化建设》中提出,城乡一体化是将郊区建设成与中心城市的经济规模和综合实力相适应的、布局结构合理的、功能齐全的、多心多层的、组团式的都市城镇体系,是一个现代交通网络、和谐生态环境以及城乡共同繁荣、富裕、文明的形成过程。浙江师范大学教授、农村转型发展研究所所长王景新认为,城乡一体化的内涵、层次、结构包含四个方面:一是城乡一体化是我国经济社会全面转型时期的科学发展观;二是城乡一体化是我国整体推进现代化的发展战略;三是城乡一体化是城乡现代交汇融合的发展过程;四是城乡一体化是国家和地区现代化不同发展阶段的一组相互承接的发展目标。

城乡一体化是指城乡相互作用、相互关联的系统演化过程。城乡一体化作为城乡之间经济、社会、文化、生态协调发展的过程,它所强调的是城乡融合、城乡互补,最终从根本上消除城乡差别,使高度发达的物质文明和精神文明达到城乡共享。城乡一体化是一项复杂的系统工程,关键在于提高空间、人口、经济、社会、生态五大基本要素构成的复合系统的城乡组织化程度。我国大多数城市上一轮郊区经济发展是以工业化推动型为主的经济增长,新一轮郊区经济增长将是以城市化或城乡一体化推动型为主的经济增长。城乡一体化过程主要包括三大基本要素:(1)在就业结构方面,表现为由第一产业为主的农业人口先向第二产业,接着又向第三产业为主的城市人口转化。(2)在空间形态方面,表现为由分散的乡村居住形式转向集中的城市居住形式。(3)在人居环境方面,表现为包括社会性基础设施和工程性基础设施不断完善,人类居住环境不断改善和生活质量不断提高。从城乡统筹发展的角度看,要求将农村经济与社会发展纳入整个国民经济与社会发展全局之中进行通盘筹划、综合考虑,以城乡一体化发展为最终目标,统筹城乡物质文明、政治文明、精神文明和生态环境建设,统筹解决城市和农村经济社会发展中出现的各种问题,打破城乡边界,优化资源配置,实现共同繁荣。这就要求城乡之间都要充分利用和发挥各自的优势资源条件,协调推进经济发展和社会进步,实现优势互补、相互促进;在效率优先、兼顾公平的原则下,在经济联系上加强合作,相互开放市场,实现共同进步。

城乡一体化是发展中国家在致力于缩小城乡差距、消除二元结构的实践中形成并得到发展的,很显然,学界对于城乡一体化的定义带有明显的时代特征和地域特征。随着改革的深入、市场经济体制的逐步完善,城乡一体化的内涵和外延应该拓宽,城乡一体化的适应范围应该更加宽广。对于城乡一体化的定义不能简单地从缩小城乡差距方面考虑,也不能局限于地域或时代范畴。科学的城乡一体化应当是在生产力水平高度发达的基础上,系统考虑城乡经济社会发展,通过城市与乡村的相互作用、相互补充,最终形成全体居民平等共享人类文明、发展成果的城乡融合、协调的社会结构。城乡一体化既是一个城乡综合的社会、经济、空间发展过程,又是城乡社会经济发展的一个终极目标。城乡一体化的发展模式体现了区域整体协调发展和可持续发展的理念。城乡一体化表现为地域社会经济系统的演变过程,不断地朝着区域内城乡要素优化组合的方向发展,是城乡协同度、融合度日益提高的过程。

城乡一体化是在城乡统筹发展方略指导下,通过建立以工促农、以城带乡的长效机制,打破相互分割的壁垒,逐步实现生产要素的合理流动和优化组合,促使生产力在城市和乡村之间合理分布,城乡经济和社会生活紧密结合与协调发展,逐步缩小直至消灭城乡之间的基本差别,从而使城市和乡村融为一体的过程。城乡一体化是针对中国城乡之间的户籍问题、用工制度、社会保障、教育政策以及土地使用制度等不同政策形成的城乡二元经济社会分割局面所提出的。它的本质是要消除现存的城乡二元社会经济结构,最大限度地缩小现存的城乡差别;其核心和关键则是城乡地位的平等;最终目标是彻底消除对农村特别是对农民的歧视,实现真正意义上的城乡共同繁荣。

科学的城乡一体化主要包括以下几层含义:

(1)城乡一体化是人类在社会发展中所追求的一个理想目标。达到城乡一体化后,居民不再有城乡之分,所有居民平等共享人类文明进步的成果。

(2)城乡一体化是经济、社会、文化长期发展的动态过程,而并不是一个静态概念,同时还是空间过程或生态过程,它涉及自然—社会—生态经济复合系统的方方面面,是一种完善的社会组织,可称为"社会—经济—生态"复合生态系统演替的顶级状态。

(3)城乡一体化得以实现的前提条件是人类社会生产力水平得到极大提高。城市与乡村的生产力都高度发达,都能为缩小城乡差距、消除二元结构做出贡献。

(4)城乡一体化从根本上说体现着工业与农业之间的产业关系,这一关系,一方面确认了农业对工业的基础性的决定作用,另一方面又突出了工业对于农业的促进作用。因此,城乡一体化可使城乡在社会分工、产业互引的基础上协调有序发展。

(5)城乡一体化体现了城乡之间相互独立、相互联系、相互作用的关系,两者在功能上存在着极强的相关性。实现城乡一体化并非城乡同一化,城市与乡村存在明显的产业分工,各自具有独特的特性,不存在城市代替乡村或者乡村代替城市的问题,即使城乡在一定程度上具有相同的特点,也只是在技术上或是可以相通的。

(6)城乡一体化体现了城乡之间生产力的合理布局,因此,要求决策者必须摒弃仅就城市或仅就农村的地域空间做决策,而要把城乡作为一个整体来安排投资、劳动力、技术等生产要素,使城市和农村发挥各自优势,通过生产要素的合理流动与优化组合,促进生产力的合理布局。

(7)城乡一体化是一个逐步进行的过程。根据不同国家、地区资源禀赋的不同,这个过程的长短会有不同,有的会很长,有的会比较短。

（8）城乡一体化得以实现后,城市和乡村作为人类社会两个不同的组成部分仍然都会存在,城市和乡村的差别依然存在,只是这种差别不再是差距,而是各自保持的特色。在城乡一体化实现后,城乡各自的特色将更加突出。

（9）城乡一体化不是人类社会的最终发展目标,它只是人类社会发展的阶段性目标。城乡一体化实现后,随着社会生产力水平的提高,人类会有更高的追求。

基于上述几个方面的认识,城乡一体化的内涵可概括为:在一定区域内,充分发挥城市和乡村各自的优势和作用,使城乡的劳动力、技术、资金、资源等生产诸要素在一定范围内进行合理流动和配置,一二三产业联动发展,使城乡在社会经济、生活方式、思想意识、生活水平及生态环境等方面广泛融合,形成"相互依托,优势互补,以城带乡,以乡促城,共同发展"的城乡关系,把城市和乡村建设成一个相互依存、相互促进的统一体,最终实现城乡的全面融合、协调发展。

城乡一体化是一种广泛而复杂的地域发展过程,不同的区域在不同的发展阶段有不同的表现内容。一般而言,它涉及城乡空间结构变化、经济结构变化、社会结构变化、人口结构变化、生态结构变化等诸多方面,可以分解为城乡空间结构一体化、城乡人口结构一体化、城乡经济结构一体化、城乡社会结构一体化、城乡生态结构一体化等等。其中经济一体化是基础,人口一体化是依托,空间一体化是载体,社会一体化和生态环境一体化是城乡区域高效率运行的条件和可持续发展的保障。这五个方面相辅相成,共同组成城乡一体化发展的主要内容和目标。

3.1.1　城乡人口一体化

人口是经济社会发展的主体,统筹城乡人口协调发展是推进城乡一体化发展的重要依托。城乡人口发展与经济社会发展是相统一的,随着我国经济社会的持续、健康、快速发展,农民向市民转变的速度、强度和力度在不断提升,发达地区已经呈现出显著的城乡一体化的人口地域分布变动趋势和现代城市化的发展特征,中心城区人口向郊区扩散和农村城市化的步伐明显加快。因此,要顺应城乡人口分布的新变动,高度重视中心城区人口向郊区的有序扩散,因势利导,优化人口空间分布。与此同时,还应不失时机地推进农村人口城市化,继续推进人口向城镇集中。在推进城乡一体化工作中,把城乡人口协调发展作为一项重要的指导思想,统筹城乡人口发展政策和发展规划,注重未来经济社会发展对人口质量、人口结构的要求,特别是性别结构、年龄结构的要求,加强城乡人口的综合管理、综合协调,促进城市、农村同发展、共繁荣。

3.1.2　城乡空间布局一体化

城市和乡村是两种典型的社会经济活动的空间组织形式。城乡一体化不仅涉及城乡经济转型、产业分工、资源流动等等,而且还涉及城市和乡村空间结构的调整与优化。一般来说,城乡空间结构是由点(城镇等点状设施)到线(交通等线状设施)构成的拓扑结构。推进城乡一体化,必须研究点和线如何布局,如何紧密相连,即城镇体系与交通、信息体系的空间构建问题。科学、合理的大中小城市与小城镇配置,通畅、便捷的城乡交通和信息网络连接,不仅有利于促进城镇繁荣,而且能从根本上破解"三农"难题,达到城乡优势互补、协调共进的预期目的。判断城乡空间一体化最重要的有三个方面:一是城市空间和乡村空间的景观对比在一个更大的尺度上呈均质状态,这是城乡一体化的空间景观;二是指城乡之间建立完善通达、快捷的交通和通信网络,城乡联系有序,这是城乡一体化的条件;三是城市群的发展,这是城乡一体化的典型形式,体现了集聚与分散的良好结合。

3.1.3　城乡经济发展一体化

城乡经济发展一体化是指城市和农村在平等的经济政策下,通过城乡间资源和生产要素的自由流动,相互协作,优势互补,以城带乡,以乡促城,实现城乡经济持续协调和共同发展的过程。改革开放前,我国城乡之间一直没能建立起均衡增长和良性循环的关系,导致城乡二元结构凝固化。改革开放以来,随着市场机制的引入,城乡联系显著增强,但是,城乡分割的二元结构体制尚未从根本上改变,城乡经济仍未步入良性循环的轨道。农村的发展离不开城市的辐射带动,城市的发展也离不开农村的促进和支持。建设城乡经济高度融合的经济循环,就是要彻底打破城乡经济循环的壁垒,构建城乡经济之间相互联系、相互依存、相互支持、相互促进的良性循环关系,不仅要彻底改变过去那种向工业和城市倾斜的做法,而且应该有意识地创造条件鼓励资源回流,制定向农业和农村倾斜的政策。在加快城市化与非农化进程中,高度重视与之相适应的产业结构高度化演进的客观要求,以及城乡三大产业之间、每一产业内部、产业布局空间等三个方面结构的变化演进。同时,打破原有的各种体制障碍,全面引入城乡一体的市场机制。通过市场机制使资源、资金、技术在城乡地域空间上、在不同产业间有序流动和优化组合,形成区域整体的市场竞争优势,促使城乡经济持续快速协调发展。

3.1.4　城乡社会发展一体化

经济、社会、人口是一个不可分割的整体,城乡一体化理所当然也应包括城乡社会一体化。城乡社会一体化就是要求城乡社会事业协调发展,确保城乡居民在居住、就业、教育、医疗和文化卫生等方面享受同样待遇,最大限度地缩小城乡差别,使高度发展的物质文明与精神文明达到城乡共享。社会发展一体化是城乡一体化发展最重要的价值趋向和理念。如果城乡社会发展不均衡,政策取向不一致,城乡居民待遇不统一,地位不平等,要想实现城乡一体化也只能是一句空话。推进城乡社会一体化,关键是在城市社会事业不断发展、居民文明程度不断提高的同时,着力加快农村社会事业的发展。政府必须像抓经济那样抓社会事业发展,加大投入,实行制度创新,彻底改变农村社会事业落后的面貌,让城乡社会发展相互适应和相互协调,最终实现城乡社会一体化。

3.1.5　城乡生态环境一体化

生态环境一体化就是要将城市与农村生态环境统一纳入到一个大系统中考虑,全面治理,彻底改变城乡生态现状,努力形成城乡生态环境高度融合互补、经济社会与生态协调发展的城乡生态格局,让城市与农村、人类与自然生态和谐相处。城乡一体化离不开生态环境一体化,生态环境一体化是城乡一体化进程中最为重要的内容之一,这对于推进城乡经济与社会可持续发展至关重要。对于我们这样一个发展中国家来说,要净化城乡环境,实现城乡生态一体化,必须破除把经济与生态环境对峙起来的旧观念,破除把城市与乡村对立起来的旧格局。这需要城乡形成共识,共同努力,强化城乡生态功能,以保全生态系统为重心,统一规划,统一标准,统一对环境保护的实现机制,健全城市、乡镇、农村生态环境协调体系,加速推进城乡有机融合的生态系统建设。

基于以上理论分析,城乡一体化发展总体框架可归纳如图3.1所示。

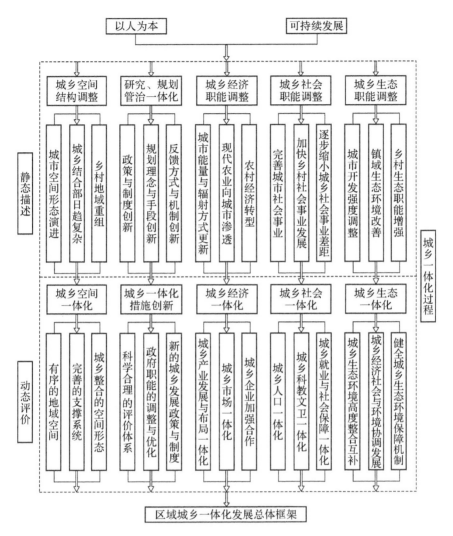

图 3.1　区域城乡一体化发展总体框架

　　总之,城乡一体化是空间、人口、社会、经济、生态环境等各方面组织最完善的一种状态,也是一种城乡关系进入以互补、融合、协同发展为基本标志和理想状态的目标模式。在经济社会高度发展的今天,城市与乡村之间的联系及其相互作用日益加强是一种必然的大趋势,任何城乡之间的封闭形式都是违背客观规律的,开放和融合是城乡一体化发展的必然途径。

3.2 城乡一体化的特征

3.2.1 目的性

城乡一体化具有明确的目的,就是要改变发展中国家长期存在的城乡二元结构,最终形成融洽、协调、理想的社会结构。在城乡一体化发展的不同阶段,城乡一体化的目的也有差异。在初期改善阶段,城乡一体化的主要目的是缩小城乡差距,在某些影响城乡居民生活、生产以及关系国民经济快速、健康发展的项目上首先取得一致。比如:城乡居民收入达到相同;城乡居民享受同样的社会保障待遇;城乡人均教育、医疗投资水平达到一致。在后期形成阶段,城乡主要差距已经消失,城乡空间、生态环保规划初具规模,但城乡依然保留各自的特色。

3.2.2 阶段性

城乡一体化是一个逐步缩小城乡差距,最终变二元结构为一元结构的渐进过程。在不同地区,这个过程的侧重点、进展时间均有差异。在经济、科技发达地区,基础设施齐全,起点高,城乡一体化实现时间比较短;在不发达地区,经济、科技、基础设施都还处在发展初期,城乡一体化实现的时间就会比较长。总的看来,可以将城乡一体化的过程划分为两个阶段,第一阶段为城乡一体化初期改善阶段,主要解决突出的城乡差距。在这个阶段,主要的城乡差距逐渐消失,城乡居民生活水平趋于一致,农业产业化、农业工业化、城市反哺农村成为这个阶段的主要措施。第二阶段为城乡一体化后期形成阶段,主要解决城乡空间布局、生态环境保护问题,在城市还是在农村定居已经不再是生活所迫,而成为城乡居民的爱好选择。这一阶段内,现代化的城乡交通、信息网络已经形成,城乡居民流动出现交叉:有的农村居民喜欢城市文明,从农村迁移到城市生活;有的城市居民由于偏爱农村的大自然环境而从城市搬迁到农村生活。当然,这两个阶段没有严格的时间划分,两个阶段的工作内容有时会出现重叠。

3.2.3 广泛性

城乡一体化是要把城市与乡村的发展作为一个整体统筹考虑,所以,城乡一体化所涉及的内容非常广泛,包括政治、经济、社会、文化、生态环境、规划布局等各个方面。政治方面,城乡居民都是享受同等权利的一个国家的公民,不再存在制度上的城乡差别,更不存在政治歧视,城乡居民享有同等的发展机会;经济方面,城乡一体化体现出三大产业的合理布局,发挥出城乡各自拥有的技术特点和资源优势,整个国家的生产力水平得以提高,经济效益达到最佳;社会方面,城乡一体化体现出两大部门和谐相处、融为一体,城乡资源、要素合理流动,城乡差距不再成为影响居民生存、生活的主题;文化方面,城乡居民的思想观念、文化水平不再显示出差距,各类人才在城乡均衡分布;生态环境方面,在保护环境,创造最适宜生活空间的前提下,合理配置各种环境资源,保证生态环境自我循环、可持续发展;规划布局方面,城乡各种要素分布适宜,既有利于城乡生产、生活需要,又可以保护生态环境。

3.2.4 双向性

城乡一体化提出、实行的前提是城乡存在差距和差别,特别是在发展中国家,由于种种原因,城乡分割、对立很大程度上是人为造成的,农村在很长时间内是城市发展的资本累积地和商品销售地,城市发展中有农村的贡献。但是,缩小甚至消灭城乡差距,最终实现城乡一体化不是城市或者农村某一方的事情,一定需要双方的共同努力。农村致力于发展农业技术,提高农民生产能力,推动农业产业化、现代化发展,生产出更多品质优良的农产品及其他产品,总体上提升农村部门的自生能力;城市利用其优势地位,增强与农村的交流,提供给农村先进的技术、资金、设备及管理经验,帮助农村加快发展步伐。城市反哺农村不只对农村有利,当农村部门改变落后局面后,一定会成为城市商品更大的销售区域。更重要的是,城乡环保、规划布局需要城乡双方协同配合。

3.2.5 差别性

城乡一体化是指用系统的、全面的观点来考虑城乡的发展,是将城市和乡村统筹考虑。不是将所有乡村变成城市,也不是城市乡村化,城市与乡村在城乡一体化实现后依然保持各自特色,城市继续展示出大气、繁华、炫目的特点,农村仍旧保持清新、自然、典雅秀丽。除了农业产业外,农村工业、商业、交通、建筑等其他产业也蓬勃发展。农业产业在生产方式、管理技术上会有所改进,但农业产业不可能全部改变。城市与乡村为对方的持续发展相互提供补充,城乡差别将永远存在,但这时的差别已不再是差距。

3.2.6 长期性

如果说世界各国的城乡关系均历经乡村孕育城市、城乡分割、城乡对立、城乡融合等几个阶段,那么,可以认为城乡一体化是城乡融合这个阶段的核心步骤。城乡一体化是一个持续、渐进的过程,这个过程的长短会根据各个国家的发展基础不同而不同。日本二战后急于追求国家复兴,片面追求发展工业,引起城乡差距急剧扩大。为此,日本政府采取加强农村基础设施建设,提高土地规模经营,大力发展农村工商业等措施。到了 20 世纪 70 年代,日本城乡收入便趋于均等,而且实现了农业与农村的全面现代化。20 世纪 60 年代,北欧国家挪威面临着城乡和区域发展极不平衡的问题,城乡居民收入差距一度超过了 3∶1,大量农民流向城市,社会结构性失业严重。挪威政府将"三农"问题作为解决城乡差距、区域发展不平衡的重要内容,采取一系列对策和措施。经过 40 年的努力,挪威完成了城乡一体化,农民不仅能够享受与市民几乎相同的生活条件、收入水准和社会福利待遇,而且能拥有平等的发展机会。发展中国家由于与发达国家不同的发展基础,实现城乡一体化所需的时间会更长。

3.3　城乡一体化程度的评价指标

　　统筹城乡发展、推进城乡一体化已经成为国家的重要国策。《中共中央关于推进农村改革发展若干重大问题的决定》中明确提出"建立促进城乡经济社会发展一体化的制度"的要求,并且强调要"尽快在城乡规划、产业布局、基础设施建设、公共服务一体化等方面取得突破,促进公共资源在城乡之间均衡配置、生产要素在城乡之间自由流动,推动城乡经济社会发展融合"。建立科学的、统一的城乡一体化评价指标体系显得十分必要,也有重要意义。首先,能够从横向比较各地区城乡一体化发展程度及速度快慢;其次,能够从纵向评估某地区城乡一体化的发展演变状况;最后,能够从指标数值中找到促进或阻碍城乡一体化的主要因素,由此,为城乡经济社会进一步融合、协调发展找到合适的改进路径。

　　学界对城乡一体化指标体系已有较为深入的研究,但各方对反映城乡一体化的指标选择、分值确定、计算方法都有不同的侧重点。杨宁(2013)从空间、经济、居民生活三方面建立了评价城乡统筹发展水平的指标体系。童玲玲等学者(2012)综合考虑经济、社会、空间、环境 4 个方面的内容,建立了衡量区域城乡统筹发展水平的指标体系。漆莉莉(2013)所建立的城乡融合综合评价指标体系共有 3 个子系统、16 个单项考核指标,主要从经济发展、社会发展、人民生活质量 3 个方面综合衡量一个地区的城乡融合程度。付海英等学者(2010)采用综合评价法和灰色关联法,从城镇化水平、城乡之间的经济技术联系、城乡之间的社会联系以及为这些联系提供必要支撑的自然资源、基础设施等5个方面构建了一个中微观层面的城乡统筹评价指标体系。

　　构建城乡一体化评价指标体系难度最大的是指标选择。指标选择需要掌握四个原则:一是所选指标应该能够全面反映城乡整体发展水平,指标应该涵盖生活、经济、社会、环保等各个方面;二是所选指标应当获取便捷,有方便、可靠的渠道来源;三是所选指标应该简明实用,不需要将所有反映城乡经济社会发展的指标都作为城乡一体化评价指标,力求以较少的指标反映出城乡发展实际情况;四是任何发展路径的选择都是为了使城乡居民能够平等共享所取得的成果。所以,指标的选择重在反映城乡居民生活及生产力方面。

　　参照全面建设小康社会指标以及学界确立的城乡一体化指标体系,反映城乡一体化发展程度的评价指标可分为四部分,分别是:城乡生活一体化、城乡经济一体化、城乡公共服务一体化及城乡环保一体化。

3.3.1　城乡生活一体化

　　反映城乡生活一体化程度的常用指标包括城乡居民收入比、人均消费支出比、城乡居民人均居住面积及恩格尔系数等。城乡居民平等享受社会发展带来的收获和成果是一个国家和谐、社会进步的体现,但我国出现的情况恰恰是城乡收入、消费等反映生活状况的指标差距很大,城乡居民没有平等分享改革发展、社会进步所取得的成果。从统计数据上看,城乡消费支出差距反映出城乡居民生活水平的巨大差距,而收入差距是造成城乡居民消费支出以及生活巨大差距的主要原因。2014年,城镇居民人均可支配收入和农村居民人均纯收入分别为28844元和10489元,城乡收入比达到2.75:1,由此引起了城乡消费的巨大差距。2014年,城乡居民人均消费支出分别为19968元和8383元,城乡消费支出比达到2.38:1。恩格尔系数反映出居民生活质量、幸福感的高低。我国城乡恩格尔系数长期以来保持高位,统计数据显示,2014年我国城镇居民恩格尔系数为36%,农村为40%。这些数据说明我国居民生活总体上还没有达到富裕,而且城市和农村还存在差距,城市居民生活的幸福感、满足感总体上要高于农村居民。

3.3.2　城乡经济一体化

　　反映城乡经济一体化程度的常用指标包括城市化率、城乡居民人均GDP(国内生产总值)比值、第一产业增加值占GNP(国民生产总值)比重、第一产业就业人数占总就业人数比重等。城市化率是指城镇人口占总人口比重,城市化程度的高低反映了一个国家或地区经济发展的快慢。城市化率高,则可带动经济快速发展;城市化率低,促动经济发展的推力则相对较弱。人均 GDP 是衡量一个国家或地区经济发展程度的重要指标,反映了人民收入和生活状况,理想的城乡一体化中城乡人均 GDP 应该是一样的,而且地区人均 GDP 值应该不低于整个国家的平均水平。我国城乡差距逐渐扩大的根本原因在于农村非农产业发展滞后,农村企业规模小、数量少、质量差,没有成为带动农村经济快速发展,帮助农民脱贫致富的发动机,这也是我国政府不断呼吁要改变经济发展方式的原因所在。通常用第一产业增加值占GNP 比重、第一产业就业人数占总就业人数比重作为反映农村经济结构两个指标。如果农业产值在国民生产总值中的比重越小,意味着农村非农产业将逐渐成为农村产业结构的主体;农业中就业人数越低,说明更多的农民不再从事农业,转而在农村或城市从事第二、三产业。农村产业结构的转变也就说明农村经济结构得到优化,农业生产力水平得到提升,农民收入得到提高。

3.3.3　城乡公共服务一体化

反映城乡公共服务一体化程度的常用指标有城乡人均固定资产投资比值、农村社会养老保险覆盖率、城乡每万人拥有教师人数、城乡每万人拥有医生人数等等。我国城乡巨大差距的一个重要原因是城乡公共服务不平衡。长期以来,国家执行的是重城市轻农村、重工业轻农业的发展战略,政府资金支出方向主要面向城市、工业,农村、农业得到的很少,造成城乡公共产品供给极不平衡,如:城市居民享有退休、医疗等各类社会保险,而农民长期以来缺乏这方面的福利保障;城乡教师、医生数量差距明显。城乡一体化的重要目标是让包括农民在内的全体居民都能平等享受到各类社会福利保障,在教育、医疗、网络信息建设等方面,城乡也应同等对待,公平分配资源。城乡固定资产投资比值反映了城乡投资的公平程度,随着城乡一体化发展,农村人口逐渐减少,平均到每个农村居民身上的投资将会逐渐增加,并与城镇居民接近,当城乡人均固定资产投资额达到相同后,城乡公共服务自然趋向一致。

3.3.4　城乡环保一体化

反映城乡环保一体化程度的常用指标包括城乡居民安全饮用水普及率、城乡林木覆盖率、垃圾集中处理率等等。仅仅实现消除城乡生活、公共服务差距还不足以说明完全实现城乡一体化。城乡一体化建设具有阶段性,在城乡一体化后期形成阶段,环保将成为建设主题。能否拥有干净、安全的饮用水,能否拥有清新、自然的生活环境,能否不再受到垃圾污染是城乡居民是否拥有高质量生活的重要标志。在以追求 GDP 增长为主要导向的发展模式下,经济发展偏离正常轨道,环境污染,资源破坏,高能耗、高排放屡见不鲜,由此造成居民饮用水源污染,森林大面积减少,而政府将注意力仍集中在实现高速的 GDP 实现目标上,对环保的重视程度非常不够。反映城乡环保的指标应该还有不少,但与民众生活直接相关的主要是这三个指标,当这三个指标都达到预期目标,可以说城乡一体化已经实现。

3.4 城乡一体化发展的动力机制

城乡一体化发展是城、乡双向互动,城、乡两部门共同发力,最终走向一体。促进城乡一体化发展的动力来自城、乡两个方面,分别是农村的内生动力和城市的外生助力。其中,农村自身的内生动力主要体现在农业工业化、农业产业化、农村城镇化以及农村非农产业的发展上;城市外生助力主要体现在工业对农业的反哺、促进和城市对乡村的辐射、带动上。当然,两种力量中以农村自身的内生动力为主,城市外生助力为辅。

3.4.1 农村的内生动力

一、农业工业化

发展经济学奠基人张培刚教授认为,工业化是国民经济中一系列基础要素生产函数(或生产要素组合方式)连续发生由低级到高级的"突破性变化(或变革)的过程","在农业生产技术变革的场合,除了引用机器耕作、兴修水利等基础设施外,也包括改进作物种子、改进饲养牲畜、改良土壤性能、使用先进农药等"。可见,农业工业化是发生在农业内部质的革命,农业工业化将会从生产方式上、生产组织上根本性改造传统农业,形成与现代工业相配套的现代农业,与现代工业、服务业共同推进城乡一体化发展。

二、农业产业化

农业产业化是以市场需求为导向,以效益为中心,依靠龙头企业带动,借助科技进步,对农业和农村经济实行区域化布局、专业化生产、社会化服务和企业化管理,形成贸工农一体化、产加销一条龙的农村经济经营方式和产业组织形式。其基本思路是：面向市场，确定主导产业，发展规模经营，实行市场牵龙头、龙头带基地、基地连农户的产业组织形式。农业产业化实行产加销一体化，使农民不仅可获得生产环节的收益，而且能够分享加工、流通环节的利润，增加获利渠道，从而真正富裕起来。农业产业化还能使土地产出率和农产品加工效率得到更大提高，改变农业低效率的生产，并使农产品的生产与市场需求紧密结合起来，从根本上改变农村生产、生活落后面貌，缩小与城市的差距。

三、农村城镇化

农村城镇化指的是农业人口不断向城镇集中，农村第二、三产业不断向城镇聚集的过程。农村城镇化改变了农村布局、农民居住、农村产业的分散局面。这里的城镇既包括小城镇，也包括现在出现的大村、大镇。城镇化是实现城乡一体化中不可缺少的步骤。农村城镇化解决了部分不想进城农民的居住、生活问题，他们有可能不愿意离开熟悉的家乡，也有可能没有能力在城市生存，但城镇化解决了他们的后顾之忧，农民可以继续从事他们熟悉的农业工作，也可以从事自己比较熟悉的农村第二、三产业的工作。城镇兼有城市和农村的双重特征，随着城镇规模的扩大、数量的增多，城乡联系愈发密切，城镇通过资金、技术以及其他服务的转移、扩散带动农村经济的发展，包括城市文明、城市意识在内的城市生活方式在农村得到快速扩散和传播，农民实际生活品质会得到提升，发展机遇与城市趋向一致。

四、农村非农产业的发展

城乡一体化的发展过程也是农村产业结构的改变过程，农村社会总产值中农业份额势必会越来越低，非农产业产值会越来越高，甚至会在农村社会总产值中占据较大比重。与之相伴的是，非农产业中就业人数越来越多，农业就业人数越来越少。在城乡一体化过程中，农业与农村非农产业的联系也会越来越紧密。长期以来，农村产业中只有农业一枝独秀，农村非农产业发展缓慢，造成农村生产力水平低下，大量剩余劳动力存在，农村与城市的差距越来越大。发展农村非农产业，改变农村农业独大的局面，能够合理利用各种资源，减少财力、人力的浪费，推动农村经济的发展。而且，非农产业的生产力、创造力给农民带来的收益要远远高于农业。我国东部发达地区的经验证明了农村大力发展非农产业有助于提高农民收入，缩小城乡差距，实现城乡一体化。

3.4.2　城市的外生助力

一、工业反哺农业

发达国家工业与农业的发展普遍经历三个阶段:首先是农业剩余支持工业发展阶段,农业部门为净剩余流出部门,工业部门为净剩余输入部门;其次是工业部门依靠自身积累发展阶段,这个阶段内,工业部门已经具备了依靠自身积累发展的能力;最后是工业反哺农业阶段,这个阶段内,工业部门已经成熟,自身积累了大量剩余,农业由于长期为工业部门提供剩余,已经处于落后状态且影响工业的发展,工业开始回馈农业,反哺农业,实现国民经济协调发展。我国已经经过了前面两个阶段,正在进入第三个阶段。工业反哺农业中的"工",不仅指工业,而且指所有非农产业。反哺主要体现在:建立城乡平等、统一的制度,农业剩余不再全部流向工业,而是大部分留在农村;将先进的工业技术、设备、管理经验运用于农村、农业;发展劳动密集型,适合农民就业的非农产业;政府通过价格、税收、财政补贴、公共服务等政策手段调节农业生产经营,促进农村、农业的生产和发展。工业反哺农业是城乡一体化巨大的助推动力,工业对农业恰当的支援将会加快城乡一体化的实现。

二、城市带动农村

城乡一体化涉及城市和农村两个部门的发展,尽管农村内生动力是实现城乡一体化的主要因素,但城市对农村的带动和帮助也必不可少。城市对农村的带动主要体现在它的辐射效应。一是城市部门大量吸纳农村剩余劳动力,直接或间接地提高农民收入,推动农村经济发展。二是城市产业发展带动农村产业发展,特别是城市涉农产业的发展壮大,既可以为农村、农业提供生产资料,又可为农产品提供在城市的销售渠道。而部分城市产业转移到农村后,推动了农业产业化和规模化的发展,也促进了农业产业升级和农村经济的整体发展。三是城市高素质的人才、技术、资金等生产要素输送到农村后,增强了农村的发展能力。四是城市利用其先进的信息传媒,通过电视、报纸、电台、网络等各种渠道,为农业和农村发展提供各类技术信息、市场信息,提升了农村信息化、农产品商品化和农村经济市场化水平。

3.4.3　城乡一体化发展动力机制形成

所谓城乡一体化的动力机制是指城乡两大社会经济系统相互关联的原理、原则和具体方式。机制原本为机械学中的名词,意指机器运行的机理,包括各个机体,相互配合,靠传输及动力系统使之有效运转。城乡一体化动力机制同样包括城乡两大系统要素及功能,靠相应的激励、传递及动力因素,使之有效配合,高效运转。恰当的城乡运作机制有利于城乡共同发展,有助于城乡走向一体。发展中国家普遍走过农业为工业提供积累、农村支持城市的阶段。在这个阶段中,城乡运作机制偏向城市、工业,不重视或忽视了农村和农业,造成了越来越大的城乡差距。有效的城乡运作机制应该同时关注城市和农村、工业与农业,合理分配资源,恰当调动影响城乡一体的动力因素,推动城乡一体化良性发展。

从以上分析可知,促进城乡一体化发展的动力有来自农村自身的内生动力和来自城市的外生助力,城乡一体化发展的动力机制应该是:首先,以农村内生动力为城乡一体化发展的核心动力。城乡一体化发展的重心在农村,农村部门不能始终靠"输血",靠来自城市和工业的帮助发展,而是要转变为拥有"造血"功能的自生能力。农村部门要依靠自身积累的能力和剩余来发展农村,缩小与城市的差距。推动农村发展的各种动力因素中,农村城镇化显得尤为重要,因为它是农村人口重新迁移后新的聚集地,也是农村非农产业发展的载体。通过城镇,农村与城市文明的联系更加密切,农民的生活质量和生存环境得到提升和改善。在农村各种内生动力因素中,应该重点推动农村城镇化建设,建设与当地条件、习俗相符的小城镇、大村、大镇等各种农村集合体;利用先进的现代工业技术,改进农业生产方式;利用现代信息网络,抓住市场需求,加快农村产业化发展;借助城市和工业的有利资源,利用农村无尽的剩余劳动力,推动农村非农产业快速发展。其次,以城市外生助力为城乡一体化发展的重要推力。城市部门非常有必要重视农村和农业的发展,因为,农村和农业的发展仍然可以为城市提供更高质量的剩余。重要的是,农村和农业的发展为城市和工业提供了更多的销售场所。当然,城市与工业对农村与农业的帮助能够加快城乡一体化发展。城市的发展、扩张和工业的进步可以吸收部分农村剩余劳动力;城市先进的生产要素能够提升农村生产能力;工业积累和剩余又可支持和改善各种农村产业的发展。最后,发挥政府在城乡一体化发展中的重要协调作用。市场经济条件下,城乡一体化更多的是借助市场力量,运用各种市场资源促进城乡走向融合。但要看到,市场经济有其无法克服的弱点,一旦出现市场失灵,政府的作用便体现出来。特别在我国,各种制度还不健全,制度的执行效果经常打折扣,造成城乡巨大差距的各种制度因素仍然存在,这种比市场失灵还可怕的刚性因素更需要政府协调,所以政府的作用至关重要。城乡一体化运作机制中,政府的作用主要体现在:当城乡一体化的内生动力因素和外生助力因素运行不畅时,政府利用其行政力量,对各方因素进行有效协调,促使各种动力有机结合,使城乡一体化动力机制始终保持畅通运行。归结来看,城乡一体化动力机制具体包括城市发展机制、城乡经济互动机制、城乡差别及城乡利益关系机制等相关内容。

一、城市发展机制

从城市中心来考察城市发展过程,存在两种类型的作用力,即向城市中心集聚的向心力和从城市中心向外扩散的离心力。一般说来,中心城市的向心力和离心力同时存在,但由于它们的非平衡运动,产生极化效应和扩散效应。在城市发展前期,中心城市凭借自己优越的自然、社会、经济条件,对广大乡村腹地形成强大的吸引力,使得其外围(包括其他区域)的资源、资金流入,为企业和城市进一步发展提供强有力的支持。中心城市的极化效应,使城市成为国家的物质和精神财富的主要生产中心、人口和资源积聚地。正如列宁指出的:"城市是经济、政治和人民的精神生活的中心,是前进的主要动力。"随着城市化水平的提高和城市的平面扩张,将使更多人口分享现代的城市生活方式。由于中心城市与乡村发展的巨大差异和中心城市发展空间的有限性,必然产生离心力,出现郊区城市化和乡村城市化现象。城市发展中后期,以扩散效应作用为主,中心城市的资源、资金、技术、产品、产业向乡村地区扩散,中心城市与乡村腹地的交流大大加强,推动农村产业结构调整和经济的发展,同时伴随工业文明向农村的扩散,农村文化、农民观念也发生变革。城市的扩散效应必将促使小城镇和农村地区全面发展,使乡村人口在乡村地域享受城市文明。

二、城乡经济互动机制

主要是研究城乡经济相互依存、相互促进的发展变化规律。乡村对城市的推动表现为乡村为城市提供廉价的工业原料和食品,输送工商业扩张所需要的劳动力,以及通过外在的或隐含的形式为城市工商业提供资本积累。通常说:农业是国民经济赖以发展的基础,农业作为最原始最古老的产业,也是一切产业分化和发展的基础。农业的基础作用可分为两个层次:一是提供人类的基本生存资料。首先是衣食,衣食是人类生存和一切生产活动的先决条件;其次是对社会分工和产业发展的推动作用,因为只有当农业形成一定的超过自身需要的剩余劳动和剩余产品时,才能推动社会分工,使其他产业部门分化,发展成为独立的产业组织体系。正如马克思所说:"超过个人需要的农业劳动生产率是一切社会存在和发展的基础。"同时,城市的发展对乡村的发展和社会生产力的进步起着推动作用,表现为:城市为乡村提供农产品市场,从而刺激了农业商品生产的发展;城市工业的发展,为农业劳动生产率的增长提供了雄厚的物质基础和技术条件;城市工业的扩张还为农业劳动力提供了越来越多的就业机会,吸纳了农业富余劳动力;城市文化和生活方式必然涉及和影响着农村文化和生活方式,促进农村文化生活方式向科学化、现代化、文明化发展。因此,城乡经济互动机制是实现城乡一体化的重点,做到城乡之间产业分工与协作,资源(就业、技术、市场等要素)的优化配置,社会生活方式的文明进步,不断改善和优化整个社会生态环境。

三、城乡差别与城乡利益关系机制

城乡差别是指城乡间在货币收入、生活、就业和文化教育环境等方面的差距。城乡之间的差别可通过城乡居民收入水平、消费水平、消费结构、就业水平、受教育水平及人均占有的社会设施及生活环境质量等指标来反映,是表现城乡之间利益关系的具体表象。城乡利益关系是指从公平的角度研究城乡经济利益分享的差别和对立,这种差别与对立受社会生产关系和社会政治制度的影响,城乡差别必然带来城乡矛盾运动,推动城乡关系的进展。在比较利益的驱动下,农民为了以较少劳动耗费取得较多经济成果,必然向城镇流动。而大中城市的企业以市场为导向,追求规模经济效益,不断向郊区和农村扩散,不仅推动着周边地区的经济发展,而且刺激了农民向城镇的快速流动。因此,伴随经济的发展,农民自身观念的变化,人们不仅追求更高劳动报酬,而且渴望城市文明的熏陶,以改变封闭、落后的生活条件,这是贯穿于整个城乡一体化进程的最根本的内在动力。

3.5 城乡一体化的路径选择

对于城乡一体化的实现路径,国内理论界主要有三种观点:一是城市主导型模式。学者的看法主要有:汤正刚(2012)认为,"城区的经济辐射功能和'市带县'的城市主导作用"是实现城乡协调发展的基本动力;上海城乡一体化课题组(2011)研究认为,实现城乡一体化,主导在城市;石忆邵、何书金(2013)认为,大城市的向心力和离心力是城乡一体化的动力。这些学者的观点都强调中心城市的作用,把中心城市的作用放在主导地位,通过城市的辐射、吸引功能,依靠城市的优势带动周边农村的发展,最终实现城乡一体化。这种模式的实施方向是从上而下。二是小城镇主导型模式。陈晓峰(2013)从小城镇角度,研究小城镇在解决农村就业、带动农村经济发展中的作用,认为发展小城镇是实现农村城市化的有效途径。该模式的实施方向总体来看是自下而上,强调中小城镇的作用。三是城乡结合统筹发展模式。这种模式也可称为区域城乡一体化模式,在大城市表现为都市区域城乡一体化。胡必亮(2013)认为在推进城镇化的过程中,必须将一个区域的整体力量发挥出来,而不仅是促进其中城市的发展。也就是一方面要充分发挥主导城市对整个区域在整体功能定位、发展规划、产业结构、市场结构、基础设施布局等诸方面的主导作用;另一方面要建立区域范围内系统的、完善的城镇体系,做到大、中、小城市及镇在本区域范围内合理布局,进而使区域整体效益得以发挥,最终促进区域范围内城乡经济、社会联系不断增强,实现城乡协调发展的目标。在推进这样一种以区域一体化为中心的城镇化过程中,关键的因素不是单个城市的规模大小,而是区域内城市之间、城乡之间联系的强弱程度。也就是说,"联系"是其中最重要的因素。与"规模"相比,"联系"是一种更为深刻、更为本质的内在变量。"联系"就是这种新的城镇化模式区别于传统城市化模式的最根本要素。在这种模式下,发挥了上(城市)下(乡镇)双向作用,上下同步实施,更多体现了城、乡的结合与统筹。

城乡一体化是发展中国家为缩小城乡差距、消除二元结构而选择的发展道路。我国幅员辽阔,人口众多,各地区经济社会发展水平有较大差别,城乡差距、二元结构实际状况也有很大不同,由此,各地选择的城乡一体化实现路径必然有所差异。各地区应该根据当地资源禀赋、产业基础、人口素质、经济实力选择最适合当地的一体化路径。改革开放以来,我国陆续出现各种城乡一体化的实践,如上海统筹城乡规划,北京工农协作、城乡结合,苏南地区以乡镇企业发展带动城乡一体化发展,珠江三角洲以城带乡;等等。在国外,日本为解决城乡巨大差距,制订一系列涉及农村、农业的制度,提高农村劳动力素质,推进土地规模经营,提高劳动生产率,提升农民生活质量;挪威根据不同时期的不同重点,为不同地区量身裁制切合实际的城乡发展规划,逐年评估,对症下药,扎实推进城乡协调发展。具体来讲,我国城乡一体化路径选择可从以下几个方面考虑。

3.5.1 城镇化路径

农村城镇化的实质是农民居住走向集中、农村产业结构出现转化、农村就业结构出现改变的过程。从已经出现的各种城乡一体化实践中可以看出,城镇化是重要路径,其中既有政府规划引导,又有民众自发迁移聚集。进入 21 世纪,随着城市化、工业化进程的加快,农村青壮年大量外出,人口大规模向城镇迁移,造成农村大量"空心化"现象出现,导致农村土地闲置,资源浪费。人口向城市转移、农村显现"空心化"是城乡一体化过程中不可避免的现象,城镇化是最适合解决这一问题的途径。政府在城镇化过程中可起到积极作用,统一规划,统一建设位于城乡之间的小城镇、大村、大镇,为农民新的生活、生产提供与城市相同的公共物品,让农民的生活空间、生活环境、生活质量逐渐接近城市。城镇化也使得农村非农产业的规模发展出现可能,城镇基础设施齐全,劳动力供应充分,土地资源丰富且成本低廉,可吸引大量城市工业、服务业转移到城镇,这对于城市和农村来说是双赢的选择。苏南地区在城乡一体化过程中总结出工业向园区集中、人口向城镇集中、住宅向社区集中的"三集中",这三个"集中"带来大批小城镇脱颖而出,成为联结城乡的枢纽,改善了农民的生产条件、生活质量,加快了农村产业结构的优化和城乡一体化进程。

3.5.2 产业化路径

农村产业化包括农业产业化与非农产业的产业化。传统农业仅符合小农经济要求,生产手段落后,生产设备简单,劳动力素质低下,生产的农产品大部分用于自给。市场经济条件下,一切物品皆可成为商品,随着城乡交通网络趋于完善,市场信息网络逐渐畅通,低水平的传统农业面临着逐步被淘汰的威胁,农业产业化不可避免。农业产业化需要重点考虑三个问题:一是需要根据市场需求、地理位置、土壤禀赋、气候条件寻找适合当地的富民产业,农民可凭借自己的经验积极寻找,但更需要借助政府的文化、科技资源;二是需扫除影响土地流转的各种障碍,积极推进土地自由流转,大力推行土地规模经营;三是需要寻找恰当的农村土地规模经营组织形式,如目前已出现并得到运用的公司＋农户、公司＋基地＋农户、公司＋中介组织＋农户、股田制等新的农村土地经营形式。

城乡一体化需要重视农村产业结构的调整,尤其需重点发展农村非农产业。农村非农产业主要来自三个方面,分别是农村原有的乡镇企业、从城市转移到农村的企业、受到环境吸引全新进入农村投资的其他企业。农村非农产业的发展要转变两种观念:一是乡镇企业不只是城市工业的补充,它具有自己的独特优势,通过学习先进技术、先进管理经验,完全可以做强、做大,发展成为明星企业、品牌企业;二是转移到农村的不是城市淘汰掉的产业,而是为农村投资环境吸引,积极来乡的,仍具有发展前景的产业。在市场经济条件下,农村非农产业也需要面向市场,努力创新,注重环保,为社会提供更有价值的产品和服务。农村产业化的选择改变和提升了农村产业结构,加快了城乡走向一体。

3.5.3 制度创新路径

制度是影响城乡融合、阻碍城乡走向一体的重要因素,这也是发展中国家共有的弊端。从新中国成立时起,我国就实行重工业优先发展战略,农业长期以来为工业发展提供积累。为了不对城市发展、工业扩张造成影响,国家出台了一系列阻碍城乡交流、分割城乡联系的制度,这些制度的存在造成了不断扩大的城乡差距。制度经济学家普遍认为,发展中国家均存在严重的制度缺陷。发展是制度变化的结果,如果没有制度演变,没有制度创新,经济不可能得到发展。城乡一体化进程需要制度创新为其作保障。

制度创新涉及有关城乡生产要素的有序流动和城乡公共物品的公平供给。城乡一体化的宗旨是要让一切生产要素,包括资本、技术、土地、信息特别是劳动力,都可以按照人本思想,在增长和发展的过程中充分流动起来,这是城乡经济效率得以提高、城乡逐渐走向融合的基础。而要使这个宗旨得以实现,就要打破计划经济时期形成的城乡分割、部门歧视的制度性障碍,通过制度创新促进生产要素在城乡有序流动,让各种资源通过市场得到合理配置,从而推动农村经济增长方式转变,加快农村经济发展。城乡公共物品供给不公平是城乡产生差距的另一个原因,主要体现在城乡教育、医疗、基础设施、金融、环保等方面存在城乡投资不均。城乡一体化过程中,政府的职能除了纠正市场失灵,还有公平地为城乡提供非竞争性的、非排他性的公共物品,如建立城乡统一的社会保障制度、教育制度、就业制度、医疗制度以及财政、金融制度等。

4　国内外经验总结与启示

4.1　城市化模式概述

城市化模式,是对城市化进程中不同阶段和不同国家地区城市化的状况及其基本特征的概括和总结。从世界各国城市化发展的过程和规律看,因国情不同和地区实际不同,其城市化都有其不同的历史阶段和不同的模式。

4.1.1　根据城市化与工业化的关系进行划分

可以分为同步城市化模式、超前城市化模式、滞后城市化模式、逆向城市化模式。

一、同步城市化模式

同步城市化模式是城市化与工业化水平趋于一致,城市化和工业化发展呈适度的正相关关系的城市化模式。在这一模式下,城市化水平与工业化水平相协调,城市人口的增长与人均国民收入的增长较一致,农村人口城市化数量与经济发展提供的城市就业量大体平衡,城市化的发展与农业提供的剩余农产品基本适应。同步城市化模式是一种经济发展推动型的比较合理的城市化模式。

二、超前城市化模式

超前城市化模式是城市化水平明显超过工业化发展水平的城市化模式。这种城市化不是建立在工业化和农业发展的基础上,而是主要依靠传统第三产业来推动的城市化,甚至是无工业化的城市化。城市人口过度增长,城市建设步伐赶不上人口城市化的速度,城市不能为居民提供必要的就业机会和生活条件。这种城市化模式会造成严重的城市病,是一种不利于经济社会健康发展的畸形城市化。

三、滞后城市化模式

滞后城市化模式是指城市化水平落后于工业化发展水平的城市化模式。这种城市化模式形成的主要原因是政府为了避免城市病的发生,采取了种种限制城市化发展的措施,结果使城市化水平落后于工业化发展水平,这种滞后的城市化缺乏规模效益,严重阻碍了工业化和农业现代化的发展。这是一种违背工业化和经济发展规律的城市化模式。改革前的中国是这一模式的突出表现。它不仅不利于工业现代化,也不利于农业现代化和人民生活的现代化,进而影响社会经济的全面协调发展。

四、逆向城市化模式

逆向城市化模式是指城市中心人口尤其是大城市市区人口郊区化、大城市外围卫星城镇布局分散化的城市化模式。在这种模式下,城市市区人口向郊区迁移,大城市人口向卫星城迁移。因为大城市城区人口过于密集、就业困难、环境恶化、地价房租昂贵、生活质量下降,从而引起大城市中心区、城市市区人口向环境优美、地价房租便宜的郊区或卫星城迁移;而城市产业结构的调整和新兴产业的发展,相应地带动了城郊及卫星城的发展;交通、通讯的现代化大大缩短了城市与郊区的时空距离,更加带动了城区人口的外迁。出现逆向城市化倾向的发达国家,其城市化率并没有下降,仍然在不断提高。

4.1.2　按城市化的空间关系和地理位置进行划分

可分为集中型城市化模式和分散型城市化模式。

一、集中型城市化模式

集中型城市化模式是社会经济活动从空间上的分散状态向集中状态发展的城市化模式。它反映了第二、三产业的集聚过程和人口的不断集中过程,并由此引起城市的密集性、经济性、社会性不断扩大,人们的经济活动多样化,生活方式更加丰富多彩。其实质是农村人口和非农业经济活动不断向城镇集聚,农村地域向城市地域转化,使城市人口占总人口的比重提高,城市人口密度增加。集中型城市化模式是世界上大多数国家工业化过程所走过的或正在走的城市化道路。

二、分散型城市化模式

分散型城市化模式是城市的密集性、经济性和社会性向城市郊外或更远的农村地区扩散，城市的经济活动或城市的职能向外延伸的城市化模式。随着大城市人口的增长和经济活动集中程度的提高，城市中心区环境、交通、住宅、企业、用地等均处于相对饱和的状态，只要这些职能部门外移的利益足以补偿其外移的损失及外移成本，它们就会向城郊地区大量移动，并由此带动城市周围农村地域经济的发展和社会的进步。随着大城市这种带动作用的不断扩大，逐渐形成以中心城市为核心、周围布满中小城镇的大城市区域，在整个区域内的农村人口不断接受城市生活方式的同时，中心城市人口不断向大城市区域扩散。城市内部结构也由集中趋向分散，城市中心人口则不断减少。

4.1.3 根据城市化规模和结构进行划分

可分为小城镇模式、大城市和超大城市模式以及大中小城市相结合城市化模式。

一、小城镇模式

这一模式是指城市化应以小城镇为主的城市化模式。小城镇是城市与农村的结合点，它是连接城市和乡村的纽带，它将城市中的高科技、文化、经济联系推向农村经济的增长。同时，农村剩余劳动力进入城镇务工，是解决农村剩余劳动力的根本出路。但是，由于小城镇土地浪费严重、基础设施落后、集约化程度低、经济效益低下、能源耗费高和吸纳农村劳动力的能力不足等原因，使得小城镇模式比较适合于在人口密度大、经济发达的地区发展或在远离大中城市的地区和广大内陆地区或山区推广，而人口密度相对较低、经济欠发达的地区则不适合发展小城镇模式。

二、大城市和超大城市模式

大城市和超大城市是政治活动、经济活动、商业交往的中心。商业、服务业的需求和消费量巨大，集聚效应带来了经济的高度繁荣和无数的就业机会。在大城市和超大城市周围建立起许多卫星城，形成了广阔的经济增长地带，可以带动整个国家经济的发展。但是，城市规模过大，容易引起用地困难、住房紧张、资源短缺、交通拥挤、环境质量下降等"城市病"。该模式的优越性在亚洲国家表现得特别突出。亚洲国家人口密度大，资源有限，更适合于发展大城市和超大城市。

三、大中小城市相结合模式

这一模式是指适当控制大城市的人口和生产要素积聚并以中小城市为补充的城市化模式。这是中外学者研究中国城市化道路时提出的一种模式。有关专家认为,中国地域辽阔,人口众多,区域发展极不平衡。城市化不可强求一律,不能是一种模式,而应该根据不同地区的具体情况,不同时期的不同特点,选择多样化的城市化模式,即大中小城市相结合模式。

4.1.4 根据城市化的主导因素不同进行划分

可分为原始自发型城市化模式和政府主导型城市化模式。

一、原始自发型城市化模式

这一模式的城市化是随着经济发展和市场因素扩大,人口的迁移和非农业产业的积聚而自发进行的。缺乏必要的政府调控和干预,其后果必然是"城市病"和"农村病"并存,既会带来城市的交通拥挤、住房紧张、犯罪率上升等社会问题,也会带来耕地减少、粮食减产、农业萎缩等农村问题,使整个国民经济发展处于一种无序状态。

二、政府主导型城市化模式

这一城市化模式是随着经济的发展,人口的流动、迁移和第二、三产业积聚与发展都在政府宏观调控下有序进行的一种模式。在该模式下,政府制定总体规划,对城市化进程、城市人口的增长、城市的地区布局、城市规模的扩大等方面实行必要的宏观调控,而不是放任自流,完全由市场调节,以保证城市化稳步健康发展。这既可以避免"城市病",又可以避免"农村病",并能促进整个国民经济健康有序地发展。

4.1.5 根据城市化的结构层次进行划分

可分为继续城市化模式、延伸城市化模式、递进城市化模式和跟踪城市化模式。

一、继续城市化模式

这一模式就是现有城市和城市人口、现有产业与未来产业的深度城市化模式。通过完善城市体系,加强城市建设,强化城市功能来增强城市的吸引力和辐射力。通过深度城市化,提高现有城市的集约化、现代化和管理水平。这是任何一个国家城市化的必然选择和必经之路。只有首先练好已有城市的"内功",才能推动经济社会发展和真正提高城市化水平。

二、延伸城市化模式

这一模式是集镇和集镇人口、产业扩大与发展的延伸城市化。该模式是通过增强城镇"二传手""中继站"功能,建设城市型集镇和卫星城市,容纳更多农村人口,并将职业和身份发生变化的集镇人口随时变为城市人口。延伸城市化是城市化进程的重要组成部分。

三、递进城市化模式

这是农村人口和农村社区的递进城市化。农村中的一部分发展为城镇,其余部分实现乡村城市化。农村人口中少部分流入城市,大部分转向集镇,其余通过农村工业化、非农化就地转移,就地发生职业性质和社会身份变迁。

四、跟踪城市化模式

这是村落区域和乡村居民生活方式的跟踪城市化。其特点是逐步实现乡村人口职业变化和收入的增加,并通过城市化地区和新型集中村庄的发展,使生活方式达到城市人口水平。也有人将跟踪城市化模式概括为城乡融合型城市化模式。其前提是农业现代化、乡村工商业的高度发展,农村文化、科技全面提高。

4.2　发达国家城市化的主要模式

4.2.1　英国以工业主导的集中型城市化模式

英国是世界上城市化最早的国家,其城市化的动因主要有以下两个方面:

一是圈地运动。从 15 世纪后期到 16 世纪,英国的圈地运动达到了前所未有的高潮。在 1780—1820 年间,圈地的教区原来的土地所有者人数减少了 40%～50%,有些教区甚至减少了 60% 以上。圈地使得畜牧业成为英国的主导产业,而畜牧业所需劳动力又相对较少,所以劳动力不断从农业中释放出来流向城市。据统计,1841—1911 年的 70 年间,英格兰和威尔士的人口增长了 312.7%,1851—1911 年的 60 年间,英格兰和威尔士的城市人口从 899 万人增至 2816.3 万人。

二是工业革命。蒸汽机的运用、机器生产开始代替手工劳动、工厂制作开始替代家庭作坊等,工业开始出现集中生产的趋势,使社会生产力出现了一个划时代的飞跃,并带动了交通运输业的巨大变革,经济出现空前繁荣。

如果说圈地运动使农民被动离开农村涌入城市的话,那么城市经济的繁荣则更加吸引了农村人口主动地、大规模地流向城市,再由中心城市流向"郊区新城"。城市的数量不断增加,城市的规模和地域日益扩大,城市的地区性的中心地位和作用日益巩固和强化。工业化速度加快,运河、铁路、公路建设大大推动了城市化进程,大批工业化城市迅速成长起来。

英国以工业为主导的城市化具有以下特点:

(1)以牺牲农民的利益为代价。英国的圈地运动不是建立在农业高度发展的基础之上,而是以牺牲农民的利益为代价的。

(2)以工业为先导。工业革命是英国城乡一体化的推动力。正是工业革命带动了英国工业的发展和产业结构的不断调整,引导人口由农村流向城市,再由中心城市流向"郊区新城",从而使得大批工业化城市迅速崛起。

(3)政府投入并规划先行。在城市化快速发展阶段,政府不仅投入大量的人力、物力和财力,而且是制度先行,规划先行。

4.2.2 法国缺乏推动力的分散型城市化模式

法国的优越地理、气候和文化条件,使得小农经济始终在法国经济中占据主导地位,小农经济的发展和工业化的不足等原因制约了法国城市化的进程,从而使得法国的城乡一体化不同于英国,其区别不仅在于时间和速度,更重要的是动力机制。

由于法国的大城市曾经面临过相当严重的住房危机和环境污染,所以法国政府在城市化过程中采取了制定特许制度引导工业向外扩散、政府投资修路、设立"国家发展奖金"吸引企业到小城镇落户、投入资金实现老城新建等鼓励小城镇发展的政策。从 20 世纪 60 年代开始,法国的农村朝着"工业型集镇"和"住宅型集镇"发展。工业型集镇是一些第二、三产业较发达的集镇,一般拥有多个人数在 20~100 人的企业。"住宅型集镇"多处于大城市的城郊。1962 年法国仅算城市地区的城市化率为 63%,若将之扩大到具有城市特点的集镇的话,城市化率高达 79%,1968 年达到 79.4%,1975 年和 1982 年分别达到 83.4%和 90%。劳动力供不应求,来自农村内部的城市化推力不足,加之政府采取的鼓励小城镇发展的措施使得法国成为分散型城市化的代表。

4.2.3 美国快速推进的集中型城市化模式

在 19 世纪中叶以后,随着交通运输革命的完成、运河的修建和铁路的铺设,以及农业生产的现代化、工厂制在全国的确立,极大地刺激了美国许多城市的发展,城市化进程加速。在美国城市化进程中,大量的外来移民起了重要作用。由于人口集中和产业积聚,城镇人口的比重不断增长,城市数量大大增加,目前,美国城市化率达 82.7%。美国的集中型城市化主要体现在以下几个方面:

(1)农业生产的现代化。19 世纪末,美国农业经历了一场技术革命,科学技术得以普及,农业机械化的广泛使用使农业获得了长足的发展,生产率得到了大幅度的提高。美国农业生产的家畜产品不仅满足了城市的需要,而且远销海外市场,农业部门所生产的大量廉价食物为城市发展提供了必需的食品;同时,农业生产率的提高还解放了大量的农村劳动力,并使这些农业人口以前所未有的速度走向城市,从而有力地推动了城市化的进程。

(2)大规模的工业化。电力、炼钢、材料、交通运输等新技术的运用有力地促进了工业生产的发展,现代工业将钢铁、玻璃等工业品源源不断地生产出来,为大规模的城市化奠定了雄厚的物质基础。

(3)交通运输的现代化。大工业还创造了全国性的交通网络,城市沿着这些交通线从港口向内陆腹地推进,形成了全国性的城市网。南北战争前,美国的交通已有一定的发展,在东北部形成了水路和铁路的交通网,造就了东北部的地区性城市网。但是,中西部的交通仍十分落后,西部、南部则更不用说,有的地方甚至人迹罕至,这些地区的城市化程度之低是可以想象的。南北战争后,美国兴起修造铁路热,大铁路向西部延伸,铁路网迅速地覆盖了整个国土。纵横交错的铁路网将城市网从东北一隅渐次拉开,向西部、南部荒野撒去,大铁路切割了广袤无垠的西部荒野,村落逐渐增多并成长为城镇,城镇又发展为城市,全国性的城市网最终得以形成。

(4)人口的城市化。向城市流动的人口主要是欧洲移民和乡村人口,工业化城市化时期正好遇到了美国历史上的第二次移民浪潮,移民潮水般地涌入东部城市,还有一部分通过火车到达中西部和西部城市。

美国的城市化进程是快速的,是在农业、工业、交通运输高度发展的基础上,通过人口、产业、文化和管理等要素向城市流动,辅以政府在鼓励西部开发、发展交通等方面的政策支持和政府推动,快速推进集中型城市化模式。

4.2.4 扩展大都市圈的日本城市化模式

日本的城市化过程,是一种人口从农村及小城镇地区向太平洋沿岸城市移动的过程。日本三大都市中心分别是东京、大阪、名古屋。日本用了 35

年时间将城市人口占全国人口的比重从 1920 年的 18% 提高到了 1955 年的 56.3%,并且,这种城市人口的高速增长一直持续到 20 世纪 90 年代,1990 年的城市人口比例达到了 77.4%,之后稳定下来。因此说日本是一个快速实现城市化的国家。和众多国际大都市一样,日本东京、大阪、名古屋的中心城区也出现了逆城市化发展现象。大都市开始向外扩展,形成扩展大都市区的日本模式。

一、日本城市化的基本特征

一是依托于人口的城市化。朝鲜战争后,突发的工业景气又迎来了城市人口的大增加。1955 年日本城市人口达到约 5000 万人,为全国人口的 56.1%,第一次出现了城市人口超过农村人口的现象,同时约有 34.9% 的人口集中于人口 10 万人以上的城市,从而大体上完成了日本人口的城市化。二是交通的现代化。交通先行发展政策,可以说是日本得以成为经济大国和工业化先进国家的最重要的因素。明治维新后,日本大约花了 100 年时间,完成了交通的现代化,逐步打通了城乡间的天然屏障,不但促进了农村的城市化,也慢慢形成了以大城市为核心的一个个都市圈。三是现代农村的支持,日本顺利地依靠农村工业化解决了农村问题。四是行政建制推动的城乡一体化。五是"区域创新"加速了城乡一体化。

二、城市化进程中日本农村的建设和发展

日本在城市化中后期注意到农业、农村发展问题。首先,表现为政府对农村基础设施投入的增加。日本对农村投资的方式及渠道较多,中央政府主要是对建设项目进行财政拨款及贷款,地方政府除财政拨款外,还发行地方债券,用于公共设施的建设。其次,表现为对农村工业发展的重视。日本政府把工业发展看作城乡一体化的根本,认为没有农村工业,农村的城市化就失去了其存在的基础。日本政府鼓励町、村通过招商引资创办工业,并对农村副业、农产品加工、农具制造等农村传统产业给予政策上的大力支持,为此,日本政府还专门制定了《向农村地区引入工业促进法》《新事业创新促进法》等法规。最后,表现为日本政府十分重视各地区的经济发展与町、村建设规划。在市、町、村这样一些基层行政机构都设有规划部门,制定中长期国土利用与开发规划。规划的制定程序一般是:先由町规划策划干事会拟定规划框架,在征求町有关部门及居民意见的基础上,确定初步方案,并与县有关部门协商后,由町议会审定并付诸实施,整个规划的制定规程严密。日本在实行工业化的过程中,采取工业化和城乡一体化同步推进的策略,在亚洲率先实现了农业现代化和城乡一体化。

专栏 4-1:日本促进城乡协调发展的主要措施

一、工业化与城市化同步推进

　　日本自 20 世纪 60 年代初推行工业化政策以来,由于城市工商业为农村剩余劳动力提供了大量就业机会,农户转移速度加快,农户人口急剧减少。据统计,1960 年日本农户为 606 万户,1990 年降至 383 万户。工业化快速发展,吸收了大量农户到城市就业,1965 年日本第二产业增加值占 47.9%,非农就业比重占 75.3%,城市化达 68.1%,第二、三产业发展成为城市化的主要动力。

二、加强政府对城市化发展的规划和法制建设

　　日本的城市化道路主要由市场主导,城市功能定位、城市主导产业选择等都主要由市场决定,政府的作用主要体现在规划指导和立法保障等方面。日本在城市化过程中,政府十分重视发展规划,在完善的规划体系基础上实现各项城市建设。

　　法规体系的健全和完善是日本城市化过程的重要保障。日本在 100 多年的城市化过程中,陆续制定了《新事业创造促进法》《市民农园建设法》《促进建设优美田园住宅法》《国土利用计划法》《农地法》《农振法》《城市计划法》等 100 多部相关法律法规。这些法律法规的制订,为城市化过程中的一系列相关问题的解决提供了法律保障。

三、充分重视城市化过程中对"三农"的保护,实行城乡统筹规划和管理

　　日本在城市化加速的过程中,十分注意对"三农"的保护,如:通过产业振兴,发展农村工业;农地非农化与农民非农化(农民职工化)和农民市民化基本同步进行;农地非农化与耕地保护相结合,实现土地集约利用;重视对离土农民的使用和培养;等等。这些措施有力地保护了农民利益,促进了农业、农村经济和社会的同步发展。

三、关于日本城市化道路的评价

　　日本的城市化和西方其他发达国家的城市化进程一样,都是以工业化为直接动力,以经济发展为物质基础,以科技、交通、信息等因素为有力支撑的。二战后日本根据自身人多地少、资源匮乏的现实条件,选择走高度集中城市化战略,以求在城市化过程中更加集约地使用土地和其他自然资源。日本城市化道路最让人称道的是,它在发展大都市区的同时,并非孤立地发展大城市,置农村发展于不顾,而是有计划地实现城乡一体化。例如,日本城市和农村的地域空间不再作为稳定的地域而相互分割,而是作为一个大的整体受中央政府和地方政府统一规划管理,并可以根据实际需要进行统一调整。所以日本各城市的城市建设计划就包括城乡两大主体的统规统建。又如,城市功能的设置不再限定于城市内,而是把周围农村地带也包括

在内,呈放射型移动。城市里商业和娱乐业的设置空间和建设规模是严格按照辐射圈范围的大小合理调整确定的。

在统筹城乡发展政策的指导下,日本在 20 世纪 70 年代便实现了城乡一体化。1965 年每个城镇工人年收入为 17.7 万日元,每个农民年收入为 14 万日元,到 1977 年农民年收入为 92.2 万日元,工人为 81.7 万日元,农民高于工人 10 多万日元。在政策引导下,农村发生了很大变化:不再是单一农户居住的区域,而成为专业农户、兼业农户、非农户混居的社区;农业不再是农村的支配产业,1980 年农村中从事第三产业的人口比例达到 42%,大大超过了 24%的从事农业人口的比例。

4.3 新兴国家城乡一体化的主要模式

4.3.1 韩国与新兴工业同步的城乡一体化模式

韩国在第二次世界大战后快速恢复经济,选择了优先发展工业,农业次之的发展战略。在发展工业方面,不仅在美国的扶持下恢复战争中遭受破坏的工业,而且大力发展轻工业替代进口,发展重工业和化学工业。由于韩国一开始选择了轻工业,所以它十分重视中小企业的发展。1966 年 12 月,韩国制定了《中小企业基本法》,保护中小企业,使中小企业的生产专业化和系列化,政府从财政资金中拨款为其增加设备,提高其产品质量和经营管理水平,并为其实行技术指导和经营指导。这就使得中小企业充满生机,吸纳了大量的农业剩余劳动力。之后又启动了以重工业为主的工业发展战略,加快劳动力的非农化,加快了城乡一体化的进程。

一、城乡一体化进程中韩国农村的建设和发展

韩国的"新村运动"由朴正熙总统在 1970 年发起,是一项旨在解决工业和城市化起步后城乡差距迅速扩大的问题,推进农村综合发展的重要举措。韩国从 20 世纪 60 年代起开始大力推进国家的工业化与城乡一体化,此后 10 年间平均工业发展速度接近 10%,而同期韩国农业发展速度仅为 2.5%。工农业发展速度如此悬殊,不仅使国民经济结构趋于失调,城乡居民收入差距也在不断拉大,1962 年的农户年平均收入是城市居民的 71%,而 1970 年降到了 61%。为解决农村经济发展严重滞后的问题,韩国政府开始调整发展战略,把实现"工农业的均衡发展"和进行"农水产经济的开发"放在经济

发展目标之首。在此背景下,从 1970 年开始,朴正熙领导的政府开始倡导"新村运动"。

韩国"新村运动"在开始形成阶段以"官主导、民参与"的形式,通过思想启蒙、要件支援、教育研修等手段,提高农村居民改善生活的意识,并配合支援水泥、钢铁等材料给乡村,以发展行政方面的共同事业。而在发展阶段,则转变成"民主导、官支援"的形式,政府只是通过制定规划、协调、服务,以及提供一些财政、物质、技术支持和服务等手段,着重调整农业结构,进一步发展多种经营,大力发展农村金融业、流通业,进一步改善农村生活环境和文化环境,继续提高农民收入等。具体而言,韩国"新村运动"主要在以下几个方面改善农村面貌:一是修建桥梁,改善道路设施;二是建造新房,改善农民居住条件;三是实施农村改水、改电、改气工程,改善农民生活环境,提高农民生活质量;四是推广高产水稻品种,促使农业增效;五是调整农业产业结构,进行合作化管理、集约化经营,促进农民增收。另外,为保障"新村运动"的顺利开展,韩国政府还出台了以下措施:一是设立高效统一的新村运动组织管理机构;二是对新村领导人进行系统培训;三是通过农协组织促进农村金融事业的迅速发展;四是建立完善的激励机制,激发农民建设新农村的积极性;五是兴建村民会馆,加强农民之间的信息交流。

韩国的"新村运动"在推动城乡统筹协调发展和区域平衡发展中发挥了巨大作用。1971—1975 年间,韩国农村共新架设了 6.5 万多座桥梁,村村都修筑了宽 3.5 米、长 2~4 公里的进村公路。到 20 世纪 70 年代后期,除个别极为偏僻的农村外,全国都实现了村村通车,在改善农村居民生活、生产设施上取得了巨大成功。同时,通过大力发展特色农产品产业,实施区域开发,建设农产品流通批发市场,推进农村金融业发展,支持农民协同组织等多种措施,使农村经济迅速发展。到 1993 年,农村中每百户彩电拥有率123.6%、电冰箱 105%、汽车 20.9%、煤气炉 100.4%、电话 99.9%、计算机6.7%。与此同时,城乡居民收入差距总体也呈逐渐缩小趋势,1970 年韩国农民收入相当于城市居民收入的 75%,1980 年为 95.8%,1990 年为97.4%,2005 年为 92.5%。

二、关于韩国城乡一体化道路的评价

韩国是当今工业化国家中完成城乡一体化最快的国家之一,这一方面得益于其持续、快速的经济增长,另一方面则是因为"新村运动"的成功带来的农村大发展。对于当今世界上大部分发展中国家来说,保持相当的 GDP

增长,建设全国性的或区域性的大城市并非难事,但是怎样统筹城乡发展则一直是令人头疼的问题。韩国"新村运动"堪称是农村开发的经典案例,不仅得到联合国有关组织的关注和肯定,更得到发展中国家的重视,先后有130多个国家派出人员参观、学习"新村运动"取得的成就和经验,一致认为韩国"新村运动"是解决"三农"问题的政策模式。"新村运动"的主旨就是在工业获得较大发展之后支援农村,把城市的物质文明特别是价值观念、生活方式推向农村,使农村紧紧跟上社会现代化步伐。

韩国城乡一体化进程发展很快,迅速推动经济社会发展,既促进了农业现代化的发展,扩大了农村劳动力的就业途径,又抑制了农业劳动力向大城市的盲目涌动,还快速缩小了城乡差别,实现了农村的社会经济繁荣和稳定,从而形成了与新兴工业同步的城乡一体化发展模式。

专栏 4-2:韩国"新村运动"的过程及内容

一、第 1 阶段(1970—1980 年):政府主导发展时期

1.农村基础建设阶段(1970—1973 年),通过政府投资及村民集资,指导村民进行农村基础设施建设,改善农民的居住条件,改变农村的落后面貌。

2.农村全面发展与扩散阶段(1974—1976 年),政府推出增加农、渔民收入计划,以增加农户收入;同时,积极推出相关政策,大力引导并积极支持农村调整农业结构,推广良种和先进技术等,并鼓励城镇各行各业以新的思维与行动来发展经济。

3.充实和提高阶段(1977—1980 年),大力发展以农产品加工为主的农村工业,增强农村经济发展的自我造血功能。

二、第 2 阶段(1981—1988 年):民间主导发展时期

这个时期的主要活动为:(1)开展国民意识改革运动;(2)促进地区活力;(3)开展本乡环境改善运动;(4)以国内外人士为对象实施新村教育;(5)倡导和实施读书生活化运动;(6)进行邻里互助合作活动;(7)开展志愿者活动;(8)倡导和开展生产效率提高运动;(9)培育示范村等。

发展农村工业,提高农村自我造血能力,改善农村的发展环境,实现农村运动的可持续发展成为这个阶段发展的宗旨之一。

三、第 3 阶段(1989 年以后):新村运动的转型与衰退期

这个时期,新村运动发生较大转变。1989 年新村运动转变为完全的民间主导型运动,随后其发展目标从"致富运动"转变为"共同致富运动",并开展了一系列活动,大力宣扬共同体意识,提倡大家共同发展、共同致富。

与 20 世纪 70、80 年代热火朝天的景象相比,20 世纪 90 年代以后的新村运动日渐式微,但其理念与精神已深深烙在韩国村民的内心,成为他们内心根深蒂固的思想之一。

4.3.2　巴西过度发展的城市化模式

一、巴西城市化道路进程

在 19 世纪后期,大量资本和移民涌入巴西。巴西的食品和原料,尤其是咖啡出口迅速增长,带动了经济的整体繁荣,也带动了城市的发展,从而城市化进程加快。然而,20 世纪 30 年代的世界性经济大危机给巴西的出口经济以沉重的打击,经济危机导致政治危机和军队政变。此段时期,巴西钢铁业、造碱业、铁矿业等得到缓慢发展,逐步建立国民经济工业体系。到 20 世纪 70 年代末,巴西已基本实现了工业化,城市人口比重提高到 81%。但随后人口膨胀、住宅紧张、交通拥挤、环境恶化、失业率上升等问题也不断暴露出来,加之产业结构不合理等诸多因素使得巴西经济陷于停滞。

因此,巴西城市化模式为过度发展和不协调的城市化。近年来,巴西政府加大产业结构调整力度,重视农业,优先发展农业,并为解决城市病作了一系列的努力,政府的迁都就是这方面的典型举措。

二、关于巴西城市化道路的评述

巴西的城市化是"过度城市化"。所谓"过度城市化"是指"城市人口超过经济发展的要求,而经济发展也不足以支持庞大的城市人口的现象"。巴西城市人口超过农村人口所用的时间比发达国家少花了 20 年,但是在同样的城市化水平增幅内,发达国家的人均国民生产总值增长了 2.5 倍,而巴西只增加了 60%。20 世纪 70 年代中期,巴西制造业就业人口占总就业人口的 20%,而城市人口却已占总人口的 61%,这些都表明巴西的城市化进程与经济发展水平严重脱节。之所以会出现过度城市化现象,是由于巴西政府在城市化过程中忽视农业、农村发展,农村贫困问题日益严重,产生了一大批几乎一无所有的雇佣劳动力。他们为了生存涌入城市,而此时城市难以创造出大量就业机会,从而造成了过度的和被动的城市化。过度城市化给巴西带来了诸多社会问题:由于城市经济发展创造的就业机会远远满足不了不断扩张的城市人口的就业需求,1998 年以来,巴西的失业率保持在两位数以上;1999 年,占巴西人口 1%的富人拥有国家 53%的财富,全国贫困人口为 5410 万人,占总人口的 34.9%,赤贫人口为 1360 万人,占总人口的8.7%;由于城市规划的滞后和人口的迅速膨胀,城市环境遭到严重破坏,圣保罗已成为世界第四大污染严重的城市。

4.3.3　印度城镇城市化模式

国外学者 MeGee 在研究亚洲发展中国家的城乡一体化问题时,发现了一类分布在大城市之间的交通走廊地带,与城市相互作用、劳动密集型的工业、服务业和其他非农产业增长迅速的城镇城市化的模式。

印度的城乡一体化为城镇城市化模式的特征,带有殖民色彩。早期的铁路、公路、港口等基础设施、采矿和原材料的加工工业等,都是早期殖民统治者为出口原料和倾销工业品而发展起来的。因此,印度工业严重依附于英国。但不管怎样,工业的发展还是吸引了农村人口向城市聚集,城乡一体化呈现出一种城镇集中型模式。

加尔各答是印度东部的政治、经济、文化中心和重要港口,是印度最大的城市群。它以加尔各答为核心,沿胡格里河两岸一线铺开,北至斯贝利亚,南至巴奇巴奇,南北总长约 56 公里,东西总宽约 15 公里,由 70 余个卫星城镇组成。印度摆脱殖民统治,实现政治经济独立后,加尔各答不断扩大,到了 20 世纪 70 年代,加尔各答已是印度的一个融商业、制造业、运输业、金融业、文化教育业为一体的综合性群落,成为典型的城镇城市化模式的代表。

一、印度城乡一体化道路进程

印度是一个人口较多的农业国家,目前 70% 以上的人口仍生活在乡村,是世界上城市化水平较低的国家之一,而且其城市化步伐也比较缓慢。印度的城乡一体化进程可分为三个阶段:第一阶段是 1920 年之前的城乡一体化萌动时期。这一阶段城乡一体化水平极其有限,长期徘徊在 10% 左右,而且城乡一体化的基本动力来源于商业交易活动而不是工业。第二阶段(1921—1947 年),印度的城乡一体化水平一直持续上升。这主要是因为:其一,印度人口开始从高死亡率中得以恢复元气;其二,1917 年以后印度实行逐步自治,到 20 世纪 20 年代,印度工业取得了显著的发展。1924 年的钢铁保护法案促进了托拉斯钢铁在国内的市场份额由 17% 上升到 30%;纺织机的数量在 1923 年翻了一番。可见,工业化作为城乡一体化进程的引擎作用已经显现。第三阶段是 1947 年独立之后。在印度独立并完成工业化法案的制定以后,外国经济对印度本国的经济影响受到限制,同时国内弱小的民族工业受到保护。这一时期是印度现代历史上最为成功的时期,经济长期持续增长,死亡率大幅度下降,教育设施较快增长,以及倡导接受现代技术等,总体上促进了城乡一体化的发展,而且也促进了许多新兴城镇的诞生,如行政中心、难民集中地、钢铁城、矿业城镇、卫星城市等。

二、关于印度城乡一体化道路的评价

印度的城乡一体化存在很多问题,这既取决于其较低的经济发展水平,也源自印度政府缺乏对城市发展的合理规划。印度虽然拥有加尔各答、孟买这样的庞大城市,但总体来说,这些人口超过 2000 万的大都市并不是以经济、产业集聚为基础发展起来的,它们更多的是印度数量庞大的无产者移民而形成的。因此,在这些城市中,贫民窟数量众多,城市基础设施匮乏,城市环境恶化,甚至在某种意义上有些地区并不符合城市的定义。印度的城乡一体化基本上是处于一种自由放任的状态,印度政府的影响十分有限。这种放任的城乡一体化道路主要表现为:不考虑国家的实际情况放任人口的任意流动,其结果是大城市无限膨胀,而中小城市则发展缓慢。

4.4　国外城市化发展道路对中国的经验与启示

4.4.1　发达国家城市化道路的经验及农民非农化比较分析

一、城市化道路的经验

1. 工业化与城市化的互动发展

从世界经济发展,特别是工业革命以来世界经济发展的历程看,工业化和城市化之间的协调互动,是这二者之间内在联系的必然要求和表现形式。一方面,工业化是城市化的发动机,工业化战略模式制约城市化的发展,工业化的发展程度决定了城市化的特点;另一方面,城市化又是工业化的促进器,它为工业化的发展提供了有利条件,能够极大地促进工业化的发展。对美国、日本等发达国家城市化进程的实证考察说明,城市化必须建立在工业化的基础之上,产业结构的动态调整是城市化健康发展的持久动力。

美国自工业革命以来,城市化进程才开始加速。发展中的城市以其聚集效应为工业的发展提供良好的条件,并且提供一个总量不断扩大,由较高收入的城市就业人口组成的市场,对工业持续增长起到拉动作用。城市化还通过不断吸收农村人口而改造传统的农业生产方式,使经济走向现代化。在 220 多年的时间里,美国走过了工业化时代、制造业时代和信息产业化时代。不断升级的产业结构为美国经济注入了新鲜血液,纺织业、钢铁业、汽车业、飞机制造业、高新技术产业、信息产业攥着"接力棒"相继领跑美国经济。在这个过程中,有一个现象令人瞩目,那就是工业化决定城市化。先有了工业,有了相关产业和制造商在空间上的集聚,才有了城市和产业带的发展;城市化反过来又推动了相关产业的发展。美国工业化均集中在城市地区进行,工业化与城市化过程并行。

在 20 世纪 50—70 年代日本快速工业化时期,城市工商业为农村剩余劳动力提供了大量就业机会,大批农民离开土地进城工作,有些大企业甚至采用"集团就职"的方式,到农村中学整班招收毕业生进城务工,农民转移速度加快,日本农户从 1960 年的 606 万户,减少至 1975 年的 495 万户,到1990 年减少至 383 万户。工业化吸引了大量农民到城市就业,1965 年日本第二产业增加值占 47.9%,非农就业比重占 75.3%,城市化水平达到67.9%,第二、三产业成为城市化的主要动力。

2. 在城乡关系协调中推进城市化

第二次世界大战后,主要发达国家大多进入工业化中后期,人口城市化率普遍超过 50%,人均 GDP 也超过 4000 美元,由此进入大规模的工业反哺农业时期。英国 1947 年颁布第一个农业法,日本 1961 年出台《农业基本法》,这些法律有效推动了城乡经济社会发展差距的缩小,推动了工业和农业、城市与农村经济的融合。发达国家城乡差距的缩小或部分消失,是现代社会的城市化潮流所带来的最令人鼓舞的积极结果。发达国家的经验表明:城市化进程与城乡协调发展是并行一致的过程,城市化发展可以缓解或消除城乡二元对立,而绝不是扩大城乡差距。

3. 市场机制成为城市化的基本驱动力

市场机制是城市化过程中的基本驱动力。在 20 世纪 30 年代发生的波及西方各国的"大危机"之前,统治西方经济学界的学术研究和政府政策制定的重要指导思想是古典经济学理论,崇尚市场机制在经济运行中的作用,政府主要行使"守夜人"的社会职能,资源配置完全由市场调节,因而发达国家的城市化基本上是在市场机制的自发作用下实现的,这主要表现在:

第一,企业和个体的行为遵循理性经济人假设。在古典经济学家看来,理性经济人以自身的利益最大化为目标,能够在选定目标后对达成目标的各种行动方案根据成本和收益作出选择,包括资本和劳动在内的生产要素向城市聚集,是资源配置优化的表现,即从低效率的农村转向高效率的城市。资本家在城市投资为了追求更多的利润,劳动力涌向城市为了获取更高的工资,只要他们的迁移收益大于迁移成本,那么流入这个城市的人口自然会增加,城市规模也随之扩大。以美国城市化为例,从 19 世纪初开始至今,美国经济的空间重心和产业发展经历了从东北区域(商业贸易)→中西部(重工业)→西部太平洋海岸区域(高科技和第三产业)的转移,城市规模随之由小到大、由北向南、由东向西逐渐推进,城市空间形态逐渐由点状、线状再到面状发展,最终形成东北部大西洋沿岸大都市连绵带、中西部环绕五大湖地区的 ChiPttis 大都市连绵带和西海岸的 SanSan 大都市连绵带。这个以大都市区为特色的城市化过程,始终是在市场力量的推动下形成的。

第二,人口自由从农村向城市流动。理性的经济人能够通过迁移收益与迁移成本之间的权衡,决定自己是否迁入城市,迁入哪一类型的城市。那么制度性障碍的存在,无疑会增加人口的迁移成本,阻碍劳动力向城市的流动。英国在中世纪时期盛行庄园劳役制度,为了确保庄园拥有足够的劳动人手,封建领主大都采取各种措施限制农村人口向外流动,这就将大部分农村劳动力束缚在土地上,在相当程度上削减了乡村向城市移民的数量,从而阻碍了劳动力向城市转移的历史进程。因此,英国在农奴制鼎盛时期没有出现大规模农村人口向城市迁移的现象,城市人口始终在总人口的 5％～10％之间徘徊。随着农奴制和劳役制的崩溃,束缚和压迫农民的各种制度也都逐渐松懈、瓦解,越来越多的农奴和依附农民获得了自由迁徙和流动的权利。至此,庄园和农村社区里劳动力向城市转移的制度障碍消失,为城市化发展创造了有利条件。

4. 政府积极适当的干预

充分发挥市场机制在城市化进程中的作用,并不意味着政府的不作为和完全退出。当成本或利润价格的传达不准确,影响到个体经济市场决策机制时,会出现市场无法有效配置商品和劳务的情况,即市场失灵,这时有必要由政府产出部分商品或劳务来应对。以英国为例,作为世界上第一个迈进城市化门槛的国家,英国的城市化没有任何经验可借鉴,城市的布局、运行模式及城市生活各方面完全以市场力量为驱动力,政府未对城市的盲目发展进行任何调控和干预,体现为一种自由放任型的城市化道路。然而大量农村人口涌入城市,使得城市原有的基础设施和其他公共服务严重不足,最后导致城市人口急剧膨胀、住房短缺、就业竞争激烈、公共设施匮乏、环境污染、犯罪率居高不下等一系列城市病。从 19 世纪中期起,英国开始采取各种措施来弥补这种自由放任城市化模式给经济社会带来的灾难性后果,如颁布《城乡规划法》《环境卫生法》等多部关于城市的法律法规调节城市化进程,以及利用"福利国家制度"解决城市化产生的社会弊端等。

对影响城市化的因素,美国住房和城市发展部曾作过一次调查,被调查者一致认为,政府有关城市发展政策,尤其是促使城市郊区化的一系列政策影响最大,其中比较显著的是州际高速公路计划和住房贷款政策。许多企业利用国家政策导向,形成"标准化住宅区"和"郊区多功能购物中心"等典型的开发模式,为城市空间有序蔓延指明了方向。日本城市化的快速发展也离不开政府对城市发展的宏观规划与管理,早在1950年,日本就制定了《国土综合开发法》,后来又先后四次制定"全国综合开发计划",其目的就是通过合理安排产业布局、优化国土利用开发,保障城市化进程的顺利进行,并制定了众多相关法律以确保国土开发计划的顺利实施。同时,日本政府为工业尤其是高新技术产业提供种种政策扶持,以高新技术产业为基础的工业现代化有力推动了日本城市化的进程。

二、农民市民化进程的中外比较与分析

在总结发达国家城市化经验的基础上,我们将当前我国农民市民化进程的背景、条件及现状与国外尤其是农村人口非农化较为成功的国家相对比,试图找出两者之间的差距与区别,为合理确定我国农村劳动力转移的发展战略,促进农民市民化顺利推进提供突破口。

1. 农民非农化与工业化的同步性差异

城市化源于工业革命,与工业化同步。农民市民化是农村人口转移为城镇人口的过程。城市工业生产的发展需要劳动力,形成对农村劳动力的"拉力"。同时,工业化带动了农业劳动生产率的提高,产生的大量农村剩余劳动力也需要向城市转移,形成所谓"推力"。因此,农村人口非农化过程与农业劳动力向工业转移、向城市转移的过程是紧密联系在一起的。英、美等发达国家的经验证明,工业化是农民脱离农村的加速器,工业化直接推动农村人口向城镇的集中,而且工业化与农村人口的转移几乎是同步的。

与英、美等工业化早发国家相比,我国农村劳动力大规模转移的起步时间明显滞后于工业化,走了一条农民非农化与工业化脱节、不同步的道路(如图4.2)。新中国成立以后,我国长期实行了依靠农业积累支撑城市高速工业化的发展战略,引起农业的衰退和农村商品经济的萎缩,城乡差别进一步扩大,工农业比例关系遭到破坏,工业和农业的自然联结被人为地割断了,城乡形成差别悬殊的二元化社会结构。工业化被限制在城市的范围内独立运行,而没有带动农村的繁荣,工业化创造的成果没有改善城乡之间的关系。工业化与农村人口的非农化、城市化步伐的不一致,一方面造成了大量农村剩余劳动力积压,一旦将制约农村人口非农化的闸门开启,如潮水般的农村劳动力会像井喷一样释放出来,并将形成一种非常规的转移道路和方式。另一方面,城市化、工业化与农村人口非农化过程的不同步所产生的各种社会矛盾与冲突也会比较突出地表现出来。

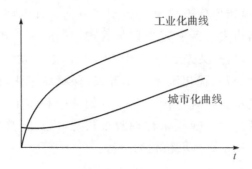

图 4.2　我国城市化与工业化发展的非同步性

2. 农民非农化内生机制的差异性

无论是资金还是劳动力密集型的城市,在其发展过程中都需要大量劳动力,尤其是在发展之初,更需要大量廉价劳动力,当城市新增劳动力无法满足其自身扩张需要时,就对农村劳动力产生了强烈的吸力。另外,作为大量人口聚集地的城市所能够提供的功能和服务是远非农村所能及的,从方便与舒适的物质生活的角度来看,对农村劳动力也构成了强大的吸力,这是推动农村劳动力非农化的第一动力。美国和日本是依靠城市工业化扩张的强大吸力完成农村人口城市化的典型国家。以日本为例,20 世纪 50 年代初,美国发动侵朝战争,出于战争需要,美国向日本发放大量军事订单,这一偶然机会,带来了日本投资、兴办企业的高潮,从而使工业对劳动力的需求量大增。1955—1965 年,日本第二产业就业人数从 923 万人增至 1538 万人,第三产业也大规模扩张,大量吸收农村人口。20 世纪 60 年代初,人多地少的日本居然还出现劳动力短缺的现象。

与此相比,我国农村劳动力非农化的道路却有其特殊性。一方面,城市化进程的相对缓慢造成现有城市容纳农村劳动力的容积不足;另一方面,在农村从事农业生产的较低的比较利益又迫使农村劳动力不得不寻求生存和发展的道路。这种吸力不足同时大量农村剩余劳动力寻求出路的特殊性,造成了我国特有的挤压式的农村劳动力转移方式,也造就了具有多元性的"农民工"这一特殊的社会群体。

3. 农民非农化进程的差异性

"农民工"是在我国工业化、城市化与农村人口非农化没有同步发展的历史条件下,产生的具有半工半农性质的独特的社会群体。对于大多数欧美国家来讲,农村人口转化为城市人口时,一般不存在诸多限制,英国甚至采用了暴力的方式强行剥离农民与土地的所有关系,将农民直接转化为市民。当然,这一过程是痛苦和充满血腥的。德国、美国城市化和工业化发展的过程相对于英国多了几分温柔和缓冲,但也没有出现"农民工"的现象,农民都是比较直接和快速地转化为了城市人口。

而我国农村劳动力的转移却受到诸多限制,从户籍管理制度到社会歧视等非制度性限制,几道闸门将农村人口与城市人口彻底隔离。改革开放以来,尤其是社会主义市场经济体制确立以来,农村人口非农化的条件才逐步放宽,但就目前来讲,转向非农业的 1 亿多农村人口,多半只是一种职业的转移,并没有实现地域性的迁徙和农民身份的彻底变更。人口从乡到城,经历了一个离土不离乡,若即若离的阶段,并向离土又离乡,完全成为市民的方向转变。从有利的方面来说,经历这样一个过程,有利于社会的稳定,并为我们制定一系列社会政策赢得了时间,有利于城市和乡村有充分的时间适应人口流动这一重大要素的变动。不利的方面表现在,城市化的进程缓慢,农民身份跃迁的时限较长,以致对推动投资、促进消费、加速乡村社会向城镇社会的转化起着销蚀作用。

4.4.2 发展中国家(地区)城乡一体化的现状特点

一、工业化与城市化不同步

西方发达国家的城市化是伴随着工业化发展而逐步发展的,城市化水平和工业化水平保持了较为协调的发展态势,而在发展中国家出现的却是另一番景象,即城市化水平要么较大幅度落后,要么较快超过了工业化和经济发展水平,二者之间发展差距非常明显,呈现出滞后城市化或过度城市化的现象。

一是一些发展中国家独立后,为加快推动工业化发展,实施了"城市偏向"或"工业导向"的经济政策,有的甚至以牺牲农业为代价来推进工业化,通过户籍政策等方式将大批劳动力束缚在耕地上,致使农业劳动生产率低下,农业发展缓慢,农村经济发展缓慢,城市化发展水平严重滞后于工业化和经济发展水平。

二是部分国家在人口、经济等政策方面的失误,致使人口城市化水平的提升速度快于工业化发展速度,造成二者的不协调,这种情况在拉美国家较为普遍。20 世纪中期以来,拉美国家的政府在城市化初期实行鼓励生育政策,在城市化加速期对移民潮的调控和引导缺失,导致了城市人口过快增长,同时非农产业发展产生波动,两方面作用导致过度城市化的形成。

二、城市失业与贫困问题

城市化迅速发展的主要后果之一,就是城市人口高度聚集和人口规模快速扩张,城市就业人口数量快速增加。在许多发展中国家,城市劳动力供需不平衡,供过于求的情况较为突出,其直接后果就是造成较高的失业率。在 20 世纪 60 年代,亚洲、非洲和拉丁美洲等地区的 36 个主要发展中国家中,有 9 个国家的城市失业率在 15% 以上,另有 22 个国家的城市失业率也超过 10%。到 20 世纪 80 年代经济萧条时期,城市失业问题更加严重。

同时,由于劳动力人口就业严重不足,致使城市贫困问题日渐突出。据联合国拉美经委会统计,1980 年拉美地区贫困人口为 1.12 亿人,1990 年增长到 1.92 亿,占总人口的 46%。到 2004 年时,拉美地区贫困人口达 2.24 亿人,占总人口的比重为 43.2%,其中 9800 万人处于极端贫困之中,约占总人口的 18.9%。

三、工业导向的发展战略导致城乡发展差距不断拉大

同发达国家相比,大部分发展中国家的城市首位度都比较高。第一大城市人口总量往往是第二大城市人口总量的 3～9 倍,最高能达到 12～13 倍。这种单一首位城市的增长,常常会造成一种"逆向效应",即为了中心大都市的发展而耗尽了农村地区的资本、劳动力、原材料和经营者,加剧了中心大都市和其他地区间的不平衡。由于大城市和农村之间的前、后向联系都很弱,大城市发展的辐射效应很小,再加上政府政策对城市的偏向,城市并未起到"增长极"的作用,反而导致了"好的更好、坏的更坏"的累积因果效应,城乡差距进一步拉大。

四、城乡环境问题日益严重

一般说来,在发展中国家城市化与工业化的早期阶段,往往伴随着收入的提高和环境状况的恶化。同基尼系数类似,城市污染程度往往随着居民收入水平的上升先提高而后下降。

基础设施不完善是发展中国家城市的突出问题,政府在城市基础设施建设方面不断增加资金投入,改善城市的生活、就业和投资环境,但往往又反过来加剧了农业人口向城市的转移,使城市的规模不断扩大,进一步加剧城市公共设施的压力。

城市环境污染。随着发展中国家城市化的超前发展,交通拥挤、车辆和工业的污染排放,极大地增加了城市拥挤的环境成本。研究表明,城市环境恶化的速度似乎快于城市人口规模扩大的速度,从而导致城市新增居民的

边际环境成本随着时间的推移而不断上升。

五、城市的社会问题

一是城市本身发展不平衡造成的社会问题。例如,有时人口的移动带来中心区的荒废,人口分布失去控制,或者城市的开发方向有误,若干年后出现问题。在发展中国家,由于经济落后,城市的贫民窟与棚户区问题长期得不到解决,社会分配不公,加上就业困难、教育不足、市民和官僚缺乏社会责任心,社会服务水平参差不齐,传统价值观与社会发展之间矛盾重重,结果导致社会治安混乱。

二是外来因素,即流动人口的大量增加,文化背景的不同,语言、宗教、伦理、种族的混杂,使城市中原来各种规范性的礼貌和习俗受到冲击,并进而导致宗教、民族冲突的加剧和恐怖性犯罪率上升。当然,还有另外一些社会因素,比如在现代社会中,高度紧张的工作节奏也往往导致烦躁、忧郁、困惑等心理,出现较多的孤独症和自杀现象。这些问题的解决办法往往需要从一个国家的社会制度本身去寻找,所以难度更大。

4.4.3　世界各国(地区)城市化道路对中国城市化发展的启示

据世界银行《世界发展报告》的资料,发达国家城市化水平平均在80%左右。因此可以说,发达国家的城市化已基本上走完了其兴起、发展和成熟的历程,进入了自我完善阶段。发达国家城市化的起点与整个世界城市化进程的起点是一致的,即起始于18世纪60年代的英国产业革命。在18世纪以前,发达国家、发展中国家和整个世界的城市化水平几乎都处在同一条起跑线上,大约在3%～5%之间。二战后,发达国家在经济上全面复苏和加速发展,城市化的速度也随之一跃而起。经济发展和工业化进程依次经过初期阶段、成熟阶段和信息化阶段,与之相协调、相对应的城市化依次经历了城市化、郊区化、逆城市化和再城市化4个阶段。虽然各个发达国家的城市化进程不一样,但是都符合城市化发展的客观规律,具有一些共同的特点。

一、城市化要以农业的持续稳定发展为前提

从世界各国尤其是西方国家城市化发展的经验来看,在其城市化和工业化发展水平不断提高的过程中,农业生产技术、产出效益并没有因此降低,农业产业化也在不断地发展,为城市化的发展奠定了基础条件。我国在推进城市化的过程中,也必须以农业的持续稳定发展为基础。

首先,农业的持续稳定发展是工业化和城市化的基础。农业产业在各产业中占据基础地位,为工业的发展和城市的发展提供基本的原材料和基本的生活用品。纵观城市化发展较为成功的国家,无论国家大小,在一定程度上,农产品生产都在世界上保持一定的地位,如美国、英国、荷兰等。

其次,农业的持续稳定发展是城乡协调发展的基础。较多的发展中国家在推进城市化过程中,农业生产技术没有多大改进,劳动生产率提高缓慢,致使城乡差距越来越大,城乡二元的经济社会结构成为制约区域持续发展的重要隐患。

最后,农业的稳定发展是农村剩余劳动力析出的基本条件。城市化发展的一个重要方面就是乡村人口向城市的转移。在大多数西方发达国家,这种转移是随着农业生产技术水平不断进步、农业有机构成不断提高而逐步实现的。如果农业生产技术不能逐步提高,农业产业不能稳定发展,农村人口的转移就不可能持续。即使大量人口流入城市,实质上也是一种牺牲农业的城市化,并没有有效地推动经济和社会发展。

我国是人口大国,人均耕地不及世界平均水平的一半,必须保障农业投入稳定增长,确保农业产业稳定发展,才能为促进工业化和城市化提供有力保障。

二、城市化要与工业化适度同步

新中国成立以来,我国经济社会发展取得了举世瞩目的成绩,充分显示了制度的优越性。但长期以来,我国实施城乡二元分割的发展机制,采取各种手段促进工业和城市经济的发展,农村经济和农业产业发展较为缓慢,农村剩余劳动力被人为地禁锢在农村,城市化一直严重滞后于工业化的发展。

世界各国城市化的发展经验与教训已经证明:城市化应与工业化保持协调发展,无论是滞后城市化,还是过度城市化,都不是一种健康持续的发展模式,只有同步城市化,才有可能实现工业化、农业现代化与城市化的协调发展与良性循环。为此,我们必须对传统的城市化发展模式进行反思,探索新的发展思路,打破二元体制,彻底消除"离土不离乡、进厂不进城"等不正常的经济社会现象。我们要探索新型城市化发展道路,要从过去外延扩张的粗放型城市化向内涵提高的集约型城市化转变,从城市数量的增加向城市质量的提高转变。完善土地市场,创新人口管理政策,提高资源的使用效率,协调人口、资源与环境之间的关系,走可持续的城市化发展道路。

三、集中与分散兼顾

从区域层面考虑,完整的城镇体系能够使整个区域的资金、技术、人力、自然资源等要素进行有效的整合和配置,能够有效地带动城乡经济社会的协调发展。在我国,不同地区的经济发展水平和市场发育程度差异很大,从各地的实际情况出发,积极稳妥地推进城镇化,逐步形成合理的城镇体系,可以为经济发展提供广阔的市场和持久的动力,是优化城市经济结构,促进国民经济良性循环和社会协调发展的重大措施。

一是系统性。城镇体系是"在一个相对完整的区域或国家内,由规模不同、职能各异、紧密联系、相互依存的城镇群构成的集合"(叶禹赞,1994)。城镇是充满活力的人口及其经济、社会活动集聚体,一定区域范围内的社会经济核心,其功能遍及其影响的地区。区域内各城市(镇)因形成的基础和发展条件不同,构成各自的职能和性质不同,这些不同的城镇形成一个作用交错、相互依存的体系,它们之间不断地进行物质、人口、信息的交流,从而使整个区域的经济社会活动形成有机的系统。一个地区的城市体系不是其各个城、镇简单的集合,而是靠它们组合在一起的集体功能发挥着整个地区在全国地域分工中的职能作用,它是全国城市体系的不可分割的组成部分。

二是层次性。城市体系内的各城市从大到小、从主到次、从中心城市到一般集镇,共同构成了系统内的等级序列(层次);不同的城市,均在其中占一定的地位;所谓卫星城,一般是上级城市支配的下级城镇。总的来说,城市体系的层次性包括行政级别层次和规模层次两个方面。在均质的区域内,一系列大小有序的规模结构和布局,可以使城市建设获得最高经济效益。

三是有序性。主要反映在它们的组织形式上。各城镇按等级层次和独特的职能,发挥着各自的作用,任何一个地区的城镇体系都是其更高层次城镇体系的组成部分。根据普利高津的"耗散结构理论",城市只有处于开放的条件下,它们之间才可能建立复杂多样的、充分的联系,促进人员、资金和信息的充分交流和重新分配,从而使城镇群体向结构有序的方向发展,形成大、中、小城市之间有规律地合理配置、分工协作和共同发展的局面。

要正确审视中国国情与城市化之间的关系,不单纯以城市规模作为其加快发展或抑制发展的唯一判定条件,要根据若干具体的条件或指标,构造每个不同城市的未来发展蓝图。超级特大城市、大都市区(带)抑或中小城镇,对于拥有不同发展条件的地区来说,也许都是正确的选择。因此,城市规模的多元化发展有利于加快中国不同地区的城市化进程。

四、市场调节与政府调控并重

通过对世界城市化发展的经验分析可以看到,政府的政策调控对城市化的发展有不可估量的作用。发达国家的城市化道路对于中国虽然具有不可复制性,但是由于发达国家城市化发展的历史长、水平高,总结和学习发达国家城市化走过的路程和经验,对中国的城市化发展无疑具有积极的借鉴意义。

在市场经济体制下,政府在城市化中的最大作用是弥补市场的不足,充分发挥市场的重要功能,促进经济快速稳定发展。例如,美国是一个以私有制为基础的国家,其土地政策、移民政策、户籍政策对城市化有着重要的促进作用。其中较为典型的是人口管理制度,没有任何人为的障碍来限制或阻碍人口的流动,为人们职业选择、居住地选择提供了自由空间,便于形成城乡乃至于全国统一的劳动力市场,有利于农业劳动力转移,有利于资源优化配置。

与长期实行市场体制的西方国家政府相比较,中国政府的作用要强大得多,在一定程度上,国内尚处于一种"大政府、小市场"的运行状态。为此,结合国内实际,加强对城市化进程中政府作用及运行机制的研究,高度重视政府宏观调控,对于推进我国城市化进程、统筹城乡发展具有特别重要的意义。

4.5 国内城乡一体化的主要模式

改革开放以来,我国经济社会发展迅速和工业化进程加快,城市化发展进入了一个快速增长时期。但是由于各地区的经济发展状况不同,劳动力素质的差别,政府推动力各异以及地区资源的差异,决定了我国各地区城市化初期阶段的城乡一体化发展不平衡,存在不同模式。

4.5.1 政府推动型的苏南模式

我国的城市化,一直是以传统的计划经济体制为背景的,政府在决策中处于主导地位,在资源配置上具有优势,所以成为决定城市化方向、速度、形式和战略的主导力量。因此,政府成为城市化的唯一主体,政府推动型成为城市化的主要类型。改革开放后,政府推动型的城市化也开始发生变化,"苏南模式"就是这一变化的产物。

"苏南模式"是苏州、无锡、常州地区自 1980 年以来城市化建设道路的概括和总结。它反映了在大中城市的辐射带动下,在县级各级政府的直接推动和领导下,一批乡镇工业小区的城镇建成,实现城乡一体化。

乡镇企业之所以能首先在苏南地区兴起,有其历史和现实的因素。就历史而言,苏南自明、清以来就有着发达的家庭手工业、纺织业基础,地理上濒江临海,水陆交通发达,历来商贾云集,到 20 世纪 20—30 年代,苏南已发展成为我国民族工商业的重要基地,发达的工商业传统构成苏南地区以发展实业为核心的特殊文化。在计划经济年代,苏南农民就开办社队企业,从中摸索出了一些经营的经验,并进行了原始资金积累。就现实而言,苏南人多地少,存在大量的剩余劳动力,人们有发展工商业的内在冲动。由于苏南毗邻宁、沪,大城市居民与苏南农民存在密切的血缘或非血缘关系,人员交往频繁;这些大城市科研院所林立,使苏南"借脑生财"变为可能。在这种大背景下,有了县、乡政府的大力推动,苏南创造了"以工建镇"发展乡镇工业小区的城市化,通过发展乡镇企业实现城市化的模式。

在农村工业化背景下,这种小城镇位于城乡接合部,是大中城市与农村联系的纽带;小城镇也坐落于农村地区,与农业关系密切,是农村地区政治、经济、文化中心,城市功能显著。由于乡镇工业带动,小城镇对劳动力需求快速增长,吸收和消化了大量农村剩余劳动力,起着"蓄水池"的作用。苏南小城镇化实践不仅合理使用了农村劳动力,而且大大减轻了大中城市的人口压力,在带动苏南城乡经济蓬勃发展的同时,开辟了中国城乡二元格局下城市化发展的新路。

4.5.2 市场推动型的温州模式

温州模式是市场经济的模式,是以私营经济为主体的工业化、城市化模式。改革开放后,随着市场经济体制的建立和工业化的进程,温州地区形成一条以市场为导向,依靠自身力量自我积累,以大力发展民营经济开始,进而发展股份制经济,以此来带动城市化的道路。与苏南模式相比,温州模式更加具有活力。温州模式之所以成功,有其历史的必然性。

(1)文化传统。在近代,温州于 1876 年被辟为商埠,对外经济交流活动更为频繁,西方商品经济意识形态与历史上永嘉学派功利主义哲学观的冲撞与融合,磨砺了温州人特有的冒险、务实与创新的"温州精神"。温州地区特有的"功利主义"商业文化传统与传统计划经济的意识形态之间存在难以弥合的裂痕,一旦与传统计划经济意识形态"背离",温州私营经济和产业经济发展必然带来人口、生产要素等向城市集中的可能。

(2)人口压力。温州土地资源严重不足、人多地少,改革开放前,人口与耕地之间存在长期持久的紧张关系。1978 年,温州市人均耕地面积仅 0.53 亩,农民人均纯收入仅 113 元。在温州农村,人口与土地之间的紧张关系造成的生存压力,迫使人们尝试从农业中解放出来,开厂开店,以非农业产业提高自己的生存能力,改变以农业为主的生存状态。

(3)地理交通。一方面,温州地处沿海,临近台湾地区,新中国成立初期,国家在准备解放台湾的战略条件下,对温州的投资十分有限,从1949年到1981年,国家对温州的总投资只有6.55亿元。另一方面,温州交通条件恶劣,一面临海,三面临江,金温铁路于1992年正式动工,直到1997年才全线开通,在较长时期内温州与全国其他地区的经济活动存在较大交通障碍,十分不便。城市对于温州农村经济的辐射力以及对农业劳动力转移的吸纳能力有限。恶劣的地理交通条件造成温州经济基础十分薄弱。1978年,温州全社会固定资产投资额仅3762万元,其中国营单位投资为3599万元,集体单位投资为163万元。在公有经济部门(国营与集体经济)不发达的条件下,人们对公有制经济在安置就业等方面没有太大的期望,迫切要求从公有经济部门以外寻找获利机会。

温州的城市化模式,有文化传统、人口压力和地理交通等因素的推动,但最重要的是温州经济实力的变化。从农业结构转变为以工业产业、服务业结构为主的经济结构,决定了农民的身份变化、农业的萎缩、农村地理空间的缩小和城市地理空间的扩大,最后又反作用于加快推动城市化进程。

4.5.3 开放外生型的珠江三角洲模式

改革开放以来,珠江三角洲地区开始了迅速而强烈的城乡一体化进程,成为中国城乡一体化的先行区域。改革开放前,广东省经济相对落后,工农业增长速度低于全国平均水平。珠江三角洲地区农业相对发达,生产水平较高,已开始发展乡镇企业。但是,从总体上看,农村工业化、城镇化冲动微弱,尚未积蓄足够的客观物质条件和社会力量。就区内城市来说,广州是在外贸基础上发展起来的华南经济中心,拥有相当发达的轻工业,但经济功能中仍以贸易见长,城市的辐射、扩散能力微弱,佛山、江门工业基础较差。但是,两大外部因素启动了珠江三角洲农村的城市化进程:

一是我国改革开放从珠江三角洲起步。20世纪70年代末80年代初,国家先后批准广东在对外经济活动方面实行特殊政策、灵活措施,建立深圳、珠海经济特区,建立珠江三角洲经济开发区,从而把珠江三角洲地区推到了改革开放的前沿和国际市场的前沿,赋予了珠江三角洲地区利用外部力量进行工业化、城市化的优先机遇和特殊便利。

二是由特殊优惠政策吸引,基于香港与内地两地工资、地价的巨大差额而发生的香港工业扩散完成了这种启动。无疑,20世纪70—80年代初香港工业扩散的投入,成为珠江三角洲农村工业化、城市化的主要启动力量。珠江三角洲农村工业化、城市化是由香港工业扩散而启动的,因而最初的企业是以"三来一补"的生产经营方式为主,韩国是在20世纪60—70年代通过这种方式从发达国家引进而发展起现代工业的。20世纪80年代初,这种方式在中国内地少见,却成为珠江三角洲农村工业化、城市化的最原始形式,而且相当普遍和发达。正是"三来一补"使自身没有力量发展乡镇企业的东莞在20世纪80年代完成了从农业县到县级市的转变和再到地级市的升格。进入21世纪,珠江模式已经由过去那种单纯"三来一补"企业转向多种形式的产业企业。"三资企业"和大型企业集团迅速增加,仅深圳就有100多家大型企业集团。

珠江三角洲凭借与港澳特殊的人缘、地缘关系,国家所给予的特殊优惠政策和本地区人民特殊的经营管理、制度创新能力,特别是对价格等市场机制的创造性运用,使得珠江三角洲农村工业化、城市化充满了勃勃生机与活力,并与内陆中西部地区形成了巨大的经济势差。这又导致外部包括境外、省外、区外各种经济资源纷纷向珠江三角洲农村流动、聚集,加入其工业化、城市化进程。

首先是以中国香港为主体的资金、技术、信息、市场和经营管理经验的大量投入,国外经济学家惊叹:"珠江三角洲已成为香港的大型加工区。"据统计,20多年来,珠江三角洲引进境外资金数百亿美元。

其次是内地人才、资金、市场、信息、原材料等的流入。自20世纪80年代初以来,从最高级的科技、管理人才到一般打工者,每年有近千万之众为珠江三角洲农村的工业化、城市化提供着充满勃勃生机与活力的人力要素。

再次是国家对珠江三角洲经济开发区、特区实行减免税、外汇留成等优惠政策而留存珠江三角洲的资金及国家投入珠江三角洲的建设资金。

最后,珠江三角洲在海外的众多华侨历年接济故乡亲人的侨汇积蓄,也有很大部分成了珠江三角洲农村工业发展和城镇建设的启动资金和追加投入。

4.5.4 统筹城乡型的成都模式

进入21世纪以后,作为西部地区中心城市的成都开始全面实施统筹城乡发展战略,2009年5月,国务院正式批复了《成都市统筹城乡综合配套改革试验总体方案》。通过积极探索、大胆创新,全市城市化水平不断提高,城市发展质量不断提升,初步形成了具有鲜明特色的、统筹城乡背景下的新型城市化发展模式。

一、城乡统筹的管理体制创新

长期二元体制造成的区域发展不平衡,给城乡结构的调整带来较大难度。目前,成都市已开始对户籍、就业、医疗和社会保障等方面的管理制度进行改革和建设,但仍然存在诸多问题。城乡结构调整的目的是为了推进城乡经济社会的统筹发展,这就要求传统的城乡管理体制要有质的改变,构建城乡平等的制度基础,否则这种调整就只能是一种暂时性的调整,不可能从根本上改变目前的城乡现状。

1. 建立"一元"户籍登记管理体制

(1)淡化农业与非农业户口、城市户口与乡村户口界限。自 2002 年起,全市上下开始探索破解城乡二元人口管理制度。2004 年,全市将失地农民全部登记为"居民户口",到 2007 年,全市开始全面建立城乡统一的户籍登记管理制度,实行一元户口登记管理制度。这种一元户口登记制度使户籍登记从原来的区分和指定人的社会身份与地位的怪圈中走出来,创造城乡居民身份平等、公平竞争的社会环境,有效保证城乡公民在同一起跑线上公平竞争,并逐步形成城乡一体的人口和劳动力资源调节和配置的新机制。

(2)更新人口管理方式,建立以常住人口、暂住人口、寄住人口三种形式为基础的人口管理制度,放宽区域迁移政策,建立城乡居民自由流迁和政策调控相结合的户口迁移制度,允许农民有条件地到城镇落户,保护城市暂住户务工经商的合法权益,消除对流动人口的制度性歧视、政策性歧视和心理性歧视,还乡村居民以自由迁徙和居住选择的权利。

2. 建立"一元"的行政体制和社区管理体制

(1)探索乡镇行政管理新机制。成都市适时调整乡镇政权组织设置,根据农村经济社会发展形势,及时将乡改为镇,再将镇改为街道办事处。在此基础上,实行城乡统一的管理体制,逐步将户籍、土地、市政设施、环卫、治安、计生等纳入城市管理体制,实行属地管理,成立区域性相对独立的管理委员会。最终实现管理重心下移,形成统一领导、分级负责、基层为主、职责明确、权责统一的管理格局。

(2)推进高效得力的社区管理体制建设。全市不断完善"两级政府、三级管理"的社区服务和管理体制,将街道办事处的管理与服务职能分开,在街道办事处这一层次上成立专门的社区服务机构,其成员可以由社区代表组成。该机构既可以推动横向联合,促进官方与民间互动,亦可承担街道办事处分离出来的服务职能,组织社区的资助和互助活动,逐步形成权责明确、管理有序、服务完善、治安防范措施落实的社区新的管理体制。

(3)推进新型村级治理机制的制度体系化建设。2007年底,成都市委在谋划农村产权制度改革的同时,前瞻性地提出完善农村基层治理机制的总体要求。至今,已先后形成了《关于构建新型村级治理机制的指导意见》《成都市村民议事会组织规则(试行)》《成都市村民议事会议事导则(试行)》《成都市村民委员会工作导则(试行)》《加强和完善村党组织对村民议事会领导的试行办法》《关于建立村务监督委员会的指导意见》等管理办法,着力规范村民议事会运行,提高村级事务民主决策、民主管理和民主监督水平,初步形成新型村级治理机制的制度体系。

3.建立"一元"的土地管理体制

(1)严格把住土地供应关。通过建设用地"五统一",利用土地储备调节作用。严格控制土地供应量和用地结构,管住各类土地供应,包括各类开发区土地供应,确保国家取得更多的土地收益,有效聚集城市建设和土地开发资金。

(2)规范土地市场行为。在进一步扩大土地使用权出让范围的同时,规范出让方式。严格按法律规定批准划拨使用土地,其他用地一律实行有偿使用。同时,健全土地登记制度,土地管理部门通过土地登记,对土地交易、异动行为进行审核、监督,防止违法交易,并积极为财政做好税费代征工作。

(3)严格土地价格管理。成都市依据相关法律法规,严抓土地价格归口管理,规范地价评估行为,强化土地估价机构资质审查制度、土地估价人员资格认证制度、土地估价技术成果审核制度、土地估价确认制度和地产成交价格申报制度等。完善包括基准地价、标定地价和出让最低限价的土地价格体系,明确其价格内涵。

(4)不断完善土地流转的保障机制。充分利用确权颁证成果,搭建农村产权交易平台,激活农村产权要素,促进市场化配置资源。全市积极探索建立土地规模经营风险控制机制和完善土地流转担保、农业保险机制,在规模经营业主中逐渐导入农业保险、提取风险基金等保障措施,尽力规避经营风险。对农民在土地流转之后逐步给予与失地农民同样的就业、创业优惠政策。逐步建立了多层次的农村保障体系,逐步弱化了土地保障功能,并积极探索健全土地承包经营纠纷调处机制,保障土地流转和适度规模经营有序进行。

4.建立"一元"的社会保障管理体制

成都市自2002年以来,就不断推动社会保障体系逐渐从城镇居民向农村居民、本地人口向外地人口延伸,现已初步构建形成了多层级、多类型的

"梯状"社会保障体系。

第一层次,由个人、集体和政府三方共同筹建的养老保险制度、医疗保险制度。政府在农村同样应该试行国家、集体和个人三方缴费制度,政府应该承担主体责任,通过土地租金、转移支付等方式为农民基本社会保障提供资金来源,逐步与城镇社保接轨。对于失地农民而言,可以在社会保障与征地补偿费用间建立互动关系,土地征购款不全额支付给农民,以失地农民土地出让金中的10%预留作为社保基金,为农民建立个人社保账户,按照城镇居民标准,将失地农民纳入城镇社会保障体系,实施"土地换保障"的制度。同时,稳步建立以大病医疗统筹为主的农村新型合作医疗,以免"看病返贫"或"看病陷贫"。

第二层次,社会福利救助制度化。构建社会救助制度,以社区、政府为提供主体的低收入家庭补助,对贫困人群的社会救助制度等工作得到充分发展,确保困难群体的基本生活。

第三层次,社会互助合作。从家庭结构、成都市特有的农耕文化等制度文化视角出发,必须或必然恰当地继承和运用固有的文化遗产,充分发挥家庭赡养功能和企业、村落社区作用,利用社会互助的有效形式,进一步完善成都市农村社会保障网络。

5.建立"一元"的就业管理体制

(1)通过对成都市城乡劳动力统一进行就业登记、统计和发证,将农村劳动力纳入失业率的统计范畴,逐步取消对农村劳动力进入城镇就业的不合理限制政策,建立城乡一体的就业政策和制度。

(2)构建城乡统一的劳动力就业市场。城乡一体化劳动力就业市场实行城乡劳动力就业的公平竞争、同工同酬,保障城乡劳动者的合法权益,推进农民"市民化"进程。在市一级依托现有的人力资源市场整合建立现代化的中心劳动力市场,区镇一级建立固定的公共职业介绍所,并且通过信息网的建设,实现市级与区镇级劳动力市场的信息联网,为城乡劳动力提供完善的劳动力供求信息、职业培训信息和就业政策信息。

(3)多元开发农村劳动力资源。适应农业劳动力城市就业的需要,通过建立专门账户、设立基金、成立"农业劳动力开发银行"等方式多元化筹集资金,保障农业劳动力开发的经费。结合产业调整与发展的需要,培养他们适应现代化经济发展的基本素养和技能,引导他们进入劳动力市场,在竞争中实现就业。

(4)构建就业信息通道,促进劳动力与用工单位的对接。社区劳动保障服务组织充分运用贴近社区成员和用人单位的优势,收集劳动者求职和用人单位用工信息并加强信息的分类整理,实现社区求职信息与劳动力市场互动,通过劳动力市场及时把用工信息、劳动保障政策等传递到社区。积极举办被征地人员就业专场洽谈会,为被征地人员提供就业服务。把失地农民的培训工作列入政府为民办实事工程,作为促进失地农民就业的基础性工作来抓,把培训和就业进行有机结合,大力开展"创业培训""订单培训"等形式多样的培训服务。

二、城乡统筹的投入体制创新

(1)建立"反哺"制度。通过调整税收和财政政策,建立城市反哺农村、工业反哺农业的投入机制。按照中央提出的"多予、少取、放活"的方针,调整财政资金分配模式,切实加大对"三农"的投入,继续实施"三减免、三补贴"。

(2)建立城乡公平税负制度。逐步取消农业税,清理农村不合理收费项目。

(3)文教卫社会事业投入制度。为推进城乡基础教育均衡发展,成都市加大了公共财政对农村基础教育的投入力度,建立新型农村合作医疗制度和农村医疗救助体系,加大了对卫生事业发展的投入,开展农村基层群众文化建设和基层文化阵地建设,使农村基层文化硬件条件进一步改善。

(4)加大农村基础设施投入。大力推进"路、电、水网"建设。

三、市场化运作制度的创新

1.减少市场准入限制

成都市《关于加快成都市投资体制改革的决定》规定,凡法律、法规和政策未明确限制的投资领域,对所有投资者全面开放。对一切投资主体,不论所有制形式如何,不论是境内投资者还是境外投资者,不论投资额大小和企业规模大小,都一视同仁,实现国民待遇。

2.建立规范的城市经营机制

一是规范土地资源的市场化配置。成都市从建立规范的一级土地市场入手,理顺土地供给体制,完善土地储备制度,解决长期以来土地分散管理和多头供地的问题,大幅度提高了土地利用效率。二是规范特许经营权的市场化配置。成都市结合投资体制改革,提出了运用市场化配置城市特许经营权、搞活城市建设和管理的理念,为城乡发展开辟了广阔的途径。

3.建立政府引导、市场运作的投资机制

建立政府引导、市场运作、社会参与的投资机制,是实现民间资金向民间资本转变,推进城乡一体化的重要保障。近几年成都市在推进城乡一体化进程中,充分发挥政府对启动社会投资的杠杆作用,吸引民间资金参与城乡开发、建设和经营,投资工业基础设施建设、农村新居工程建设和土地规模经营,依靠社会化多元投入,保证了"三个集中"的顺利推进。

4.加快市场要素领域改革,推动生产要素在城乡之间自由流动

一是积极推行城乡建设用地增减挂钩。将农村土地整理和拆院并院节约的集体建设用地指标,等量挂钩到城市规划区有偿使用,所获收益全部用于新农村建设,实现了城乡土地资源优化组合和有效利用。二是稳步推进农村产权制度改革。开展了农村集体土地、房屋确权、登记和颁证工作,建立了市、县农村产权交易中心和农村产权流转担保公司,积极探索农村产权抵押担保融资试点,为促进各类农村产权依法有序流转,推动生产要素在城乡之间自由流动创造了条件。三是加快投(融)资体制改革。自上而下组建了现代农业、小城镇建设、农业物流等投资公司,建立了政府引导、市场运作的投融资平台,并通过贴息、入股、政策性扶持等方式,建立了吸引社会资金投向农村农业的机制。

四、城乡统筹的战略性规划体制创新

基于7年的城乡统筹实践,结合发展所面临的历史机遇,成都提出建设"世界现代田园城市"的历史定位和长远目标,完成了从区域中心到全球定位的纵身一跃。确立这一历史定位实质上是把推动发展方式的根本转变提到了战略层面,实现对统筹城乡发展实践的全面提升和深化。世界现代田园城市的核心思想是"自然之美、社会公正、城乡一体",包含四大基本要素:世界级、现代化、超大型、田园城市。面对建设"世界现代田园城市"这一历史目标,成都再次丰富和深化了城乡规划理念,制定出台《世界现代田园城市规划建设导则》,明确以"布局组团化、产业高端化、建设集约化、功能复合化、空间人性化、环境田园化、风貌多样化、交通网络化、配套标准化"的要求指导具体规划实践。

在规划实践中,根据"世界现代田园城市"的历史定位和长远目标,成都市提出构建多中心、组团式、网络化新型城乡形态,强化国际区域性枢纽功能,构建具有国际竞争力区域中心城市的长远战略;根据成都市的生态本底、资源禀赋、现实基础和发展条件,确立了两带生态及旅游发展区(生态屏障)、优化型发展区(城在田中)、提升型发展区(园在城中)及扩展型发展区(城田相融)四大总体功能分区,确定"一区两带五楔六廊"城乡空间格局,为成都迈向世界级、现代化、超大型的田园城市奠定了空间上的宏观框架;着

眼于高端产业和产业高端,全市规划确定了13个市级战略功能区和43个区县级战略功能区,并以此为载体和抓手,构建现代产业体系,为成都统筹城乡发展提供长远的经济保障;将生态优先理念提升至战略层面并创造性地编制"198区域"规划,稳定了城市生态大格局。通过全面提升规划的战略性,保障了成都城乡发展的长远利益。

4.6 国内城乡一体化主要模式及农民市民化的经验与启示

通过研究国内城市化具有代表性的主要模式,结合相关问卷调查分析(国家社会科学基金阶段性研究成果,覆盖全国11个省),我们发现,农民市民化,即"人的城市化"是目前国内城市化的关键瓶颈。而较低的农民素质与不断减弱的县域经济承载力、制度缺失与不断强化的农村劳动力转移的市场拉力、社会歧视与过高的劳动力转移成本等则是当前我国农民市民化进程中存在的核心问题。

一、较低的农民素质与不断减弱的县域经济承载力

进城农民素质较低是一个普遍存在的问题,这与我国农民非农化与城市化的不同步性不无关系。我们可以就文化素质问题做出一个基本的判断:根据相关问卷,外出文盲劳动力占1.3%,小学文化程度的劳动力占19.2%,初中文化程度的劳动力占57.8%,高中文化程度的劳动力占15.8%,中专及以上文化程度的劳动力占5.9%,而且,这些劳动力中80%以上没有接受过系统的专业技能培训。由于文化素质低,又不具备专业技能,使得农村转移劳动力的就业空间狭小,只能选择从事一些简单的体力劳动,造成这些岗位就业竞争激烈,工资水平低下。从问卷调查的情况来看,因找不到工作而返回农业的劳动力占返回农村劳动力总数的21%,集中突出地反映了这一问题。

国际经验表明,县域经济是吸纳农村转移劳动力的主力军。但近年来,我国县域经济对农村剩余劳动力的承载力却在明显减弱,如表4.1所示,根据国家统计局的数据,2011年从县级市、建制镇及乡镇地域非农企业返回农业的农村劳动力占了全部返回劳动力的一半多。利用抽样调查得到的数据,这一比例还要高得多。县域经济吸纳农村转移劳动力的能力减弱,使长期以来农村劳动力"离土不离乡"的转移模式发生转变,"离土离乡"的农民逐年增多。这一转变不仅催生了我国每年春节波澜壮阔的人口大迁移浪潮,

使得我国的交通运输系统不堪重负,而且加大了农村劳动力自身的转移成本。

表 4.1　返回农业的农村劳动力比例　　　　　　　　（单位:%）

	2010 年	2011 年	抽样调查数据
从县级市范围内返回农业的劳动力比重	20.6	23.7	27.9
从建制镇返回农业的劳动力比重	17.5	16.2	17.3
从乡镇地域非农企业返回的劳动力比重	16.1	15.6	13.5

资料来源:国家社会科学基金阶段性研究成果,覆盖全国 11 个省。

二、制度缺失与不断强化的农村劳动力转移的市场拉力

威廉·阿瑟·刘易斯的二元经济理论认为,发展中国家经济的特点是二元的,即现代工业部门与传统农业部门并存。农业部门由于存在大量剩余劳动力,劳动的边际生产率为零甚至是负数。工业部门正处于扩张过程中,劳动边际生产率显著高于农业,按照工资最高水平等于劳动边际产品的原理,工业工资显著高于农业。这一差异的存在,使农业部门对工业部门的劳动力供给具有完全弹性。这是一种逻辑上讲得通的极限理论,虽然由此推导出来的只能是"刘易斯陷阱",但扩张的工业部门对农村劳动力的拉力却在一定程度上是显而易见的。当然,单纯的市场拉力并不能顺利促进农村劳动力的转移,体制上的缺位和政策上的偏向,使当前我国农村劳动力在面临城市扩张拉力的情况下失去了诸多平等发展和就业的机会。

问卷调查数据显示,当前农民对包括土地制度、教育体制、户籍制度、农业保险、医疗保障等在内的主要相关政策的满意度是很低的,总体的平均满意水平只有 44.2%(见表 4.2)。具体表现为:首先,土地流转机制不活造成当前农民不得不根据农业生产季节性的特点边打工边种田,从而造成了农村劳动力散兵游勇式无序流动。其次,在国家现行的管理体制中,至今仍没有一个健全的机构来具体管理指导农村劳动力就业,劳动和社会保障部门管理指导的主要是城镇居民的就业和社会保障,而农民的就业和社会保障只能依靠其自身微弱的力量。第三,现行户籍管理体制严重剥夺了农村劳动力在更广阔空间的就业机会。虽然在许多地方户籍制度已经松动,但传统制度所遗留的各种弊端,再加上缺乏相应的配套措施,农民进城务工的大门并没有真正完全打开,城乡壁垒并没有真正完全打破。第四,在农村除了"五保"可以享受一定的福利外,不管是从事农业的农民,还是外出务工人员,都严重缺乏基本的、应有的社会和劳动保障措施,从而严重影响了我国农民市民化的进程。

表 4.2　进城农民对农村相关政策满意程度调查

	土地制度	教育体制	户籍制度	农业保险	医疗保障
有效问卷总数	1200	1200	1200	1200	1200
基本满意人数	438	564	651	611	390
百分比(%)	36.5	47.0	54.3	50.9	32.5

注:问卷中设置了很满意、满意、基本满意、不太满意、不满意 5 个层次,表中"基本满意人数"指在基本满意及以上的人数。

资料来源:国家社会科学基金阶段性研究成果,覆盖全国 11 个省。

三、社会歧视与过高的劳动力转移成本

现代劳动经济学认为,当雇主为既定生产率特征所支付的价格依据人口群体的不同而表现出系统性差别的时候,就可认为在劳动力市场上存在歧视,具体反映为职业选择受到直接的限制或既定人力资本获得较低的报酬。社会问题经济学认为,歧视是指相同的人(事)被不平等地对待或不同的人(事)受到同等的对待。歧视包括劳动力市场歧视和非市场歧视(社会歧视、教育歧视)。而歧视的根源则来自于市场的不完美(不完备的知识、资源的非流动性、不完全竞争)和人类的不完美(一些人有歧视偏好)。西方国家受歧视的对象主要是种族和性别,我国被歧视的对象主要是基于城乡差别、出身于农村的农民和女性。近年来,国内学者们呼吁给予农民"国民待遇",是农民受歧视的明证。而每年成千上万转移到城市务工的农村剩余劳动力所受到的工资歧视、雇用歧视、职业歧视则是农民工就业歧视的集中反映,也是所有农民受歧视的缩影。我国农民工的就业歧视主要由两方面原因形成:一是市场失灵和个人偏见导致对农民工的工资歧视;二是长久以来对农民的歧视性就业制度和政策导致对农民工的雇用歧视和职业歧视。后者对农民工就业歧视的形成具有实质性和根本性的影响。

在经济学意义上,成本是和收益相联系的概念,指获得收益的代价。选择外出务工是农民做出的关于如何利用自身劳动力资源的重要决策行为,作为理性经济人的农民工,同样要考虑成本和收益,以做出使其务工收益最大化的决策。农民外出就业成本主要包括直接成本和机会成本等。

表 4.3 是我们参考河南省农调队课题组的统计方法,利用问卷调查资料所得到的关于被调查农民工的成本收益表。它向我们透露出,在社会歧视的巨大压力下,57.3%的净收益率使千百万农民工依然义无反顾,以极大的热情和勇气冲破重重障碍,积极寻求外出就业机会。但农民工外出的经济成

本却是巨大的,既要增加在外地的花费,同时又要放弃在家乡获得收入的机会,总成本高达 5793.2 元(其中:直接成本 3661.5 元,机会成本 2131.7 元)。所以,巨大社会歧视下的较高的就业成本严重制约了我国农民市民化的进程。

表 4.3 被调查农民工的平均成本与收益(单位:元/年·劳动力)

收支项目	金额(元)	直接成本Ⅰ的构成(%)	直接成本的构成(%)	总成本的构成(%)	成本收益率(%)
收入项目					
(1)工资收入	8526.1				
(2)福利收入	572.2				
(3)其他收入	15.8				
收入额总计	9114.1				
成本项目					
(1)直接成本Ⅰ	688.6		18.81	11.89	
办证费	86.4	12.55			
信息费	66.6	9.67			
交通通讯费	310.6	45.11			
学习培训费	225.0	32.67			
(2)直接成本Ⅱ	2972.9		81.19	51.32	
城市生活消费	1281.1				
家乡生活消费	1622.5				
其他消费支出	69.3				
直接成本合计	3661.5				
(3)机会成本					
劳均务农纯收入	1677				
家乡劳均务工收入	454.7				
机会成本额合计	2131.7			36.79	
成本额合计	5793.2				57.3
成本收益余额	3320.9				

资料来源:国家社会科学基金阶段性研究成果,覆盖全国 11 个省。

5 全域都市化下农民全面发展与
农村现代化的统一

在全域都市化背景下,农民全面发展和农村现代化是内在统一的,农村现代化是农民全面发展的基础,农民全面发展又反作用于农村现代化,促进农村现代化的发展。农民全面发展与农村现代化的统一有赖于农民素质技能的提升,因此需要加大教育投入并完善教育制度,同时还应采取各种措施推进农业工业化,促进农村合作经济组织、农村工商企业发展和小城镇建设。

5.1 提升农民素质技能

全域都市化与人的全面发展是一个有机统一的过程,人的全面发展是全域都市化的目的,同时也是全域都市化实现的根本条件。一切社会实践活动最终都要落到人的身上,全域都市化背景下的城乡统筹发展的关键在于人。因此,城乡统筹的全面发展需要全面发展的农民,并为农民的全面发展创造条件;农民的素质技能全面提升又影响了城乡一体化发展的程度。

5.1.1 农民素质技能是身体、技能和文化精神素质的内在统一

农民作为劳动者,其素质技能是"素质"与"技能"的统一,农民素质主要包括三方面:精神文化素质、技能素质和身体素质。身体素质主要包括体能、寿命、健康状况以及各项生理指标;技能素质包括知识、受教育程度以及其他各方面技能;文化素质主要包括道德、思想、价值观、意志、精神状态等。农民技能则主要强调"农民素质"中的"技能素质"。所以"农民素质技能"这

个概念从内涵上讲,既包含了农民的身体素质和文化精神素质,又突出强调了技能素质。

人的身体素质,从个体角度讲是有限的,但从总体看,又可以不断提高,人均寿命的提升就充分说明这一点。人的身体素质受多方面因素影响。首先是先天的遗传和孕产期因素影响,其次是后天的营养水平和生活环境的质量因素影响。在一定程度上,先天因素是不可控的,而后天因素相对可控,因此农民身体素质的提升应主要从营造良好的生活环境着手。技能素质,指作为人类共有的技术被个人掌握后转化为技能,技能进一步转化为个人素质。技能素质既包括某种技术操作、运用能力,也包括生产中的经营管理能力。技能素质发挥的结果,一是缩短劳动时间,减轻劳动强度;二是提高劳动质量,拓展劳动范围。劳动时间的缩短和劳动强度的降低,既是社会劳动发展的要求,也是社会进步的标志。文化精神素质,起源于原始社会人类的巫术性精神活动,是人通过劳动将自己从自然界分离出来并逐渐产生自我意识、他人意识,人类存在之主体意识的集中体现。时至今日,国民文化精神整体素质的高低主要表现在该国劳动者主体意识与创新意识的强弱上。随着工业文明的深化演进,一国劳动者的文化精神素质越高,其对工业化、城市化和现代化的适应性和创造性就越强;同时,个人诚信、社会诚信与商业诚信度亦与一国劳动者的文化精神素质正相关。从农民劳动者个体角度看,文化精神素质的优劣直接决定农民个体劳动生产率的高低。不仅如此,农民劳动者整体文化精神素质的优劣还影响到单个农民劳动者之间的分工与协作,从而释放出不同水平的劳动联合力与集体协作力。文化素质技能在农民素质技能结构中居于统领引导地位。文化素质技能的统领作用主要表现为农民个体与总体对其素质技能与社会地位的自觉认识上。农民素质技能水平与社会地位状况在现实中存在矛盾与扭曲。农民素质技能水平高并不必然导致农民社会地位高,这说明现有社会制度和运行机制有失公平与活力。然而,农民素质技能结构中文化精神素质的提高是一个积极主动的因素;文化精神素质的提高使得农民个体和总体的主体性更为明确。在此基础上,农民劳动者更容易认识到自身社会地位与其运用自身素质技能创造的劳动价值之间不相称的现实,进而意识到农民权利的缺席——这种主体认识和自觉意识本身,就是农民劳动者文化精神素质提高统领作用的外显——是引导农民劳动者统一思想,以个体主体性而达总体主体性,联合起来,通过争取自身权利最终提高社会地位的内在逻辑。

劳动者体力与脑力的结合运用是劳动生产顺利进行的关键。劳动者的体力表现为身体素质,脑力则体现为技能素质;身体素质和技能素质又受制于劳动者的文化精神素质,受其引导和统领。从劳动者个体角度阐释,文化精神素质中劳动者个人对劳动的态度、责任感和注意力集中度等均会体现在劳动效率和劳动成果的差别上。从联合劳动的总体角度来说,在分工与协作劳动过程中,生产力作为劳动者素质技能的综合社会表现,通过文化精神素质作用于生产关系。

总之,农民素质技能结构的三个层面是辩证统一、交互促进的,它们协同发挥综合作用。

作为劳动者的农民,其任何一项劳动的开展都是农民素质技能综合发挥的结果。自从人类诞生以来,哪怕是最简单的劳动,都不是仅靠身体素质就可以完成的。换言之,技能素质和文化精神素质是人区别于动物的主要方面。复杂劳动同样是以身体素质作为首要基础的,只不过复杂劳动更能体现出技能素质和文化精神素质的重要性。进而言之,越是复杂的劳动,越是需要技能素质和文化精神素质的高度集成,特别是在创造性的复杂劳动中,文化精神素质的作用更为突出。由此可见,身体素质、技能素质和精神文化素质是内在统一的。

在此需要强调的是,农民的素质技能在总体上具有不可逆性。人文化成,人类历史演进具有积累性。其中,农民素质技能通过劳动成果的积累与代际教育的累进不断提高,从而使得农村经济社会发展在代际间能够不断向前推进。

突出农民的技能素质,是对农民素质与社会发展关系认识深化的结果。以往在农民素质与经济发展关系的研究中,更多是泛泛而谈,笼统分析农民素质技能提高与社会全面发展的关系,更多强调的是农民的科学文化素质,考察农民各种文化程度的人口比例,以受教育年限为衡量农民素质水平高低的标准,没有充分认识到技能素质对农民个体发展和社会总体发展的重要意义,也没有强调农民文化精神素质的引导作用。而实际上,"农民素质技能"这一概念的运用较"农民科学文化素质"而言,更能体现农民科学文化知识与农民经济社会发展实践的结合,更能突出科学文化知识在农民非农化、农民生产方式和生活方式变革中的运用,更符合农民个体发展和农村社会总体发展的实际要求。以产业结构、就业结构、投资结构、流通结构、消费结构和分配结构为层次和内容的农村经济结构的调整更需要的是具备一定素质技能的农民,而非一般性的有一定文化程度的农民。当然,具备一定技能素质的农民是以具备一定基础文化素质为条件的。总之,提高农民的素质技能,需要提升农民的身体素质、文化精神素质和技能素质,但同时要强调技能素质的提高,突出这一层次在结构中的重要性。

作为经济主体的劳动者素质技能不断提高,是经济发展的主要目的和主要成果。农民素质技能的提高是农村经济质性发展的重要标志。事实上,分工细密化和产业日趋高度化发展的现实情境已经对农民劳动者的技能素质提出了越来越高的要求。展开来说,农民的技能素质不仅是变革农村经济结构最切实、最有效的环节,而且是优化农村产业结构和经济结构的内驱力。农民的技能素质需要与其从事职业的具体技能要求相匹配。只有农民的素质技能结构得到优化提升,特别是技能素质实现多元化和高级化发展,才能加速农村产业结构、就业结构、投资结构、流通结构、分配结构、消费结构的战略转型与质变升级。反过来,农村经济结构的战略转型与质变升级必将进一步大幅提升农民的素质技能,促使其素质技能结构不断优化,技能素质更趋专业化和高级化。这是一个良性互促的总体变革过程,其根本点在于通过各类培训、专门教育、职业教育和代际累进教育等综合手段切实提高农民的技能素质。只有这样,农村经济结构的优化升级才有希望,农村经济结构优化调整的成果才能得以巩固。

5.1.2　农民素质技能提升的途径

农民素质技能提升是农民身体素质、技能素质和文化精神素质提升的统一。身体素质的提升是基础,技能素质的提升是主体,而文化精神素质的提升是先导。身体素质的提升途径和体现,在于农民卫生保健意识的增强和农村卫生医疗条件的提升;技能素质提升的主要途径是学校教育的强化和农民职业培训的拓展;文化精神素质的提升贯穿于技能素质提升过程中,表现为农民民主法制意识的增强,并以民主法制意识对小农意识和官文化进行克服和改造。

一、增强农民卫生保健意识和农村卫生医疗条件,提高农民身体素质

提高农民身体素质,首先要提高农民的卫生保健意识。在我国广大农村,由于农民饮食观念陈旧,卫生知识贫乏,营养意识淡薄,存在诸多影响农民身体素质的陋习,这导致农村人口的发病率一直很高,农民因病致贫、因病返贫的现象较为严重。据调查,农村因病致贫、因病返贫的农户约占贫困家庭的30%,有的地区甚至达到了50%。因此,有必要加强对农民的营养和卫生知识教育,改善农村人口的身体素质。农民的卫生健康意识高低直接与其所掌握、了解的卫生保健知识的程度有关。要加强对农民的营养、健

康、卫生教育,使农民克服愚昧、落后的生活习惯,努力改善农村人口的身体素质,加强预防疾病的宣传,提高农民的自我健康保障意识,引导农民树立科学、卫生、健康的消费观念和生活方式。除了提升农民的卫生保健意识,还应改善农村卫生医疗条件,以保障农民身体素质的提升。这就要进一步健全完善医疗卫生机构,通过中央统一的政策引导:一方面改变"以药养医"的现状,整顿并规范农村药品市场,确保农民吃上"放心药""实惠药""高效药";另一方面,按照基本公共服务均等化方向,通过中央财政转移支付切实加强农村医疗基础设施建设,为根本改善农民身体素质提供硬件保障。更为重要的是,要充分利用中心城市优质医疗劳动者的素质技能,通过支援、共建、轮岗、培训、指导、合作和其他多种形式扩散先进的医疗手段和技术,提升农村基层医护人员的专业技能素质和医德。在此基础上,建立乡村镇就近直通中心城市三级甲等医院的新型合作医疗关系,使得农民大病、急病、重病能得到快速有效医治。总之,身体素质是农民素质技能的基础,改善农村医疗条件、提升其医疗水平是保障农民权利的基本举措。

二、强化学校教育,拓展农民职业培训,提高农民技能素质

随着社会的发展,人们越来越认识到劳动者素质技能在一国经济发展中的重要地位。一些西方经济学者通过对经济增长因素的分析研究发现,国民收入增长率大于资源投入增长率。如美国经济学家丁·肯德里克(J. W. Kendrick)曾对美国的国民收入统计资料进行分析,计算出在 1948—1996 年间,实际净产值平均增长率为 5.3%,而总投入增长率为 2.31%。另一美国经济学家丹尼森(E. Denison)也曾对西欧、北美等 9 国 1950—1962 年的统计资料做过研究,其结论是,劳动者素质的提高是导致经济增长快于投入增长的最主要的因素。对中国的情况,有学者研究的结论是,1952—1990 年间,劳动者素质技能(该研究原本使用的是"人力资本"概念,"人力资本"作为概念是不准确的,它所要传递的意义实际上就是劳动者的素质技能)提升对经济产出的贡献为 22%,从 1969 年起由劳动者素质技能引起的生产率增长约占整个生产率增长的 2/3。此外,舒尔茨(T. W. Schultz)在长期的关于农业经济问题的研究中发现,20 世纪初到 20 世纪中叶,促使世界各国农业生产率和农业产量发生巨大变化的并不是资本、人口和土地的增加,而是人的能力和技术水平的提高。投资于人的素质技能提高的收益率远远高于其他投资的收益率。根据舒尔茨的研究成果,在美国半个多世纪的经济增长中,物质资源投资增加 4.5 倍,收益只增加 3.5 倍,而人力资本

投资增加 3.5 倍，收益则增加 17.5 倍。他认为，学校教育在人力资本投资中至关重要，通过发展学校教育，提高劳动者的知识水平，可以大大降低推广农业技术的成本，显著提升农业生产率，也有利于把传统农业改造成为现代化的农业。

1. 强化学校教育，完善农民教育体系

强化农村学校教育，完善农民教育体系，是农业剩余劳动力转移和农村产业结构优化升级的要求，也是农民全面发展的要求。从目前城市和农村的差距来看，城市居民所受教育水平处于中高等教育阶段，而农村尚处于普及初中和小学教育阶段。根据人口普查数据资料计算，全国 16 岁至 59 岁人口中，文盲、半文盲的人数比例是 7.3%，而农民同龄人中的文盲、半文盲的人数比例高达 12.5%。据统计，近年来，我国农村中农民平均受教育年限不足7 年，4.8 亿农村劳动力中，小学文化程度和文盲、半文盲占 40.31%，初中文化程度占 48.07%，高中以上文化程度仅占 11.62%，大专以上只有0.5%。美国经济学家米凯·吉瑟研究证明，在乡村地区，教育水平提高 10%，将多诱导 6%～7% 的农民迁出农业，按照净效应，它将使农业工资提高 5%。

金融危机以来，农民劳动者逆向流动明显，其中重要的一点，就是农民现有教育水平和素质技能状况不能有效满足产业结构升级转型的现实要求。具体表现为，第一产业需求比重以年均 0.12% 的速度逐年下降。从总量结构看，第三产业需求占主体地位。与此同时，各大用人单位均对求职者提出了更高的要求，八成以上的用人需求对劳动者的年龄和文化程度有所要求；市场中 16 至 34 岁年龄组、大学及以上文化程度的劳动力供求减少幅度较大。技能人才的供求主要集中在初、中级技术人员；高级技师、高级工程师、技师的用人需求缺口较大。以上表明：我国农民目前受教育程度不仅不能满足未来产业结构优化与升级的需要，而且距满足目前产业结构对受教育程度的需要也有较大的差距。因此，一方面必须提高各产业从业人员受教育的水平，另一方面应着力提高农民受教育的水平，以适应产业结构优化与升级的要求。

实现农村产业结构、农民就业结构升级和农民全面发展，就必须改变当前状况，强化农村学校教育，完善农民教育体系。

强化学校教育，首先要加大农村教育经费投入力度，提升农村居民受教育机会。中国教育经费支出占 GDP 比重远远低于世界发达国家，只及发达国家的 1/2 左右，即使如此有限的教育经费，也未能得到合理使用。农村教育资源分配明显少于城市，农村初中生占全国总数的 57.2%，而教育经费却只占 47.8%；农村初中生与城镇初中生生均经费分别为 861.64 元和1423.85 元，比例为 60.5：100；农村小学生和城镇小学生生均经费分别为519.16 元和 841.11 元，比例为 61.7：100。基础教育资源分配的不均衡导致农村学生受教育机会少于城镇学生、受教育水平低于城镇学生，加大了农村人口与城镇人口素质的差距，严重阻碍了农民全面发展进程。农村居民和城市居民相比，受教育机会也相去甚远。第一，义务教育阶段，对于城镇学生来说，无论小学还是中学，入学率都达到 100%，而农村小学生每年都有100 万的儿童无法或没有入学，农村初中的入学率仅有 64%，西藏、广西、贵州甚至都不到 50%，而且每年都有 130 万左右的农村儿童在小学毕业后就外出务工。第二，在高中阶段，城乡学生的受教育差距进一步扩大。城市初中毕业生的升学率达到 55.4%，而同期农村初中毕业生的升学率为 18.6%，差距进一步被拉大。第三，全国高校录取的大学生中，城市学生和农村学生的比重分别为 56% 和 44%，以城市和乡村人口总数为基数，城、乡的大学入学机会差距为 4.9 倍。随着高中阶段城乡教育差距的不断扩大和大学"收费高"的影响，差距将进一步扩大。城乡教育巨大的差距导致城市和乡村形成了强权与依附的关系，给城乡一体化发展进程带来极其严重的影响。提升农村居民技能素质，强化农村学校教育，首先要加大农村教育投资，为农村居民创造更多的受教育机会，实现城乡教育均衡化。

近年来，随着国家整体教育经费投入总量的不断增加，农村教育经费投入总量也在不断增加。农村义务教育经费中，财政性教育经费的比重达到了 96%，显示了国家大力发展农村教育的决心。强化学校教育，必须转变教育理念，完善农民教育体系。当前，我国农村教育理念相对落后，农民教育体系不够完善。"学而优则仕"的传统观念在农民头脑中仍根深蒂固。从教育工作者到学生家长，对于上学的唯一期待是升重点高中，考名牌大学，毕业后找一份体面而收入稳定的工作，上学的主要目的是"跳农门"。这就造成学校的日常教学全部围绕着升学展开，一些基本的技能教育、职业教育和人生观教育被忽视。升学无望的学生对日常教学没兴趣，或在学校里虚度光阴，或逃学辍学，最后缺乏基本的就业技能。费尽农村人力、物力、财力培育出的人才大都落户城市，使农村人财两失。并且，教育理念的落后还导致了农村职业技术教育发展停滞。对于大多数农民甚至教育管理者来说，学习、受教育是孩子们的事情。这导致直到现在职业技术教育仍然是普通教育体系的附属品，得不到教育工作者、学生和农民的重视。目前，从事职业教育的初中非常少，而且职业高中的职业培训与高校教育没有实现较好对接。农村职业教育还存在着诸如教育内容与国家产业政策导向脱节,缺乏农业劳动力向其他行业转移的教育培训,教育体系不健全等问题。

转变教育理念,完善农村和农民教育体系,首先要强化普及农村九年制义务教育。对于农村地区的初中毕业生来说,能够升学的毕竟是少数,大多数人初中毕业后,或回家务农,或外出打工。初中毕业生受教育程度已经不能完全适应当前经济社会发展的需要,严重制约着农民技能素质的提升。即便如此,初中教育程度在农村居民中也不能得以保证。值得一提的是,造成当前农村中小学辍学问题的一个重要原因就是农村尚未实现现代化,由此导致小农经济生产方式普遍存在。小农生产方式天然排斥具有较高素质技能的劳动者,甚至无须学校教育。因此,为了解决农村中小学辍学问题,要尽快实现农业工业化,进而实现农民全面发展。工业化的农业不仅需要大量各类高素质技能劳动者,而且高素质技能与较高收入水平相联系,这样一来,农村适龄儿童辍学问题将得到根本解决。换言之,不接受义务教育、职业技能教育、高等教育的青壮年农民劳动者将会被排除在工业化了的现代农业生产体系之外。当然,在现有条件下,依据《义务教育法》的普法和执法力度必须加强,课程教学内容改革也要持续推进。特别是在县级以下的初中阶段,增加相应的农业知识和职业技术教育内容。高中阶段,应根据学生的兴趣和意愿,让学生分别进行普通课程和职业技术课程学习,二者之间能相互交流。首先,无论学习普通课程还是学习职业技术课程,都应注重学生相关技能和素质的培养。其次,结合农民实际生产需要,加强成人教育和农民职业教育。对于扫盲教育来说,只有当手工业、农业等实用技术与扫盲课程相结合时,才会对扫盲对象有吸引力。最后,高等教育要为农村发展服务。针对现有高等教育培养的高级专门人才很难留在农村,致使中国农村成为被高等教育遗忘角落的现状,中央政府应当通过户籍制度改革,实施多种优惠政策,建立制度化的利益驱动机制,从普通高校选派优秀大学毕业生到乡村服务,把高等教育的资源直接送到偏远、落后的农村,为农村培养一批"留得住、用得上"的技术和管理人才,直接为农村发展服务。

2.加强农民职业教育,拓展农民职业培训

加强农民职业教育的立法工作,形成完备的法律体系。农民职业教育法制化是农民职业教育健康发展的根本保障。从各国农民培训情况看,相关法规的制定和实施均为各国农民培训工作提供了良好的基础和保障,为农民培训的发展做出了重要贡献。多数发达国家都通过立法措施支持农民的教育和培训,明确培训主体、个人、参与单位的责任和义务、投资数量和方向、培训内容等。对于积极参与农民职业培训的企业、组织给予一定的资金奖励,对于培训机构的建设、资金来源以及奖励措施都有明文规定。世界各国对于农民职业教育培训都颁布了法律,但是在我国,农民职业教育法律体系尚不健全。因此,为了农民职业培训的健康、持续、稳定发展,立法工作应该加强,只有得到了法律的保障,这一机制才能有效发展下去。

创建多元化的农民职业教育培训模式。当前,我国农民职业教育培训的资金、主办都是由政府来承担的。虽然政府对于农民职业教育培训有重要责任,但是仅仅依靠政府来进行农民职业培训,效果不是很明显。借鉴发达国家经验,应该调动各企业、组织等社会力量参与到这项工程中。政府的职责是在宏观上把握方向和提供必要的资金支持,保障农民职业培训顺利、有序开展。

建立多层次,多元化的农民培训体系。要使农民职业教育在我国发展起来,必须摒弃现有的培训体系,重新建立一种适合中国农村、农民发展的职业教育培训体系。建立农民职业教育培训的终身制,建立农业技术推广、农民培训和农民学历教育三位一体的培训机制。职前教育的培训主体应该确立为农民职业学历教育机构,后续教育的主体应该是农民培训机构,农业推广机构负责对农民进行补充教育。设立专门的主管机构来协调全国范围内的农民职业培训工作。在建立多层次、多元化农民培训体系基础上,可以引进市场竞争机制,为了保证培训质量,可以采取评估、投标等措施。可以借鉴澳大利亚政府的先进经验:政府为农民职业培训提供经费,每项培训课程均采用招标的形式来确定培训主体且投标经费不断提高。澳大利亚还建立了一套对农民职业教育培训机构的考核机制,将用工部门的满意度和劳动力市场的就业率等指标引入考核机制中,而且,如果培训机构的就业率低于 6.4%,其接受拨款的权利将会取消,如果连续若干年不能达标,政府将关闭该培训机构。

改进农民职业教育的内容,培训内容注重理论与实践的结合,随时代发展不断更新,形成适应需要的新的教学体系。当前,我国农民职业教育的教学设计与主要内容基本上还是围绕第一产业——农业(包括种植业、养殖业、牧业和林业等)的有关技术与病虫害防治的培训,针对农村产业结构升级和经济发展方式转变的培训力度不足。而多数发达国家的农民培训活动还注意根据社会需要和市场变化开设课程。如美国、英国及澳大利亚等国的培训机构,在组织培训之前,会进行认真的市场调研,以确定需要培训的技术,如果确有需要,会进行定向培训。另外,为了适应时代发展潮流,各国培训内容也在不断创新和发展,如美国对农民培训的内容,逐渐从单纯的技术培训,转向教授农业企业管理、农产品运销等内容,从产中培训拓展到涵盖产前、产后的相关领域。为促使农民全面发展加快步伐,中国农民职业教育必须面向农业工业化、农村城市化和农民市民化。具体来说,中国农民职业教育体系顶层设计与内容安排应当符合农业发展方式转变与现代农业大发展的国家战略要求,特别是应充分考虑农民全面发展的现实需要和当地经济地理及区域比较优势的特点,依托大中型城市已有职业教育体系的优质教育教学资源,根据当地和区域性市场需要,分门别类地对农民的技能素质进行专项培训。与此同时,做好技术和知识更新的后续培训设计与组织工作,构建专家咨询团队,形成优质教师教学智库,努力加快新型农民职业教育体系建设和农民全面发展总体进程。

严格控制教师质量,实行教师准入制度和进修制度,保证和提高农民培训质量。教师是培养合格人才的关键,农业职业教育中的教师,不仅是理论教学的设计者与执行者,还是联系实际的实践者和指导者,教师素质的提高是实现农业职业教育目标的根本保证。对从事农民职业教育的教师实行严格的准入制度,建立教师进修制度,保证培训师资力量和师资队伍建设。技术培训中主要从以下几方面入手:对于学校领导的选择,要既有企业家素质又有学者风范;要注重农业技术创新与推广的关系,鼓励科技部门的专业人员对农民进行培训;在教师的聘任中,既要考虑学历水平又要考虑教师的专业技术水平,尤其要注重教师的实践经验。

加大政府的财政支持与投资力度。充足的资金是保障农民职业教育水平和规模的关键,农业技术资金可以通过财政来获得,同时也要考虑从社会其他方面筹集。国家的财政投资既可以采用直接投资的方式,也可以采用"间接"投资的方式。在德国和加拿大,政府为农民的职业教育培训设立了专项资金,鼓励企业和农场主对农民进行培训。培训相关费用不是以财政拨款的方式进行支付,而是通过对企业所售产品进行税收上的优惠来实现对农技培训的支持。政府要加大对农民职业教育基础设施的投入力度,保证农民职业教育的资金投入,促进基础设施的完备化。

5.1.3 增强农民民主法制观念,提升农民文化精神素质

农民劳动者的素质技能结构由身体素质、技能素质和文化精神素质三个要素复合集成。三大要素辩证统一,缺一不可。农民全面发展的关键是农民个人的现代化,是小农意识向公民意识的转变,是农民权利与公民权利

的对等统一。农民个人的现代化主要是提升文化精神素质,文化精神素质在人的主观能动性的发挥中居于支配性和引导性地位。文化精神素质的养料来源于人文素养与科学素养,特别是人文素养与文化精神素质密切相关,人文素养与科学素养又分别来源于人文社会科学研究和自然科学研究。要使农民成为市民,必须培养和提升他们的公民意识,公民意识源自公民权利。从农民权利到公民权利,从小农意识到公民意识,这其中,社会科学研究起着极为重要且不可替代的作用。

因此,应当加强科学研究,尤其是社会科学研究,将研究成果与农村社会发展现实结合,引导农民在经济、社会发展过程中不断提升主体意识及其外化的民主法制观念,以民主法制观念克服和改造小农意识和官文化,从而实现农民文化精神素质的提升。

5.2 推进农业工业化

中国近现代以来之所以落后于欧美列国,不是中华民族人种的落后,更不是自然地理区位因素之故,而主要是中国至今尚未完成从农业文明向工业文明的彻底转化,特别是农业生产方式守旧落后。中国农业工业化作为一个历史过程,沉重但却重要。在资本主导的全球化环境中,社会分工越细密,各国经济交往越密切,就越暴露出中国农业生产方式的落后性。在大洋彼岸的美国,农业工业化早已实现卫星定位下的精准化生产,达到基因技术和宇航试验新物种的新水平,甚至针对中国等国家发明出"种子战"——新的没有硝烟的战争新形式。发达国家农业工业化已经发展到可以作为消灭人种的武器来使用。相比之下,中国农业依旧例行绵延两千余年的精耕细作,值得称道的除了"杂交水稻"等少数几项农业技术,整个农业基本面上就连工业化早期阶段的机械化都还未实现。不仅如此,到2030年左右,中国人口有可能达到16亿,人均耕地面积和人均水资源占有量均将进一步下降,传统的耕作方式将难以承载人口峰值的到来。因此,需要加快转型农业发展方式。农业的工业化是农业现代化的主要标志,是城乡一体化和农民全面发展的必要前提。

5.2.1 农业工业化是农民全面发展的条件和根据

农村工业化是农民全面发展的基础。工业化并非只在工业领域,工业化是指经济的各个行业按照工业的原则和要求进行改造和发展。因此,工业化并不只是发展工业,而是将工业生产方式和技术推广到全部生产、服务行业,从而使经济生活提升至一个新阶段。在全域都市化背景下的城乡一体进程中,农业工业化以市场化和信息化为导向,突破"就农业论农业"的传统思维定式,用工业化思维谋划现代农业产业发展模式。在这一过程中,工业对农业起到支配性作用,技术创新和制度创新成为其发展的关键。规模化、市场化、专业化、标准化和集约化成为其发展目标。农业工业化是农业产业的一场革命,是对农业产业化经营在新时代的深化。农业工业化作为新型工业化的重要方面,是实现乡村振兴的关键,是农村产业结构升级的根本,也是农民全面发展的条件和基础。

一、农业工业化的内涵与特征

以农民为主体的工业化,主要内容是农民素质技能的转变和提高。中国的农民在个体手工劳动的农业生产方式中生存了两千余年,世代积累和传授,其素质技能是与农业生产方式相适应的。农业生产中的许多技能是很难掌握的,但其劳动生产力已达到极限。农民的工业化是在商品经济发展的进程中,以工业生产及其技术和管理改变旧的个体农业生产。它不只包括农业生产方式的工业化,即采用工业技术和工具进行农业生产,还包括一部分农民的转业,即转向工业及服务业。不论哪种转变,都要以农民素质技能的提高为主要内容。在生产方式工业化的同时,还有农民的市民化,包括两个方面:一是在商品经济和工业化的过程中,个人基本权利的明确和平等原则的实现;二是以城市生活为目标的生活方式的转变。工业化和市民化是统一的,以生产方式的转变带动生活方式的转变,以生活方式的转变稳固促进生产方式的转变。农民的市民化并不是说农民都进入城市生活,当然进入城市生活是必要部分,即转业于城市工业和服务业的农民要转入城市生活。还有相当一部分留在农业生产方式中的农民,他们的生活方式也要改变。虽然在农村生活,但要明确农民有与市民相同的基本权利和地位,并采取以工业产品和技术为依据的城市化的生活方式。所谓城市生活方式,主要是利用现代工业技术及其成果改变生活方式,同时扩大和密切社会公共活动。农业的工业化和农民的市民化是农村现代化的要求,也是历史发展的大趋势。农民作为社会的主体,其内在的利益和要求也在于此。农业的工业化和农民的市民化也是社会经济发展的目标,因此必须变革农民的生产关系,以他们为主体建立新的合作制。

农业生产方式的工业化,即以工业技术和管理方式进行农业生产经营,需要两个基本条件,一是劳动者的协作,二是生产资料的聚集和集中使用。这与个体劳动不仅有质的差别,也有明显的量的差异。以西方国家的现代农场为例,它们的构成是这样的:一是较大规模的耕地,一般都在数百至数千公顷;二是以货币资本购买拖拉机、汽车等工具,并修筑水利、道路、房舍等设施;三是雇佣几十至几百个农业工人;四是企业的经营管理方式。此外,要有适当的市场以销售产品并购置生产资料。农业生产的工业化是随工业技术的提升而不断发展的,其资本有机构成也是不断提高的,这意味着用于雇佣农业工人的资本量相对减少,而用于购买农业机械的资本量相对增加。在农业生产方式工业化的初级阶段,农业机械和设施的投入量相对较小,人力还是主要的"生产要素"。这二者的比例,随着农场经营和工业技术的发展而提高。农业工业化具有如下基本特征:

第一,工业对农业起支配性的作用。现代经济发展的规律表明,农业发展到一定阶段,正像马克思说的那样:"从自然形态来说,农业已不存在于它自身内部,它自身的生产条件和作为独立部门的这些条件是存在于农业之外的。"也就是说,随着劳动者素质技能的提升,社会生产力的发展,社会分工越来越细,农业生产的商品化、专业化和社会化程度不断提高,必然导致农业与相关产业部门尤其是工业部门相互结合,彼此依存,农业生产链通过加工、储存、销售等各部门不断延伸。在这一过程中,工业对农业起到支配性作用。国外农业转型的实践也证明,农业经济飞跃的关键不在于农业内部自身的发展,而是在于农业与工业等相关产业是否能形成一体化、市场化、集约化的生产经营。所以,农业现代化的实现必须有工业的支撑。事实上,在中国工业化初期,农业对工业发展起了关键性的哺育作用。在工业化中后期,工业对农业的反哺也是理所当然的。在这里,工业的反哺就是大力发展农业产业的设备和设施,用工业化的机械、技术、资本、管理和意识对农业进行渗透、改造和提升。总之,农业工业化过程是以工业化为主导的工业与农业互动、互融的发展过程。

第二,技术创新和制度创新是农业工业化的关键。工业化的过程其实就是一个创新的过程,农业工业化作为工业化的重要组成部分也不例外。农业工业化这一创新过程包括制度创新和技术创新两个方面。在此,技术主要指的是管理技术和生产技术。农业的技术创新投入大、收效慢、公共性较强,需要公共部门在资金、技术以及农技推广方面给予大力支持,从而要求农业技术研发和推广体系等一系列创新。

第三，生产的规模化、专业化、标准化和集约化。从生产的规模来看，现代工业化的农业是在高度的社会分工，高度的专业化发展，完善的社会服务体系、社会保障体系、货币金融体系、产品和生产要素市场，先进的生产技术支持下发展起来的，不像传统农业那样以自然人和以血缘关系为纽带而联系起来的家庭小生产为特征，一改因生产技术水平和社会化程度低、分工水平和专业化程度低、技术改良的社会风险高而导致的传统农业生产规模较小的特点，扩大了农业生产的规模。现代商品经济的标准化技术既强化了农业生产的规模，又促使农业生产向规模化发展。因此，农业集约化发展的动力是农业技术的创新与发展，前提条件是农业的专业化，助推器是农业的标准化。

第四，工业化是国民经济的枢纽和农民全面发展的核心。工业化主要包括三方面的内涵：观念由自然经济向商品经济转变；全行业生产经营方式的专业化、规模化；产业发展与产业升级。在实现工业快速发展的同时，以工业化成果和方式对农业生产方式进行根本性改造，使农业生产方式发生现代化转变，这是农业工业化的目标。同时，生产方式的变革又会带动并决定生活方式的变革，最终实现农民现代生产方式和生活方式的统一，而这种统一是农民全面发展的条件和根据。农民全面发展的实现又是整个国家现代化实现的重要组成部分。中国作为拥有 9 亿农民的农业大国，虽然改革开放已经 40 年，但"三农"问题积弊仍然深重，长期存在的二元经济结构使农民问题很难得到解决，更别说国民经济的现代化和农民的全面发展。必须运用现代的生产技术、生产装备以及先进的经营管理方式来实现农业生产的电气化、机械化、专业化、标准化以及规模化。只要这样，才能为城市接受农村剩余劳动力创造必要的就业空间，才有可能真正实现二元经济结构一体化，实现农民生产、生活方式的现代化转变，实现农民全面发展，并最终实现整个国民经济社会的现代化。

二、农业工业化的理论基础

马克思关于"随着生产力的发展，工业和农业结合"原理是农业工业化的理论基础。马克思认为："农业和工场手工业的原始家庭纽带，也就是把二者的早期发展的形式联结在一起的那种纽带，被资本主义生产方式撕断了。但资本主义生产方式同时为一种新的更高级的综合，即农业和工业在它们对立发展的形式基础上的联合，创造了物质前提。"农业生产在发展到一定阶段后，与工业的联合是其实现进一步发展的有效手段。农业工业化是市场经济条件下农业和工业的联合,农业主体以工业生产方式整合农业生产要素。生产要素指的是劳动、资本、土地等传统生产要素和从现代工业部门引入的现代生产要素,后者作用更为重要。农业主体主要从两方面对生产要素进行整合:一方面,通过工业部门先进生产技术的引进,实现农业的机械化和科学化;另一方面,通过对农产品的工业深加工,建立农业制成品工业体系,实现农产品和农业制成品的产供销一体的企业化经营管理。农业主体包括农业企业和农户,既可以是多个农户联合的工业化经营,也可以是单个农户实现资本规模后的工业化经营。宏观地看,农业工业化就是农业与工业的产业整合。具体到我国国情来讲,是指以农业的市场化为背景,运用现代工业化技术和现代经营管理理念以及组织方式来管理农业的生产和经营,将农产品生产和加工集中化、企业化、规模化,实施全程标准化经营。总之,用工业化技术和思维谋划农业经营模式就是农业工业化。

农业工业化的理论基础还在于产业结构高度化原理。产业结构作为以往经济发展的结果和未来经济发展的基础,成为推动经济发展的主要因素。产业结构是同经济发展相对应而不断变动的,这种变动主要表现为产业结构由低级向高级演进的高度化和产业结构横向演变的合理化。这种以高附加值化、高技术化、高集约化、高加工深度化为内容的产业结构高度化和合理化推动着经济的发展。从许多发达国家和新兴工业化国家的实践来看,在第一产业内部,产业结构从技术水平低下的粗放型农业向技术要求较高的集约型农业,再向生物、环境、生化、生态等技术含量更高的绿色农业、生态农业发展;由种植型农业向畜牧型农业,野外型农业向工厂型农业方向发展。农业工业化正是运用工业手段和思维谋划农业,通过现代农业科技、生态科技逐步推动农业生产向生态化、标准化和工厂化发展。与此同时,大力发展农业合作组织,推动农业部门服务产业的发展。这种高度化和合理化的结构发展必将推动整个国民经济社会的进步。

三、农业工业化是农民全面发展的根据

目前我国正处于国民经济现代化深度转型的关键时期,农业产出小部门化与农民大量化相冲突这个农村经济转型的根本性问题,导致的农业小规模生产与现代大市场不适应、农民低收入与国民经济高增长不适应、农业低产出与土地高投入不适应、农村相对贫穷与城市相对发达不适应等矛盾使由来已久的"三农"问题表现得更为集中和尖锐。突出的结构矛盾使农民和整个农村社会正处于裂变重组的过程中。在这种情形下,农业工业化对于作为解决"三农"问题根本方式的农民全面发展具有明显的促进作用,是农民全面发展的条件和基础。

农业工业化主要从农业生产技术方式、农业经营方式、农业比较效益、农业产业联系等四方面来改造传统农业生产方式,实现农村现代化,进而为农民全面发展提供根据并创造条件。

第一,农业工业化通过农业生产技术变革提高农业全要素生产率。农业工业化的关键是农业技术的创新,而农业生产技术的创新是其中尤为重要的内容。农业生产技术创新可以促成农业手工生产方式向大量吸纳和运用工业部门提供的机械化、科学化生产方式转变,能够提高劳动生产率和土地产出率等农业部分要素生产率,甚至可以在一定程度上改变农业对土地的依赖(如无土栽培和转基因技术)。而农业部分要素生产率的提高又能提高农业全要素生产率,进而使农民收入水平和生活水平得以提高,生产方式和生活方式得以根本性改变。因此,农业工业化可以通过农业生产技术变革为农民全面发展提供根据和条件。

第二,农业工业化通过农业经营方式的转变实现农业集约化经营。实行农业工业化,必然导致农业经营方式由粗放型向集约型转变。首先,农业机械化迫切要求土地规模的扩大。其次,产供销一体化经营根据经济和资源禀赋在区域布局上进行分工,形成特色鲜明的农业经济区域,促进农业专业化的发展。再次,农业工业化对土地的需求进一步扩大了土地开发的范围,包括地下层、地面层、空中层,以及荒丘、荒沟、荒山、荒地等被放弃的地区。农业向精细农业和立体农业发展。最后,组织形式如"公司+专业协会+农户""公司+农户"等提高了组织化程度,促进企业发展。总而言之,农业工业化通过改变农业经营方式,实现工厂农业、订单农业、精细农业、立体农业、专门农业和规模农业等,是传统农业质的飞跃。而传统农业生产方式的这种质的现代化变革,又必然引发农民生活方式的现代化转变,而农民全面发展恰恰是这两种变革的统一。

第三,农业产业联系加强实现农工商一体化经营。传统农业以自给自足为主,因此在农业的生产经营中很少会产生前向后向联系。即使是在现阶段的农业,技术密集型生产资料投入仍然很少,产业前向后向联系以及商品率极低。工业化的农业生产过程中增加了诸如化肥、农用机械之类的工业品投入,并且对原生态农产品进行工业深加工,而这些农产品加工业常常是工业化过程中的先行业。同时,还要对农产品采用现代物流和运营理念组织销售流通。因此,农业工业化必将提高农业的产业后向联系和前向联系,从而提高农业产业总体联系程度,实现农工商一体化经营。也就是说,农业工业化使农业与工业、农村与城市的联系更加紧密,促进了相应区域内的产业升级和产业集群形成,从而为催生"农村城市",为农民全面发展提供了条件。

5.2.2 农业工业化战略的实现

工业化和城市化是经济社会发展的必然趋势,也是国家实现现代化的基本标志之一。工业化和城市化作为经济社会发展的一种历史进程,一定会对农业以及农业工业化发展的诸多领域产生极其深远的影响。从系统的开放性角度考虑,其他子系统必然会对农村市场化这个子系统产生较深刻的影响,而且城市化和工业化对于农村市场化的影响将会是极其深远的。因此,农业工业化战略必须系统考虑工业化、城市化与农村市场化的辩证关系,这也是实现农民全面发展的关键。

农业工业化主要从农业生产技术方式、农业经营方式、农业比较效益和农业产业联系四方面来改造传统农业生产方式,实现农村现代化。而农业工业化是制度创新和技术创新并行的过程,农业工业化战略的实现也主要依赖于制度创新和技术创新。

一、农业工业化发展的制度创新

农业工业化是农业生产方式内在的、自上而下的变迁,在变迁过程中会面临很多制度因素的制约。所以,为了促进农业工业化更好更快发展,必须对农业工业化的制度进行创新。

1. 农户组织制度创新——农业工业化制度创新的前提

农户组织制度的创新是推动农业变革的内在动力。在我国现阶段,农业生产规模一般都较小,与市场经济的矛盾比较明显,影响了农业工业化的制度变迁。从内涵角度看,农业工业化是一个循序渐进的规模化、市场化的过程,而农户组织创新是实现规模化发展的首要条件。制度创新方面主要应进行以下两方面的改革:第一,龙头企业建设。提倡龙头企业经营范围的多样化。第二,大力建设农产品商品基地。农村工业化依托农产品商品基地的建设,在基地的建设中要加强与龙头企业的联系,突出特色,逐步推进。在进行上述两方面改革的过程中要处理好各经营主体之间的利益关系,关键是建立龙头企业与农户的利益连接机制,可以是互利互惠的利益关系,也可以是紧密的利益共同体,要注意保持和增进农户的利益。

2.城乡管理体制创新——农业工业化制度创新的动力

农业工业化作为农村现代化的主要内容,城市化是农村现代化的主要实现途径。因此,城市化的任何体制与制度安排、政策,都应有利于推进农业工业化进程。第一,加强农民全面发展和农业工业化的协同推进。加快农民全面发展进程,缓解劳动力剩余和农产品剩余的压力,从而促进农业工业化发展。第二,完善农村社会保障制度和土地制度,促进农民的非农转移,推进农业生产规模化。当前,中国的土地制度在为农民提供就业、社会保障的同时,也制约了农业的规模化发展和农村剩余劳动力的转移。因此,农村土地制度改革势在必行,在土地制度改革的同时要注重农村社会保障制度和城乡公共服务均等化建设。现代城市产业与农业融合作为农业工业化发展的主要内容和标志,必须引起政府的高度重视。各级政府要积极建立和完善城市现代化产业对农业改造的扶持机制,对于符合要求的企业给予贷款、税收、政策补贴方面的优惠政策。当然,政府也应该鼓励现代化农民以土地承包经营权入股并参与到城市企业的建设中。

3.农民素质技能提升制度创新——农业工业化制度创新的源泉

劳动者素质技能在社会生产的一切领域都起到决定性作用。在二战后的美国现代农业发展中,因劳动者素质技能外化——科学技术的作用所贡献的农业经济增长占到八成左右。目前,美国现代农业已经和信息技术、基因技术、人工智能及宇航技术广泛结合,正在精准农业基础上开创农业发展的新方向。美国农民劳动者素质技能已经同一切先进学科知识联系起来,传统意义上的农民素质技能早已无法满足先进农业的发展要求。因此提高农民素质技能刻不容缓,这是实现农业工业化的根基。具体来说,一是增加农村教育投资,提高农民文化素质。在保证九年制义务教育的前提下,应当重点发展农村成人教育事业。应当把农民初等学校发展放在与农民中专、农业中学同等的位置上,使得农业劳动者能在短期内视市场需求情况选择学习实用农业科技知识。二是采用多形式选拔、培育农业企业家。农业工业化过程的推进,将会使农业走向规模化的发展,农业生产的一体化发展迫切需要高素质的农业企业家来领航。所以,应选拔有一定基础的农民进行针对性的强化培训。

4.宏观经济体制改革——农业实现工业化的制度保障

目前,中国农业处在城乡一体战略转型的机遇期,城乡二元经济管理体制造成的许多经济、政治与社会矛盾在中国加速城市化的进程中逐渐暴露出来。中央政府应切实加强制订农业工业化政策和法规,加快农业工业化的步伐。首先,构建有利于农业工业化的市场体系。培育和建设农村各类商品市场,并使之形成结构适宜、功能配套、协调产销的有机体系,使各类市场能充分发挥功能作用。培育和建设要素市场,以促进生产要素在城乡之间自由流动,有效配置资源,提高农村和国民经济的整体效益水平。建立市场宏观预测系统和信息网络系统,对全国各地农产品流通和市场供求状况进行及时准确的预测和传导,以指导农户生产和消费,调节供求,减少市场波动,促进和形成农产品市场大流通。其次,建立从上到下综合统一的农业工业化管理组织制度。要在明确界定政府职能的基础上,逐步建立农产品生产、加工、销售、对外贸易一体化的农业工业化管理制度。在农业工业化管理组织机构的设置上,必须立足于国际化和市场化发展的要求,对现有的涉及农业管理的有关部委机构设置进行调整,整合现有的农业管理部门、畜牧水产业管理部门、发改委等部门的职能,组建新的综合统一的农业工业化管理部门。这一部门既要突出涉农产业部门的管理服务职能,也要体现综合政策的研究管理职能,要根据市场经济发展和高效统一协调的要求重新划分各级农业工业化管理部门的职责和权限。最后,强化法治意识,构建完整农业立法体系。

二、农业工业化发展的技术创新

农业工业化是农业和工业在市场机制下的整合,以工业生产方式对农业生产进行改造,建立现代化农业。现代农业的生产要素是先进的管理方式和生产技术,农业技术的创新和推广是农业工业化的关键因素之一。技术创新应围绕专业化基地农业、标准化品牌农业、工厂化制成品农业的生产与经营来进行,紧紧抓住种苗产业技术、农化产业技术、农机产业技术、农产品精深加工产业技术、设施农业产业技术、农业信息产业技术、生态循环农业产业技术等农业工业化高新技术创新和技术推广的关键领域,采取以下对策:

第一,拓宽农业工业化资金筹集的渠道,增加对农业科技研发和推广的投入。应从以下五方面入手:一是政府加大对农业科技研发和推广的投入,增加对农业技术研发的贷款规模,建立农业技术发展基金;二是鼓励社会团体和民间企业参与到农业技术发展中;三是通过资本市场获取农业技术发展资金;四是积极参与到农业技术的国际合作当中;五是建立农业技术产业化技术保险制度,分散农业技术产业化的风险。

第二,加强大型"龙头企业"自身的科研开发。现代农业发展要求农业科技与农业生产经营活动相互融合,农业"龙头企业"的科研开发是大有可为的。因此应当积极引导龙头企业进行技术创新,也可以通过技术的购买和与科研机构的合作来实现。

第三,降低农业工业化技术创新和推广的风险,主要包括以下五种途径:一是建设农业技术服务推广体系。该体系的建设应以政府为主导,将农业技术区分为三个层次:普及型农业技术、一般农业技术和重大农业技术,分别建立农业技术的研发和推广机构,为农户提供技术支持。二是防范农业技术创新市场风险。可以通过市场联合主体的形式,促使农业技术生产厂商与农民就农药、化肥、种子、耕作方法、产量、价格、收入水平达成一揽子的协议,并用合同的形式给予保证。三是建立农业技术进步基金,为农业技术创新提供必要的资金支持。四是建设针对包括产品质量、专业化生产、产品多样化、新技术推广和农业规模在内的政策支持体系,扩大对农业技术的信贷资金支持。五是以商业保险来保障农业技术的创新,开展农业技术研发和推广的商业保险,分散农技创新的风险。

第四,提高农业科技创新的质量。借鉴美国的成熟经验,建设一批真正从事应用性研究、相应配套设施完善的研究中心,解决农民"卖难"和农产品价值低等问题。以生物技术为代表的农业高新技术,应走规模化和上、中、下游配套的产业化道路。积极参与到与国际上实力强大的生命科学公司和农业公司的合作当中,不仅引进先进技术、手段,更主要的是学习市场开发和成果商品化方面的丰富知识、经验,进而培养自己的高技术企业家。

在制度创新和技术创新的前提下,大力发展专业化基地农业、标准化品牌农业和工厂化制成品农业。

专业化基地农业主要指主导产业以市场和龙头企业为基础,并在区域和组织上进行联合。这样,农业的生产、加工、流通各个环节就被有效连接起来,农业的产前、产中和产后在一个系统中即可完成。它是农业生产价值链以及整个产业链的延伸,它外联市场和龙头企业,内联广大农民,在农业工业化进程中占重要地位。

标准化品牌农业指以"优选、协调、简化、统一"为原则,在农业先进生产技术和成熟经验的基础上,制定和实施农业标准,实现农业的标准化生产和标准化管理,实现农产品和农业制成品安全、高产、高效、优质的目标,形成向消费者传递产品信息和生产经营者信誉的独特的品牌标记。标准化生产是培育现代农业名牌产品的重要手段。

工厂化制成品农业融合了农产品工业加工和设施农业。工厂化设施农业是现代材料、现代环境控制技术、现代信息技术、现代生物技术创新和应用的结果。工业化制成品农业要求农业生产要有生产车间、生产工艺和生产标准,并且要进行不间断生产,产品需要有包装、商标和品牌,它是现代科技高度发展的成果。制成品农业指的是农副产品的再创造。工厂化制成品农业实质是以现代高科技来生产农产品,对农产品进行深加工,提高产品的附加值和科技含量,形成有市场竞争力的新型产业。

总之,农业工业化发展的制度创新和技术创新最终都要体现为运用工业社会大生产方式组织农业生产,借鉴工业组织形式培育农业市场主体,采用工业技术进步手段推动农产品生产加工,运用工业营销策略促进农产品流通,引入工业融资方法增加农业投入等方面。只有上述几个方面得以实现,农业工业化才能真正得以实现。

5.3 发展农村合作经济组织

农民全面发展的实现,需要以农村经济结构的调整作为支撑,而农村经济结构,尤其是产业结构调整转型的一个重要前提在于农业的产业化。为加快现代农业建设,提高农业综合生产能力,实现农村改革发展的基本任务目标,在由传统农业向现代农业转化的道路上,就必须迈过"规模经济"这道坎,实现土地的集约化、产业化经营,而发展农村合作经济组织是较好的选择。农村合作经济组织日益成为提高农民组织化程度,实现农业产业化经营,增加农民收入的一个重要途径。

我国农业生产方式的工业化与西方国家相比,起步相对较晚,而且由于农民数量庞大,资金量少,技术水平相对低下,在开始阶段,只能以"劳动力密集型"为主,这是合作制产生的条件。城乡统筹的经验表明,合作制是农民全面发展的必由之路。但并不是说只要实行了合作制,农民就自然实现了全面发展。合作制是农民实现全面发展的制度基础和必要保证,在合作制的基础上,农民的全面发展还有相当长的路要走。

5.3.1 农村合作经济组织对农民全面发展的促进作用

一、农村合作经济组织

农村合作经济组织是以农民为主体,以维护和提高组织成员共同利益为目的,按照自愿互利、民主管理原则,在技术、资金、生产、供销等环节展开合作的互助性经济自治组织。它的参加者主要是个体农民,代表农民的利益,为合作社成员提供实际业务服务,维护成员利益、增加成员收入是其主要目的。合作经济组织享有独立的法律地位,能够独立对外开展经营活动和保护自身合法权益,并且可以在日常运行中,依法以自己的名义从事民事等行为主体的活动,依法享受国家对合作经济组织的财政、金融和税收等方面的政策扶持。从广义上来说,农村合作经济组织应该包括农民专业合作社、农民专业协会、乡镇村集体经济组织、农村股份合作制企业以及供销和信用合作社。从狭义上来说,农业合作经济组织主要指农民专业合作社和农民专业协会。

农村经济合作组织是独立的市场经济主体,具有法人资格,享有生产经营自主权,受法律保护,任何单位和个人都不得侵犯其合法权益。农村合作经济组织是个人所有制基础上的劳动者联合,它以劳动者个人劳动力所有权为依据,对内是劳动者自愿、平等的联合,通过民主协商制定一系列切实可行的章程和制度。对内实行公平原则,实行一人一票,所有成员以平等身份参与组织经营决策;对外则是生产要素的拥有者,实行效率原则,追求合作组织的利益最大化,进而保障合作经济组织内部成员的个人利益最大化。农村合作经济组织以维护和提升组织成员共同利益为目标,其目标包括但不限于经济利益,根本目标在于农民权利和应有社会地位的实现,而这种权利和地位在全域都市化背景下的城乡一体进程中,首先体现为拥有与市民同等的权利和平等的社会地位。所以,农村合作经济组织发展对农民全面发展具有积极的促进作用。

二、农村合作经济组织发展对农民全面发展具有积极意义

农业工业化是农民全面发展的重要条件,而农村合作经济组织是农业工业化的载体。首先,农村合作经济组织有利于规模化生产和经营形成。农村合作经济组织围绕当地特色产业、优势产品,组织农民实行专业化生产,规模化经营,有效地改造了小农经济生产方式,是农业工业化实现的重要形式。其次,农村合作经济组织有利于农业科技成果的推广应用,有利于加快科技成果的生产力转化。农村合作经济组织内部重视信息交流和技术的实时更新,注重农产品新品种的推广和市场调研,依托农村"土专家"和家庭联动帮扶政策对农业生产新技术进行推广,尽快将技术转化为现实生产力,提高生产力水平。再次,农村合作经济组织有利于促进农业结构的战略性调整。农村合作经济组织由于资源优势的整合带动了产品的生产和销售水平提升,进而激发了农民的生产、种植热情,故而能够引导和组织农民进

行农业结构性调整,调整到市场前景好、生命周期相对较长的优势产业,促进改变粗放落后的生产经营方式。农村专业合作经济组织的发展无论是在建设农产品生产基地、发展种养业产业,还是在搞活农产品流通、兴办农产品加工企业等方面,都对农业结构的战略性调整有着重要的带动作用,对广大农户种养业结构调整更具有直接带动作用。

农村合作经济组织发展有利于农民生产方式的工业化转变,从而促进农民全面发展。随着规模的扩大和实力的提升,以及经营范围向农业生产上下游产业的拓展,农村合作经济组织可以创办自己的运销、加工企业,从而为农民的经营范围实现由第一产业向第二、三产业的扩展创造了条件,为农民生产方式由传统农业向现代工业和第三产业转变创造了条件,从而有利于促进农民全面发展的实现。

农村合作经济组织是农村社会化服务体系的重要组成部分,有利于农民生活方式的城市化转变,从而有利于农民全面发展的实现。农村合作经济组织虽以经济利益的实现为目标,但经济利益的实现并非其全部目标,更非其根本目标。其在追求经济利益最大化的同时,又要将经济利益置于成员的共同利益和根本利益之下,即农村合作经济组织作为农民生产组织的形式,除了对组织成员以按劳分配的原则分配经济利益外,还必须有提供公共产品,改善社区福利,安排剩余劳动力就业等社会化服务,以促进该组织的进一步发展。而这必然会促进农民生活方式的转变,进而促进农民的全面发展。

5.3.2 当前我国农村合作经济组织发展存在的问题及制约因素

合作制的阻力和困难,首先来自农民自身。小农经济和小农意识的传统使农民不能轻易地接受合作制,他们对联合的协作生产还有顾虑,更多的则是怕自己的利益受到损害。其次来自保留下来的行政集权体制。之所以能够以极快的速度展开合作化,行政集权体制是起了主导作用的。但也正是这个体制的介入,使合作制从一开始就种下了异化的根由,合作制异化为集体制的原因就在于此。最后是农民的贫困和对工业技术的陌生,这使他们组成合作社后,也没有必要资金购置现代农机具,同时也很难将工业技术运用于农业。

合作制对农民工业化和城市化的促进作用因集体制和“联产承包”而不明显,大多数农民还是处于小农经济之中。虽然有些地方的农民个人是比较富了,但除了购买小型拖拉机和农用汽车外,不可能进行大规模的以工业技术对农业生产的改造,他们的农用机械除短时间用于农业生产外,大部分时间都处于闲置状态。这些富裕农民把钱都花在消费上,其中主要的支出就是盖房。如果将盖房的钱用于农业生产,这些农民早就可以实现工业化了,但他们作为个体农民,又怎么投资于农业呢?而西方国家的农民合作组织是在政党的指导和带动下成立合作组织的,虽然不可能取代资本统治,改变社会制度的性质,但却保证了农民个人的权利,进而形成了在资本统治下相对自主自立的生存方式,而且都实现了工业化和城市化。

合作制在联合农民个体的力量,参与现代人类大趋势的工业化进程,是必要的组织方式和制度形式。我国农民的工业化和城市化与西方国家相比,起步和进程都要缓慢得多。西方国家的农民主要是被资本主义工业的发展所吸纳而被动地工业化和城市化,其中留在农村以合作制等方式适应工业化和城市化的只是少数。中国则不同,占总人口百分之九十的农民,其工业化和城市化主要靠自己生产方式和生活方式的改变,被工业发展所吸纳的虽然绝对量并不小,但仍是农民中的少数。如果不改变个体小农经济生产关系,中国农民几乎很难实现工业化和城市化。合作制就是农民可以接受的,而且能够集合其人力和财力逐步地向工业化和城市化迈进的生产关系。现阶段农村合作经济组织发展过程中存在的问题和制约因素表现在:

一、发展规模小,覆盖面小,组织化程度低,带动作用不强

当前的农村合作组织大多处于初级发展阶段,规模相对较小,能够达到成百上千会员,具有一定影响规模的合作经济组织很少。据调查,当前相当一部分农村合作经济组织是由传统村、队管理模式和范围形成的,甚至是相邻几户组建的。这些小规模的合作经济组织未能真正实现产、供、销一体化,难以形成规模效益。据农业部门的统计,我国比较规范的农民专业合作组织成员数量仅占全国农户总数的 9.8%,而在发达国家,农村合作经济组织不仅涵盖了农村、农民和农业的生产、销售、生活、公共物品供应等各个领域,其规模更是可观的。如荷兰大部分农民至少同时参加 3~4 个合作社,农民收入的 60%以上是通过合作社实现的;法国 90%的农民都参加合作社;丹麦几乎 100%的农民都加入了合作社;美国每 6 个农场主中就有 5 个参加了购销合作社,每个参加合作社的农场主平均参加 2~3 个购销合作社;日本几乎所有农户都加入了农协组织。

二、组织内部管理不规范

我国大部分现有的农村合作经济组织没有登记注册、没有章程或者有

章程但制定得很不规范。大多数组织制度不健全,缺乏诸如议事制度、财务管理制度等具体的管理制度,相当多的农村合作组织未设财务管理机构和监事机构。部分合作经济组织即便是制订了规章,但管理相对滞后,特别是民主管理、民主决策及相关利益分配机制没有形成。在重大项目和活动中决策不民主,会员、社员很少参与决策和管理,许多成员也认为这些都是领办部门的事,合作意识不强,只愿利益共享,不愿风险共担。长此以往,造成内部不团结,相互猜忌,当遇到大的矛盾和纠纷时无所适从。这种内部管理无序的状况不仅不符合国际合作社联盟对"合作社"的定义,也不符合《中华人民共和国农民专业合作社法》的相关规定。从这一角度来看,现有的许多农村合作经济组织并不能算作真正的合作组织。

三、缺乏各种管理人才和科技人才

从调研的情况看,有专业技术和经营组织能力的经济能人是带动农村合作经济组织发展的主要因素之一。但我国重工轻农的传统造成人们普遍轻视农业和农业教育,一些管理技术和科技人才不愿意服务于农业企业,甚至连农业院校培养的专门农业人才也不愿意到农村服务,而且由于根深蒂固的小农意识的影响,我国农民普遍缺乏自我组织、自我管理的能力。农村中懂技术、会经营、善管理、能凝聚和带领农民共同闯市场的能人少。一些能人由于担心其他农户的加入会影响自己的效益而宁愿办私营企业,也不情愿办合作经济组织,而且基层政府、涉农职能部门的工作人员对农村合作经济组织也缺乏深入了解,缺乏相应的市场经济活动能力和经验,对合作经济组织的指导和管理也常常是心有余而力不足。

四、政府对农村合作经济组织支持不够,干预过多

西方国家为了充分发挥农村合作经济组织在农村经济发展和社会进步等方面的作用,都通过制定优惠政策和为合作社提供教育、技术和经营管理等方面的指导和帮助来推动、扶持农业合作经济组织的发展,保护农业和农民的利益。在我国,由于政府引导不到位,部分农户对合作经济组织认识不高,对合作行为表现不积极,存在"搭便车"心理和观望心理。而一些政府部门的官员对发展合作经济组织的重要性、必要性缺乏足够的认识,工作上缺乏主动性和积极性,不但支持不够,而且受传统计划经济体制影响,政府对农村合作经济组织的行政干预过多,很容易把合作组织办成政府下级部门。更有一些地方政府为方便管理或谋求政绩,或极力阻挠某些合作组织的成立,或希望通过人为的、强制的方式办合作经济组织,使农民加入不自愿、退

出不自由。此外,合作组织上面有许多如农业、工商、科协、民政等部门从各方面进行管理,各部门之间缺乏协商,出现问题后互相推诿的现象时有发生。这些对合作组织的发展都极为不利。

5.3.3　以农村合作经济发展促进农民全面发展实现

现代中国农民的发展,就是摆脱个体手工劳动的小农经济,转向以工业技术和机器为基础的社会化商品经济,在明确其充分公民权和民主权的同时,明确并保证其经济权利,由此进入工业化和城市化。农民发展的形式或路径大体包括:一是合作制,是农民以劳动力所有权、土地占有权和生产资料所有权为依据建立的"自由联合体";二是进城务工,出卖劳动力使用权,由此转化为工人;三是在本乡村的私有资本企业出卖劳动力使用权,这也是一种转化为工人的路径,但并无充分保证;四是从事个体工商业或通过其他途径转为城市居民。

这四种路径中,主要的应是第一种,即合作制。中国农民数量大,而工业、服务业的发展规模远不能吸纳数量如此庞大的农民并将之转化为工人,况且随着经济的发展,现在以劳动力密集型为主的经济结构也必然被改造,城市中的工业、服务业所需要的农民工数量将逐步减少。那些靠购买廉价劳动力使用权、延长工时、增加劳动强度来获取绝对剩余价值的企业将逐步被抑制和淘汰,相应地,技术密集型的企业将成为中国工业化的主导力量。而进入城镇从事个体工商业经营的农民现在已经饱和,他们也面临着一个如何调整职业并真正以市民身份在城镇中生存发展的问题。

农业是经济和社会生活的基础性产业。庞大人口的食品供应、众多农民的就业与生存发展都决定了农业在中国经济和社会生活中的地位,也要求中国农业依循商品经济一般原则,以工业技术和经营管理方式进行改造,成为工业化的现代农业。相应地,农民也就转化为农业工人和工业、服务业的生产经营者。对于仍然从事农业的劳动者,可以称之为"农业工人"也可以称为"现代农民"。这部分人在总人口中的比例会逐步减少,但其绝对量仍是相当大的。如果他们还按现在的"联产承包责任制"的小农经济生产和经营,不仅农业产值产量不能提升,更会阻止他们转向工业化和城市化。针对我国当前农村合作经济组织存在的问题,发展农村合作经济组织,促进农民全面发展的实现,应主要从以下几个方面着手:

一、明确农村合作经济组织原则和权利体系,规范合作经济组织管理

在论证农民的合作制经济时,首先要澄清中国农村土地的权利关系以

明确农民对土地的权利。农民的合作制经济实体,首要的公共权利就是参加合作制的农民联合所有权所派生的占有权而形成的公共占有权。作为劳动力主体的农民既能通过联合的形式形成公共占有权,也可以通过收回的方式来退出合作组织。个体农民依然保持着劳动力的处置权和收益权。

在劳动力占有权集合的公共占有权基础上,农民参加合作制经济,还要将其对土地占有权派生的使用权和对土地之外的生产资料所有权派生的占有权集合起来,形成公共的使用权和占有权。不论土地的公共使用权还是生产资料(以货币计量)的公共占有权,都由该合作制经济体统一行使,用于农业或本经济体的其他生产经营。农民拥有的土地占有权和生产资料所有权依然属于农民个人,农民依循加入该合作制经济体时的约定,可以自愿根据收益权和外置权将其土地使用权和生产资料占有权收回,连同其劳动力占有权,退出该合作制经济体。农民合作制经济体集合了参加者的劳动力占有权、土地使用权和生产资料占有权,形成总体性的公共权利。

农民合作组织也有类似于企业董事会的公共权利行使机构——管理委员会。所不同的是,合作组织委员的选举是每人一票,而股份制企业是以股份的多少为依据。农村经济合作组织一般设有主任一名,副主任委员若干人(不超过三人),必须经全体成员选举产生。管理委员会的职责主要包括:制定本组织长期和阶段的生产经营规划以及经营管理规则,交由全体成员大会审核通过;负责实施成员大会通过的各项规划、规则等。农村经济合作组织也要仿照股份制企业的组织模式设立监事会,负责监督、约束管理委员会成员和经营权行使者的行为,监事会的产生也要经过全体成员代表大会选举,一般包括主任委员、副主任委员(少于管理委员会)、委员。

合作组织的经营管理者是由管理委员会以签订合同的形式聘任的,其职责是依照经过管理委员会批准的生产经营计划来进行生产经营。经营管理者有权根据组织发展的需要任命管理人员和助手,以更好地协调、处理本经济体的生产经营活动。

参加合作制经济体的农民有两重身份,一是所(占)有权的主体,二是劳动力的载体。前者使其有权选举管理委员会和监察委员会,后者则要求参加者有"在生产经营过程中,认真、充分地发挥其劳动力并服从经营权行使者的安排、指挥"的义务。这两重身份及其权利是对立的,又是统一的,是合作制经济体权利关系的特点所在。

合作制经济体的全体参加者有"按所付出劳动的质和量领取报酬"的权利。合作制是公有制的基本形式,与资本雇佣劳动制不同,合作制劳动者不是出卖其劳动力使用权,而是将劳动力所有权派生的占有权联合起来,共同支配其劳动力使用权。因此,劳动者的生活资料不是由交换(出卖劳动力使用权)取得,而是在自主联合中确立按劳分配原则,从分配中获取生活资料。合作制的权利关系要求必须坚持"按劳分配"的原则进行分配,主要包括四个方面:一是把劳动力的质量按照一定的标准进行划分,杜绝平均主义;二是劳动力的计量标准一般选择小时或者日;三是要有规范的用工计划和严格的管理制度;四是要充分考虑劳动者的劳动成果,实行计件工资。农民合作组织的"按劳分配"原则要保持合理、稳定的增长速度,以保证参加者按劳动分配生活资料的权利充分实现。

在上述原则的基础上规范合作经济组织的管理。一是要遵循农村合作经济组织的基本原则,制定完善的组织章程,包括办会原则、入会条件、组织机构、服务宗旨、会员的义务与权利等,这是保障协会健康发展的根本;二是要建立以组织成员为主体的、明晰的产权制度,产权制度是经济制度的核心,只有建立明晰且富有效率的产权制度才能确保经济组织健康持续地发展;三是分配机制一定要合理;四是要建立完善的经营管理制度,尤其要注重对于民主监督制度、资金积累制度、民主管理制度、风险监测制度等的建设。

二、注重人才培养,提高组织管理水平

对于一个组织而言,管理者水平的高低是决定组织能否成功的核心因素。现阶段,我国农村合作组织的管理者大多是通过内部选举产生的,由于经验和眼光的局限性,往往会造成经营效率低下、管理混乱等不良后果。为了避免这些问题的出现,在管理者的选择环节上要充分借鉴国外先进经验,如鼓励优秀的职业经理人参与到农村合作组织的经营建设中。政府还应该为管理者提供各种能力提升的渠道,以资金、政策支持的方式来鼓励高等教育机构为管理者提供免费培训等,加快合作组织管理人才的培养。农民作为农村合作组织的主体,他们的思想文化水平、竞争意识、市场意识对于组织的发展非常重要。政府要通过支持讲座、技术交流等方式对农民进行再教育,提高他们的市场经济意识。

三、重新界定政府职能,发挥政府对农村合作经济组织的引导和服务作用

首先,政府应明确自身职能,变对农村合作经济组织"管理、干预"为"引导、服务",在此基础上,应当在财税及信贷方面对农村合作经济组织予以支持。就财政政策而言,政府应该对农村合作组织的新技术研发与引进、农产

品营销以及标准化生产等设立专项资金补助；对于运作良好的农村合作组织,政府应该给予适当的启动资金；对于农产品的基础设施建设、农产品流通以及生产资料的供应,政府也应当给予适当补贴,并保持额度的稳定增长。在信贷方面,政府应该加强农村信用社、邮政储蓄银行等农村金融机构对于农村合作组织的支持力度,要充分发挥政府的担保作用,为农村合作组织的融资创造一切便利条件。在税收政策方面,除了现有的对农税收优惠政策以外,对于农村合作组织自产自销的农产品,应该在所得税和营业税等方面给予一定的优惠政策。同时,应进一步完善法律法规,健全法律体系,为农村合作经济组织规范发展提供有力保证,并创造宽松的外部条件。

5.4 股份合作制与现代资本农场

农民全面发展的重要根据在于农业的工业化,农业的工业化是以规模化为前提的。而农村股份合作制和现代资本农场的发展能够适应现阶段中国农村经济发展要求和市场经济要求,有利于农民全面发展和农村现代化的统一。

5.4.1 股份合作制

一、股份合作制的内涵及特征

农村股份合作制是一种新的经济组织形式,它把合作经济的基本原则与股份制的主要做法有机结合,是在合作制的基础上吸收整合了股份制的一些优点,以自然人或法人的资金、实物、技术等形式入股,联合经营,提取公共积累并独立承担民事责任的经济组织形式。

股份合作制是农村劳动者全员参与的组织,组织的管理和决策应实行民主制,实行按劳分配或者按资分配,利益共享,风险共担,独立核算,自主经营,自负盈亏,以企业的全部资产来独立承担民事责任。核心内容主要包括两方面:第一,对外体现法人制,对内体现企业成员持股大致均衡,从而实现决策的民主性;第二,剩余索取权既考虑股份权益,又考虑成员劳动的权益,体现了合作精神。

农村股份制具有股份制和合作制的双重特征:一方面,它以股份形式集资,风险共担,按股分红,实行独立经营核算;另一方面,实行自愿入股的原则,互助合作,利益共沾,按劳分配。但是,农村股份合作制与纯粹的股份制和合作制又有不同:第一,它实行的是劳动、资金双层联合的合作方式;第二,股份合作制实行按劳分配和按资分配相结合;第三,股份合作制生产资料的联合既有直接联合又有间接联合;第四,股份合作制实行的是劳、股合作的股权分配机制。

二、股份合作制产生发展的必要性

股份合作制的产生发展是克服家庭联产承包责任制局限性的要求。家庭联产承包责任制的普遍实行,重塑了农村经济组织的微观基础,确立了农户家庭经营的主体地位,这一变革极大地调动了农民生产积极性,释放了农村生产力。但是,家庭联产承包责任制没有改变小农经济的基础,当整个社会向市场经济转变时,随着经济结构转换和工业化步伐加快,当前的农村经济发展方式已经成为农村经济进一步发展的制约因素。一是农民以户为单位的耕作方式与发展高效规模农业,提高土地产出率和经营水平发生很大冲突,制约了农业结构的调整和高效规模农业的发展以及土地产出效益的提高。因此,发展农业专业化、社会化大生产需要寻求家庭承包经营制的新突破。二是千家万户的生产方式与千变万化的市场经营已经明显不适应。农民一家一户小规模分散经营,势单力薄,无法抵御市场竞争和需求变化带来的巨大市场风险,分散农户的商品交换、交易方式落后,流通费用高,在市场竞争中处于弱势。同时,由于农民组织程度低,农民获得的土地收益主要是生产过程的收益,难以获得加工、流通等过程的收益。这个问题不解决,就无法持续提高农民收入,无法促进农业稳定发展。

股份合作制的产生和发展是克服农村集体经济传统管理模式局限性的要求。首先,农村股份合作制改革的根源就在于对于集体经济传统管理模式弊端的清醒认识。传统管理模式下,集体经济一般都存在"产权不清、分配不公、管理不善、投资不科学、经济效益不理想"的弊端。由于产权不明晰、关系模糊、分配不公,不仅无法调动管理者的积极性,也挫伤了村民的积极性。而监管不善,又使农村集体资产流失严重。其次,集体收益分配不规范是推动农村实行股份合作制改革的内在动力,如何使村集体的经济不断壮大并能从集体享受到更多的福利是农民最关心的问题:一是农村股份合作制通过章程对股民的权利、义务进行界定,保证了集体资产的增值和成员利益;二是通过对集体资产股权结构中村民股和集体股的核算,明确了村民在组织中所占股份;三是农村集体经济传统管理模式与市场经济的矛盾推动了农村股份合作制改革。随着工业化和城市化的深入推进,农村土地被大量征用,出现了相当数量的农村剩余劳动力。农民纷纷进城经商、做工,但是我国实行的是城乡二元经济,农民离开农村就意味着对收益分配权的放弃,因而造成农村集体资产管理体制矛盾加剧。

农村股份合作制既是农村市场经济改革的产物,也是统筹城乡经济发展的体制创新,对推动农村经济发展,促进农民增收和社会稳定具有巨大的作用:

第一,农村股份合作制调整了农村的产业结构,有利于生产经营规模化。传统农业改造需要大量资金投入,而第二、三产业的发展风险较大,农民面临两难抉择。股份合作制实行"资金共筹、风险共担、自主经营、利益共享、积累共有",以一种新的方式对资源进行整合,实现社会闲置资金的归拢,形成广泛的社会生产力,促进了农村新兴产业的发展。同时,农村股份合作制对土地实行统一管理、统一生产经营、统一进入市场的模式,有力促进了土地的规模经营,为农业工业化提供了前提条件。

第二,农村股份合作制调动了农民生产的积极性。以往集体资产虽然在名义上是归集体所有,但实际上所有权掌握在少数领导手中。劳动力所有权和生产资料所有权的实现使农民劳动者当家作主,调动了农民的积极性。另外,股份合作经济形成了多重监督、多方制衡的约束机制,强化了股东对集体资产运行的关切度,提升了农民的主动性。实行农村股份合作制,农户与集体的利益紧密相连,股东不仅关心眼前利益,也关注集体的长远发展。农村股份合作制主要是土地入股,同时吸纳技术、资金、管理等生产要素,极大地推动了农业生产发展。土地的集中,一方面使大量农村劳动力从农业中解放出来,加快了国民经济中第二、三产业的发展,有效推动了城市化。另一方面,农村集体经济通过募股实力壮大,在农村经济发展的同时提取一部分收益作为农村的公益资金,发展农村的社会事业,促进农村社会保障、文化教育等水平的提高。

第三,农村股份合作制有利于农民素质技能的提升和市场主体的培育。中国是一个农业大国,农村人口占绝大部分,发展市场经济必须充分调动广大农民的积极性。以往农村经济是自给自足的自然经济,农民的市场意识、风险意识、商品意识单薄。农村股份合作制通过有偿配股的方式,实现股东与合作经济组织的紧密联合,股民积极参与到经济组织的管理建设中,改变了以往集体经济"领导独大"的局面,提高了农村合作经济的管理水平。农民与企业在市场共浮沉的过程中,商品意识、风险意识和市场意识逐渐增强,素质技能不断提升,为市场经济的发展和完善培育了市场主体。

三、农村股份合作制发展的权利体系构建与完善

虽然股份合作制兼具股份制和合作制的双重特征,但股份合作制是以合作制为基础的,只是吸收整合了股份制的部分优点。从国内外合作经济发展史上看,凡是劳动者按照合作原则组织起来的合作经济,不仅是劳动者的联合,也是劳动者及其资产的双重联合。在合作经济组织里保留劳动者个人财产所有权,必然借用股份形式来确定其资产份额。所以,农村股份合作经济的参加者是以其劳动力所有权作为首要权利的,其生产资料的个人所有权明显是从劳动力所有权派生的,也是以个人为单位的。这样,其民主权与所有权的统一就相当明确,即全体股份合作制经济体的成员都平等地拥有在本企业内部的民主权。而股份合作制经济内部的民主权,首先也主要体现在所有权派生并集合占有权这一环节,进而是对占有权行使机构及其负责人的控制,以及监督占有权行使机构对经营权行使者的选任和制约,这一点与资本股份制企业相类似。但股份合作制经济的参加者是以平等的所有权主体身份参加的,其所有权派生的占有权和民主权也是以人为单位的。民主权作为所有权主体控制占有权的权利的体现,它的运用也就是这种控制的保证机制。民主权权利的发挥、民主权权威的形成与作用程度是股份合作制经济体中所有权主体控制占有权行使机构的关键。股份合作制经济体的权利关系见图 5.1(刘永佶,2010)。

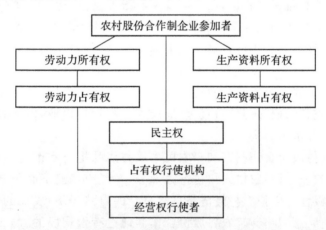

图 5.1　农村股份合作制经济体权利关系图

也就是说,农村股份合作制企业可以构建三个层次的组织架构。第一层次是股东大会(股份合作制企业的全体参加者),是最高权力机构。原则上由股东大会通过《××股份合作经济组织(合作社、公司)章程》等内部管

理规范。股东大会依据《章程》召开会议，行使职权。第二层次是董事会(占有权行使机构)，是常务决策机构。董事会由股东大会选举产生，向股东大会负责，按照股东大会的意志行使权力，管理企业，并且接受股东大会监督。第三层次是经营权行使者(经理)，经营权行使者由董事会负责选聘。股份合作企业实行董事会领导下的厂长(经理)负责制，厂长(经理)具有经营企业的自主权。同时，股份合作经济组织还可设立监事会，作为股东大会的常设监督机构。监事会由股东大会选举产生，向股东大会负责，对劳动力和生产资料共同占有权行使机构和经营权行使者的经营管理行为进行监督。

在上述农村股份合作制权利体系构建的基础上，要进一步完善农村社区股份合作制经济组织管理和运作模式。

(1)完善产权制度。一是设立"公共价值股"。"公共价值股"所有权归农村集体经济组织全体成员个人所有，但是占有的方式却是共同占有。一方面，为了满足经济体正常运转和扩大再生产的需要；另一方面，为了避免经济组织某一时期的收益全部归本时期成员所有，造成不同时期成员之间收益差距较大。二是个人由集体资产折股量化而得到的股权应享有继承权。农村集体经济组织成员更新包括增资配股和股权集成，继承权的明确能够保障组织成员及其后代的经济利益，有效区分个人的私有财产和集体财产。

(2)完善分配制度。一是坚持按劳分配与按股分配相结合的分配机制，以按劳分配为主，避免分配不均。二是把握好积累和消费的比例。一般60%以上的税后利润会用来扩大再生产，40%用于职工奖励、集体福利和股金分红等。三是合理提高企业经营管理人员和技术骨干的报酬。现代化的经营管理方式允许企业经营管理人员和技术骨干获得相对较高收入，但是收入的提高须经过股东大会的批准。

(3)完善内部管理制度。一是设立监事会。把监事会作为常设机构，监事会的产生须经股东大会民主选举，其中股东代表人数不能少于1/3。二是股东代表、董事会、监事会的产生以及章程的制定应坚持一人一票的民主制度。重大事项须经股东大会和董事会讨论，在决策之前应该广泛征求意见。三是完善收益分配制度。通过股金管理、基金提取、民主理财、股息分配、福利等制度的完善，实现企业内部管理的现代化。

总之，农村股份合作制经济体要按照现代企业制度经营和管理。

5.4.2 现代资本农场

一、现代资本农场的内涵及特征

现代资本农场是在城乡社会化和市场一体化背景下,以高效的劳动、商业化的资本和现代技术为生产要素,以资本投入和控制为手段,以谋取利润最大化为目标,以土地适当集中基础上的专业化生产为典型方式,从事农林牧渔的竞争性商品生产、加工和销售,实行自主经营、自我积累、自我发展、自负盈亏和科学化管理的企业化经济实体。农场制是公司制市场经济条件下在农业中的翻版,是独立的且享有投资创业自主、行业进入自主、相互平等竞争权利的市场组织。其实质是资本控制下的农业"规模化经营"和"公司化经营"。

现代资本农场的特点:一是资本占据主导地位,其建立、组织和运行都是资本主导的结果,生产的目的在于获取利润。以货币资本购买拖拉机、汽车等工具,并修筑水利、道路、房舍等设施。二是在现代资本农场制下,土地高度集中,一般都在数百至数千公顷,降低了由于农业小规模经营而形成的生产成本。三是农业生产经营组织采取农场形式,农场主雇佣几十至几百农业工人从事生产经营且以现代企业管理方式进行经营组织。农场内部分工细致,有一套包括生产管理、财务管理、购销管理在内的严密的组织管理系统。四是具有生产经营自主权,外界无权直接干涉。五是农场机械化水平和农业生产技术水平普遍较高,所生产的农产品商品化水平普遍较高。现代资本农场制下的农业生产的工业化,是随工业技术的提升而不断发展的,其资本有机构成也是不断提高的,这意味着雇佣的农业工人的资本量相对减少,而用于购买农业机械的资本量相对增加。在农业生产方式工业化的初级阶段,农业机械和设施的投入量相对要小,人力还是主要的"生产要素",这二者的比例随着农场经营和工业技术的发展而提高。

二、现代资本农场不同于小规模农户和大户经营

1. 现代资本农场不同于小规模农户

从生产方式的内涵来看,小规模农户自给自足的生产方式特性表现突出,即使是在一定程度上突破了自给性生产方式的桎梏,也往往没有突破家族血缘裙带关系的桎梏,因此西方现代企业制度在中国本土往往变形或变种,所以中国的问题主要还要靠中国人来研究解决。分散的、个体的、以家庭为单位的农户式小规模生产组织不符合社会主义市场经济体制的要求,更无法满足全球社会分工细密化和专业化的要求。现代农业经济是建立在

工业文明制式基础上的,农业生产方式只有实现工业化才能适应整个经济市场化的发展要求。现代资本农场不仅生产经营规模大,而且具有较高的专业化、规模化、标准化水平,它随着市场经济的发展而发展,因而是市场经济发展的产物并以市场经济体制为环境条件,以追求利润最大化为目标。生产经营的目的不是为了自给自足,而是为了商品出售,它不仅是名副其实的农产品生产者,更是名副其实的农产品经营者,属于适应市场经济要求的现代企业组织范畴,其现代企业特性更加明显。

从生产组织特性上看,小规模农户是农业生产经营组织和家庭组织的统一体,二者是高度重合的,生产经营组织成员靠血缘、亲情关系联结,没有也不可能有任何内部契约关系,这也是"农户"和"家庭"这两个概念可以替代使用的根本原因。小规模农户基本上以家庭成员为劳动者,只有短期的、少量的、偶尔的雇工,且大都没有诸如合同等契约关系,农户之间的联合与合作一般也局限于地缘之间。生产经营规模一般较小,基本上低于理论上的或者可以获得社会平均收益所要求的最适规模。较小的生产经营规模导致使用现代生产要素不具有规模经济性,因而限制了现代生产要素尤其是现代机械设备、先进技术、现代经营管理方式等具有规模特性的要素引入,而是以使用传统生产要素如劳动力、资金、土地等为主,而且在传统生产要素的使用上趋于凝固化。因为小规模农户的家庭组织基本上就是生产经营组织,因而一般没有核算等经营管理制度,经济核算全凭"盘算"或者简短的流水账,甚至连"盘算"或简单的流水账也没有。现代资本农场规模较大,一般拥有可以获得超过社会平均利润的规模,生产劳动以雇佣劳动为主,引入了现代契约制度等一些科学的组织方式,可以区分出所有者、经营者和劳动者或至少是所有者和劳动者的不同身份,而且在所有者和劳动者之间采用了合同等现代契约联结方式,具有核算等经营管理制度,以使用现代生产要素为主,并且随着生产经营规模的扩大以及市场竞争的需要,生产要素的现代化水平会不断提高。

从行为特征上来看,小规模农户基本上延续了"小而全""自给自足"的生产经营方式,以经验式、封闭式等方式为主进行生产经营,生产经营决策基本上依赖于经验积累和主观判断,缺乏市场意识和现代经营管理意识。小规模农户的专业化、商品化水平比较低,尽管经营目标逐步多元化,但很少把追求利润最大化作为首要目标,实现自足自给、保持家庭生活稳定等是其主要经营目标,规避生产经营风险、维持生产经营现状等是其典型的生产经营偏好。同时,也缺乏引入现代生产要素和不断扩大生产经营规模的内在动力和能力,与外部环境进行的生产要素及信息交流也较少。尽管在市场经济条件下,小规模农户传统的行为特征也会受到冲击,其自给性、小全能性以及经验式、封闭式生产经营方式会在一定程度上得到改变,其专业化、商品化水平也会得到一定程度的提高,但很难从根本上得到改变。现代资本农场具有很强的市场竞争意识、商品意识以及现代经营管理意识,以实现利润最大化为主要目标,以市场需求为导向,以资源优势为基础,进行专业化、商品化生产经营和现代化管理。在追求利润最大化的驱动下,不断追求生产要素的优化配置和更新,并以现代生产要素引入为手段,不断扩大生产经营规模,提高专业化、商品化水平,提高市场竞争力。同时,在生产经营以及市场竞争中,现代资本农场会根据实际需要以及自身优劣势,不断参与社会分工与协作,这反过来又促进了其专业化、商品化、规模化水平的提高以及市场竞争力的提高。

2. 现代资本农场不同于大户经营

较现代资本农场而言,大户经营的经营制度和组织形式是建立在家庭联产承包责任制基础之上的,层次较低,仅仅是通过土地的流转来实现经营规模的扩大。虽然大户经营比较简单,成本较低,但是在组织形式和经营制度上与家庭经营一致,无法根本有效解决农业生产与市场的联系问题,甚至还会因规模的扩大而增加经营的风险。而现代资本农场是资本主导下的现代管理经营方式在农业生产领域的应用,以现代化组织管理模式为特征。现代资本农场的本质在于农业企业化,是用办工商业企业的理念来发展现代农业,是以企业化的组织形式和经营机制为配套的制度安排。

三、现代资本农场的优势

现代资本农场是现代农业的综合体,是经济市场化、生产社会化和经营集约化的产物,是现代农业的组织形式,是农业现代企业制度的集中体现。相对于农户制下的家庭联产承包责任制的不足而言,现代资本农场具有如下优势:

1. 现代资本农场有利于农业专业化生产

这主要体现在两个方面:一是从业人员的专业化,现代农业对于从业人员的组织要求很高,他们需要掌握生物、水利、化学、物理等各方面知识;二是区域农业生产的专业化,每个地区都要结合本地区的现实发展条件,选择适合本地区的农作物,形成本地区特色农作物的专业化生产。

2. 现代资本农场有利于社会化生产和规模经营,有利于增强经营者抵

御生产经营风险的能力

农业生产经营的风险主要包括市场风险和自然风险。实行现代资本农场制度后,伴随农业生产经营规模的不断扩大,经营风险得以有效化解。第一,提高了农业生产经营者规避市场风险的能力。现代资本农场制度实现分散地权的有效整合,生产经营规模不断扩大,从而降低了交易成本,促使经营主体实现向法人过度;生产经营规模的扩大促使经营者加大对市场信息的搜寻力度,经营者掌握的信息量不断扩大,促使经营者能够有效驾驭市场。另外,现代资本农场对地权的整合,有助于提高单一供给主体的市场份额,从而形成有利于供给主体的谈判能力。第二,现代资本农场制度促使农业基本建设投资增加,有效抵御自然风险。由于收益低、周期长和投资数额大等原因,个体农户一般不具备农业基本建设投资的能力和意愿,政府由于发展工业化的需要,对于农业基础设施建设的投资也不会很多,现代资本农场制度是解决这一问题的有效途径。

3. 现代资本农场有利于农业生产要素的合理流动和科学配置,能够推进农业产业结构调整

在农场制下,农业生产经营所需劳动力有限,在留足具备农业工人素质或者潜质劳动力的同时,大量地分流农业剩余劳动力,并使其各自沿着专业化方向发展。土地在使用权上的流转和资金的流动是现代农业的需要,尤其是资金,不仅农业和农村的资金要投入农业,而且要有一定的第二、三产业的资金投向农业,才能改造传统农业。这有利于农业生产要素的合理流动和科学配置。

在现行的家庭联产承包责任制下,农产品交易数量的有限性使农民将自由耕地视为家庭经济命脉。农产品结构单一,造成农业产业结构的单一。农产品结构的单一还造成农产品的需求与供给严重脱节,直接影响农民增收。过度分散的地权使农业产业结构的优化和调整难以实现,现代资本农场制度适应了市场经济条件下优化农业产业结构的要求。在现代资本农场条件下,由于农产品的可交易量有较大的增进,农场内外部的需求增大或者说需求的价格弹性增大,表现为需求曲线平坦。同时,农产品受企业经营目标和自然条件的制约,供给弹性小,供给曲线相对陡峭,需求曲线斜率的绝对值小于供给曲线斜率的绝对值,符合经济学中的蛛网模型条件。农产品价格随着供求均衡点的摆动会收敛,最终会形成产量与价格的最优组合,产品市场的供求达到均衡。作为理性"经纪人",资本农场主不会局限于低水平的平衡状态。然而,在单一农产品下,无法实现价格的上升,只有高度异

质性的产品才可能实现均衡价格的上升。因此,现代资本农场制度的实行有利于促进产品结构多元化,从而有利于优化农业产业结构。

4.现代资本农场有利于在农业中推行现代企业制度

创新和整合农业微观生产经营主体,走农业企业化道路,是构建有竞争力的农业组织体系的前提。农场的实质就是农业公司,是现代企业制度在农业生产中的应用,可以使农业摆脱一家一户和家庭式的经营管理,克服农业产业化中存在的问题。企业化管理模式能够准确核算投入和产出,企业效益和生产效率都能得到提高,实现企业生产的专业化和综合经营,改变以往的家长式管理,明确企业法人地位。因此,资本农场制度将彻底扭转个体在市场经济中的不利地位,奠定企业化经营的基础,实现现代农业的发展和农业增长方式的转变。所以说,现代资本农场有利于运用现代经营管理的理念去从事生产经营活动,延伸产业链和开拓市场,以适应市场经济和国际竞争的要求。

5.有利于农村社会化服务体系的建立

农业生产包括产前、产中、产后三个阶段,三者相互关联,农业发展离不开包装、物流、销售等附加服务,也离不开农业科技、农业化工等基本服务。农业产业链的延伸使各种配套服务不断建立和发展,为农业发展营造良好的软环境。

总之,现代资本农场对于促进农业的企业化和农业工业化具有得天独厚的优势,而这些优势和结果恰恰又是农民全面发展的必然诉求,为农民全面发展提供了必要条件,是促进农民全面发展的重要方式。

四、促进现代资本农场的建议

1.加速地权整合,促进现代资本农场生成

现代资本农场是农业生产发展到一定阶段后产生的与之相适应的规模经营组织,它推行的前置条件是生产要素的规模投入。土地——作为农业生产的重要生产要素,能否适度集中经营是现代资本农场发展的基础,因此当前要推行现代资本农场制度,急需整合地权。可以从以下方面对农地制度进行改革:首先,要对土地的使用权和所有权进行明确,确定其范围和内容,还要对所有权、使用权主体的义务和权利进行界定。其次,建立土地流转制度,实现土地的实物与价值形态的分离,实现土地经营的规模效益。最后,打破区域分割的局面,引入竞争机制,土地的分配以及经营权的获得主体不局限于当地的农民,分配方式要突破原有的平均分配方式,使土地逐步与资本结合,实现土地规模经营。

2.建立《现代资本农场法》和制定有关政策,推动并规范现代资本农场的发展

国内外大量的实践表明,现代资本农场制度的全面实行更多地依靠于政策法规的倾斜、具体措施的执行等其他组织力量。因此,首先应尽快建立《现代资本农场法》,对资本农场经营主体的法律地位进行明确,保证资本农场主的依法占有权、使用权以及继承权。其次,政府要加大对农业的政策、资金扶持,完善农业生产的通信、交通、电力、水利等设施,改善农民的生产工具和生产技术,增强对自然灾害的抵抗力。最后,金融机构应该加大对资本农场的支持力度,增加对资本农场的贷款,提供信息服务,为资本农场提供市场的相关信息,扭转资本农场与市场信息不对称的局面。

3.健全完善农村社会化服务体系

现代资本农场的发展离不开健全的社会化服务体系。社会化服务体系的建设应从以下几方面入手:第一,拓宽农业生产资料市场,建设乡村农业生产资料市场供应体系;第二,完善农业技术开发和推广体系,扶持农业技术推广机构发展,建设多层次、多渠道的信息服务网络,为农民提供及时、准确的信息;第三,完善农产品市场流通体制,发展中介组织,完善农产品流通环节的配套服务。通过健全现代资本农场社会服务体系,努力创造一个"进口旺,出口畅,中间环节有保障"的现代资本农场发展条件。

4.促进农民有效转移

现代资本农场是建立在土地集中的基础上的。众所周知,在我国农村,对于农民来说,土地主要有两项基本职能:生存保障和生活保障。土地被视为农民的"根",一旦失去土地,农民的生存和生活将无法得到保障。因此,只有将农民向城镇和非农产业转移,并给予农民相对稳定的收入,农民才能真正从土地上解放出来。农民转移的方式主要包括四个方面:第一,对农业资源进行深层次开发和利用,为更多农村剩余劳动力提供就业机会;第二,发展劳动密集型的乡镇企业;第三,建立城镇化、工业化的联动机制;第四,建设城乡统一的劳动力大市场,实现包括农业劳动力在内的生产要素的合理配置,促使劳动力在城乡之间形成双向流动机制。

总之,现代资本农场的发展适合当前的现实国情,能够促进农村经济社会的迅猛发展,并且有利于农民全面发展的实现。但是,现代资本农场的发展也需要具备一定的条件,发展现代资本农场不宜一刀切,应该视不同地区不同情况,在条件成熟的地区有节奏地逐步推进。在推进过程中,要在充分

发挥其资本及现代管理等优势的同时,注重农民权利、农村集体权益和国家利益的保护。

5.5　发展农村工商企业

农村工商企业作为农村现代化的表现形式和重要组成部分,不仅能够推动国民经济增长,促进农村经济结构的优化升级,而且能够实现农业剩余劳动力的就地"转移",有利于农民商品意识、市场意识以及其他素质技能的提升,进而促进农民生产方式和生活方式的城市化转变,造就一大批新型的企业家和产业工人,是促进农村现代化的重要途径。因此,促进农村工商企业发展,对农民全面发展的实现具有重要积极意义。

农村工商企业主要指在乡村从事工业生产加工、商业活动和提供服务的经济组织。农村工商企业的经营范围一般与当地的优势农业资源有关,管理者和经营者以农民为主,企业规模以中小企业为主,借款和自筹是企业融资的主要形式。伴随着农村工业化和乡镇企业的发展,农村工商企业在我国获得巨大发展,上缴年金增加15.62%,利润总额增加11.62%,国内生产总值占比达到31.4%。尽管如此,农村工商业的发展也存在诸多问题和障碍。

5.5.1　农村工商业发展的问题及障碍

一、农村工商企业高度分散和规模不经济,导致其集聚经济效应偏低,从而削弱了其对农民全面发展的带动功能

所谓集聚经济效应是指,在特定领域内的产业与机构在一定地理范围内的集中,实现资源、市场、信息化技术的共享,提高企业的生产效率,实现生产经营的创新。克鲁格曼认为,通过完善生活服务设施,提高企业生产的专业化水平和相关企业的集聚,能够促进企业创新,最终实现企业"规模报酬递增"的目标。

我国农村工商企业布局高度分散,80%以上的农村工商企业分散在村镇里。企业规模普遍偏小,绝大部分仍然散落分布在乡村各个地区,没有实现规模化聚集,造成了资源、财物和人力的极大浪费,不符合现代经济要素流动的要求,与持续发展的基本准则相违背。这导致其集聚经济效应难以有效地发挥出来,并且这种分散性和规模不经济性又反过来制约了农村工

商企业的规模经济、范围经济和外部经济效应的实现。高度的分散布局致使产业组织规模普遍不足，出现了诸如资金不足、技术单薄、员工能力差等问题，而且企业在解决自身发展面临的通信、运输、供热、供水、供电等方面的问题时，往往会选择成本最小的方案。这不仅不利于公共基础设施及其他配套服务设施的建设，而且也不利于企业之间加强相互联系、合作、技术与信息交流、专业化分工与协作，以及相互学习，从而提高了投资成本，丧失了聚集经济效益。不仅如此，组织规模的不足还诱发了重复投资与低水平的过度竞争，使得资源配置效率低下，也损害着社会的经济总效率。分散布局还导致了农村工商企业发展的巨大资源与环境代价，最直接也最明显的就是土地这一极其稀缺的不可再生资源的低效配置与浪费使用。长期以来，人地关系的极度紧张给中华民族的生存与发展造成了巨大压力，尤其是土地资源严重不足始终是中国传统社会生产力矛盾的焦点。农村工商企业发展不仅没有缓解土地承受的沉重经济压力，反而使局势日益恶化。农村工商企业的高度分散不仅加剧了资源浪费与环境污染蔓延，也影响了生态投资效益，增加了污染控制的难度。同时，农村工商企业分散化发展也不利于企业文化的发展，以及国家对企业进行宏观指导、协调、监督和管理。这些都限制了工商企业的进一步发展，从而削弱了农村工商企业对农民全面发展带动作用的发挥。

二、农村基层管理体制落后，制约了农村工商企业产生及成长

农村行政管理体制，特别是基层管理体制是在高度计划经济和政经合一的基础上发展而来的，其对农村经济资源高度统一的控制、利用和管理特征明显。虽然随着改革开放的深入和市场经济的发展，这一控制力度减弱，但其内在机制并没有发生根本性改变。现行的行政管理体制从严格意义上讲仍为控制性体制，而非服务性体制。这种控制性而非服务性的行政管理体制不利于农村工商企业的产生、发展。农村工商企业设立要涉及诸多行政部门，而每个行政部门的审批，每道审批程序都要使企业创办者付出物质和精神的双重代价，这不仅扼杀了农民办企业的欲望，而且有可能使拥有一定资金的农民到中大城市创办企业，导致本就稀缺的农村资金向城市倒流。现行农村管理体制不仅不利于农村工商企业的产生，更不利于农村工商企业的成长。首先，其导致农村工商企业发展的优惠政策和优质服务边缘化。农村工商企业扶持政策缺失，监管缺失和服务不到位现象明显。据调查，农村工商企业除了按期缴税、支付村里房租和水电费之外，基本与管理部门无

涉,它们把政府的优惠政策和服务都不约而同地当作奢侈品来看待。农村工商企业规模一般很小,既不属于外资,也很少属于高新技术产业,得不到类似园区大企业那样的税收减免,更换设备较难达到技改贴息要求。乡镇等部门在管理上主要是着眼于立项审批、批地建房、办理执照、督促纳税、通知上报财务等事宜,市场信息发布、企业融资协助、人才引进推荐、业务平台创建、技术改造扶持等服务项目,几乎与这些企业无缘。其次,在这种体制下,甚至会出现乡镇政府等管理部门对农村工商企业日常行为进行干涉的现象。乡镇政府拥有着与企业不同的思维方式和工作目的,政府是面对上级的,需要以"政绩"和"工程"的方式得到上级的肯定,而企业面对市场,应按照市场经济的原则运营。在企业实际发展中通常会面临两难选择:一方面,企业如果依照政府的意志去经营,经济效益很难得到提高,甚至有可能影响到企业的长远发展;另一方面,如果不按政府的意志经营,企业难以与政府建立良好关系,企业很难发展壮大,甚至有可能因为政府的刁难,最终破产倒闭。

总之,这种政府行政管理体制的缺位、错位与越位现象必然制约农村工商企业发展,进而阻碍农民全面发展的进程。

三、人才不足、经营管理方式和技术落后是制约农村工商企业发展的"软肋"

农村工商企业发展滞后是与其自身的人才缺乏、经营管理方式和技术落后直接相关的。首先,农村工商企业缺少管理人才,已聘任的管理人员普遍缺乏现代管理理念;其次,农村工商企业从业人员素质偏低,受教育程度不高。由于农村工商企业资金规模限制,既无法对从业人员进行必要培训也无力引进高素质人才,既无力引进先进技术又无力进行技术创新,最终造成企业优秀管理人才、高级技术人才和先进生产技术的缺乏。有关调查和统计资料显示,目前农村企业专业技术人员人数极少,并且大部分为专科以下文化程度。农村工商企业自主研发经费在销售收入中所占比重远低于3.8%的全国平均水平。发达国家的发展实践告诉我们,研发经费在企业销售收入中的比重只有达到5%,企业才会有竞争力。因此,在竞争力层面上,农村工商企业由于科研投入极低,只能勉强生存,甚至处于很难生存的尴尬境地。这种情况导致农村工商企业无法有效地引进、消化和吸收较为先进的科技成果、现代管理理念和方法,并导致企业发展后劲不足。

四、农村工商企业融资困难,资金短缺严重

融资困境是制约农村工商企业实现扩大再生产的主要金融瓶颈,因此,必须建立有效的农村金融体系去解除这个农村工商企业发展的瓶颈。农村工商企业自身的特点和现行的金融体制堵塞了农村工商企业的融资渠道，导致农村资金供求矛盾突出，农村工商企业资金短缺严重，这主要体现在：

第一，农村工商企业自身融资能力差。首先，农村工商企业财务制度不健全，缺乏抵押担保的财产，加之技术力量落后、管理水平和管理者素质较低，导致其自身融资能力差。农村工商企业财务管理制度不完善，财务相关信息不能得到及时披露，导致银行与企业的信息不对称，银行不能及时准确地对企业的还款能力进行评估，降低了企业获得信贷资金的可能性。调查数据显示，50％的农村工商企业财务管理制度不完善，60％以上的企业信用等级在3B或3B以下，抗风险能力较弱，而且目前银行新增贷款80％集中在3A或2A类企业，因此这些农村工商企业很难获得银行的信用评级和贷款审批。其次，农村工商企业资金规模有限，大多以租借厂房的形式来实现经营的延续，租借的厂房对于银行而言是不能作为贷款的抵押物的。加之农村工商企业知名度低，找到合适担保人的难度非常大，因此其很难在资本市场上获得融资。最后，由于90％以上的农村企业采取的是家族化、近亲式的组织管理模式，农村企业经营者素质也参差不齐，缺乏现代科学管理理念，管理水平较低，难以适应现代企业发展的需要。大部分农村工商企业由于规模小，无法实现技术的自主创新，而且与科研院所缺乏有效的沟通和联系，科技创新很难实现，生产技术和生产率难以提高。缺乏必要的技术创新最终导致企业融资困难。

第二，现行农村金融体制制约了农村工商企业融资。由于农村信贷规模小而分散，经营成本高而存在较大风险，所以各商业银行往往将贷款准入门槛提高，并将贷款审查批准权限上收，更多时候只在农村吸收存款，而不愿发放贷款。商业银行在贷款战略上更加倾向于实力雄厚、有保障的城市大型企业，尤其是国有企业。为了节省成本，从经营角度考虑，国有银行撤销了乡镇网点，对于一些经济发展相对落后的地区，国有银行甚至已经撤出营业机构，即便是以服务农业为主要发展任务的农业银行，目前其全部贷款也仅有10％投向了农村，而在20世纪80年代中期以前，这个比例高达98％。同时，农村信用社由于实力较弱，也难以独自承担支持农村发展的重任。农村信用社自身的羸弱决定了其能力有限，面对大量对银行信贷资金如饥似渴的农村企业显得力不从心。

第三，政府扶持力度不够、信用担保体系不完善和法制体系不健全影响了农村工商企业融资。首先，现行政策和融资体系是以国有企业特别是国有大企业为主要对象设计实施的,没有针对农村企业特别是农村中小企业的融资服务体系,这使得政府与农村民营经济间良性的互动关系难以形成,政策缺乏透明度和公允性,实施效果因此受到很大影响。其次,因政府存在对农村工商企业的歧视,所以导致农村工商企业无法像城市中的大企业那样获得技术创新和财政税收政策上的支持。再次,由于我国信用担保体系不健全,现有信用担保公司多数规模太小,无论是在数量上还是在质量上都无法满足众多中小企业对担保的需要,并且没有进行及时的资金再补充,难以发展壮大,从而也降低了信用担保的作用。最后,我国在农村企业方面的立法明显滞后,有关农村企业融资方面的专门法律法规基本上还没有制定。

上述原因的存在导致了农村工商企业缺少原始资本和信贷资金,而资金的缺乏成为制约企业迅速发展的因素。

5.5.2 农村工商业发展的对策建议

一、有序引导农村工商企业由信息不对称的分散布局向整合优势、集聚优势、扩散优势的信息共享系统布局方向转变

农村企业集聚优势的发挥,并不在于将各类企业集中在一起,而是要实现区域市场协调和国内外市场协调。将全国各类农村工商企业加以通盘考虑,充分发挥中国特色社会主义制度优势,统筹兼顾,力促农村工商企业分布在各层级产业链不同节点上,避免恶性和低端竞争。

"人无我有,人有我优,人优我特,人特我奇"是发展农村工商企业的基本指导思想。中国幅员辽阔,区域经济地理差异性大,各地自然生态基础与社会人文条件不一,历史性发展障碍和现实性发展困难并存。在这样的改革发展局面下,需要谨防不顾具体条件的学典型、模仿和套用别地他企已有的成功经验。一地一企的成功经验在脱离其具体成功环境后,值得借鉴的地方需要辩证审视,万不可生搬硬套。

农村工商企业园区建设对农民全面发展来说,具有明显的带动和助推作用。工商企业园区就是有规划、有重点地在有条件(包括市场条件、地理条件、资源条件、环境条件等)的地区(县、镇、乡等)建立农村工商业开发区,集中管理,重点扶持农村工商企业的发展,并以此带动农村地区经济的发展,在农村现代化和农民全面发展之间找到联系的纽带,把农村现代化与全域都市化战略下的城乡一体化发展有机地连为一体。其意义在于:第一,可以利用中心村镇现有的基础设施条件,相对减少工商企业园区建设中大规模的基础设施的投入。第二,可以将农村工商企业发展、工商企业园区建设

和农民全面发展相互结合起来,三者互为依托、互相促进、共同发展。农村工商企业园区的建设有利于那些具有充分的合理性和发展潜力的区域自然地发展为周边地区的经济中心,率先成长为小城镇,甚至可能成为大中城市,最终有利于农民全面发展的实现。所以,通过兴建工商企业园区的方式实现农村工商企业相对集中,可以节约土地,减少公共设施投入,保护环境,提高聚集效应,带动第三产业发展。第三,有利于国家对农村企业的统一规划和管理,避免重复建设和盲目发展;有利于集聚效应和规模经济的充分发挥,努力改善农村的公共基础设施及市场条件,提高农村企业的竞争能力和资源配置能力。但在具体实施过程中,各地区要统筹规划,制定相应的鼓励政策,加强基础设施建设,引导农村工商企业与工商企业园区和农民全面发展有机地结合起来,促进经济和社会的协调发展。

二、转变政府职能,建立健全社会化服务体系,为农村工商企业提供各种必要服务

政府职能的转变是发展农村工商企业的前提。地方政府应该克服"越位""错位"和"缺位"等问题,以优惠的政策引导企业发展,促进企业技术创新和产业机构升级。首先,应该结合区域资源优势制定区域农村工商企业发展规划,从而使农村工商企业的发展有章可循。其次,地方政府要根据农村工商企业的异质性,实行分类管理。对处于战略行业、关键领域和薄弱环节的农村工商企业,地方政府要在政策上给予大力支持;对于具有巨大发展潜力的农村工商企业,在充分把握企业社会化、产业化和市场化的基础上,发挥财政税收等政策的杠杆作用,在信息、资金、税收等方面给予企业大力支持,实现企业的技术创新、人才引进与员工管理。再次,以完善的法律体系建设维护农村工商企业发展的法制环境。目前,急需出台的是促进企业竞争方面的法律。最后,完善科技创新体系,为农村工商企业提供关键性技术和核心技术。对于农村工商企业中的龙头企业,要以企业自主创新体系建设为手段,以企业的信息化带动产业结构的优化升级。此外,为完善社会化服务体系,一方面要形成完善的推动服务体系发展的组织框架,另一方面要对服务体系的运转方式及性质有明确定位。服务机构的建立应该以非营利性为目的,以政府为主导进行建设,将政府相关研究部门中的专家学者投放到服务体系的建设当中。考虑到机构设置的简化,服务机构的建立要按照公平性的原则进行,包括诸如经营指导、信息提供、投资咨询、技术开发乃至融资等具体部门。

三、推进农村工商企业科技创新、强化人才战略，提升经营管理水平

大力推进农村工商企业科技进步，加大企业的技术改造投入力度和对企业技术设备改造支持力度，努力建设创新型农村工商企业，转变企业粗放型的发展模式，建设并发展企业节约型发展模式。在企业技术设备创新方面：一方面，企业要引起高度重视，把科技创新放在企业发展的核心位置；另一方面，政府应该在政策和资金上给予大力支持。对于新产品的研发以及生产技术改造，相关部门应给予企业税收、投资和贷款等支持，也可以提高工商企业的固定资产折旧率。鼓励大中型农村工商企业设立单独的研发部门，提高技术的创新、吸收、转化能力。规模较小的企业可以采取与高校、科研院所联合的方式来实现新技术的研发，鼓励企业大力发展高新技术产业。

强化人才战略和提升经营管理水平是提升农村工商企业发展水平的有效途径，现代企业市场竞争优势主要体现在人才和管理两方面。人才的培养同样需要从企业和政府两方面入手，对于政府而言，要加大对于农村工商企业人才培养的支持力度，在政策和资金上给予大力支持。同时，本地区人才的培养要结合区域产业发展实际，要加快职业教育发展速度，为农村工商企业提供有广阔视野、技能娴熟的职业人才，要重视对企业职工的技能培训。管理同资本、土地、劳动等要素一起构成了企业运营的基本要素。目前，农村工商企业管理方式落后，大部分地区依然实行的是 20 世纪 90 年代的管理方式，甚至是家庭式的管理方式。我国农村工商企业管理创新可以从以下三方面入手：一是建立和健全企业的法人治理结构，建立一套企业的科学决策机制，避免企业的"老板独大"局面的出现；二是积极引进优秀的管理人才；三是地方政府为农村工商企业提供渠道，通过邀请专家讲课、举办短期培训班等方式持续对农村工商企业经营者进行现代管理理念、管理方法和市场观念的塑造和培育，从而不断提高经营者的经营管理水平。

四、建立健全复合型的、多层次的和多形式的农村工商企业融资服务体系

资金来源不足是制约农村工商企业发展的主要因素之一。农村工商企业规模相对较小，而中小企业经营规模较小的性质决定了其所需贷款数量有限，加之中小企业信誉远不及大型企业，故商业性金融机构因经营成本和风险较高而不愿向中小企业放贷。因此，相当多的国家和地区均建立了服务于中小企业的专门金融机构以弥补这一不足，并且这一举措成效显著。如我国台湾地区就已经建立了由融资供给系统、融资保证系统和融资辅导

系统组成的较为健全的中小企业融资服务体系,有效地解决了台湾中小企业发展中的融资困难,极大地促进了台湾中小企业的发展。为了加快农村工商企业发展,必须借鉴国外和台湾地区在扶持中小企业发展方面的经验,通过制订、颁发和实施农村工商企业融资法规,建立专门为农村工商企业提供资金的信贷、投资、结算和咨询等方面服务的机构,建立用于扶持农村工商企业发展的政府农村工商企业发展基金,为企业融资提供信用保证的农村工商企业信用保证基金,以及发挥农村工商企业之间相互合作融资作用的农村工商企业互助基金,尽快建立起有中国特色的农村工商企业融资服务体系。

五、优化农村工商企业组织结构,建立大中小企业并举的农村工商企业组织体系

为弥补农村工商企业"小而散"的缺陷,必须加强企业横向经济联合,推动企业向专业化、集团化方向发展。优化农村工商企业组织结构,首先要积极培养大中型农村工商企业,发展规模经济。通过经济技术的横向联合,鼓励骨干龙头企业依托名牌产品,通过收购、兼并、联合等市场经济形式,发展跨所有制、跨行业、跨地区的所有制企业。大中型农村工商企业集团要充分发挥自身优势,实现贸易、科技研发、生产经营的一体化,努力成为本区域乃至全国同行业的领头羊。其次,对于中小型农村工商企业,要坚持企业规模化,走科技创新和产品创新道路,要坚持"特、新、精、专"发展方向,建立并保持同大型企业的合作关系,改善生产工艺和生产效率,实现社会化和专业化生产。最后,要结合市场经济将农村工商企业改造成为适应市场经济发展要求的企业。

六、建立人才体系和健全社会保障制度

农村工商企业的职工随着企业的发展已经逐步实现了由农民向工人的转变,这一过程中养老、医疗、伤残、失业保险等社会保障制度变得越发重要。所以,应当根据农村工商企业职工的特殊性以及当地企业的发展水平和承受能力来确定企业职工的社会保障水平,同时国家应当对农村社会保障制度的建立和完善提供更多的资金和政策支持。

企业的兴衰在技术,而技术进步的关键在人才,没有人才,企业就不可能发展。目前农村工商企业发展中面临的人才匮乏问题从根本上制约了农村工商业的发展。对此除了加强农村中高等职业教育外,还应采取有力措施创造一个有利于人才成长、人才吸引、人才使用、人才保护的环境和机制,

积极鼓励各类人才向农村工商企业流动,最终实现依托人才素质技能发挥的农村工商业长远发展战略目标。

5.6　小城镇建设

小城镇是指人口规模在 20 万以下的小城市、县城、国家批准设立的建制镇、尚未设立建制镇的乡政府所在地的集镇和进行较大规模集市贸易的集镇。改革开放以来,随着经济对外开放和农村经济体制改革的全面展开,各地小城镇建设日新月异,涌现出许多璀璨的小城镇模式与发展典型。

从理论上说,小城镇建设中蕴含着大问题。著名社会学家费孝通认为,在小城镇发展模式中:农村的发展从内部来看,应该是发展工业;从外部来看,应该是发展小城镇。只有加快小城镇建设并充分发挥其辐射带动作用,才能从根本上解决三农问题。具体来说,费孝通指出,新型的小城镇是在乡镇企业发展的基础上出现和长大的。它不同于传统市镇,它已冲破了原来只作为农副产品贸易场地的性质,正在逐步变成农民集体或个体兴办工厂、商店、服务业的中心。它已经可以直接远程采购原料,经过制造过程,远程提供半成品和消费品,实质上已成了广大市场的一部分,它和大中城市已接上了贸易关系,也就是说它已具备了一定程度的城市功能。所以我们可以说农村发展的第三阶段是继第二阶段的农村工业化而发生的乡村城市化。小城镇是连接城乡的桥梁和纽带,是城乡物资流通和信息交换的中枢。小城镇的发展对于农民全面发展的实现具有积极的推动作用。

5.6.1　小城镇建设是农民全面发展的重要组成部分

一、小城镇建设有利于农村工业化,为农民生产方式工业化转变提供条件,促进农民全面发展

农村工业化包括农业工业化和农村工商企业发展两个方面。小城镇对于农业工业化的促进作用体现在,小城镇提供了农村第二、三产业集中发展的平台,可以创造出大量的就业机会,这将有力促进农业剩余劳动力的非农化转移,从而推动了农村土地的规模化经营,为农业工业化提供了前提。小城镇及其工业的发展,为工业反哺农业提供了条件,有利于农业工业化。作为城乡物流和信息交换的枢纽,小城镇工业发展能够提供农业工业化所必需的农用机械、农用化学品和农业能源等物质基础,可以通过推广、调配、维

修等方式推进现代机械和现代物资装备在农业中发挥作用。同时,小城镇具备以农业科技咨询部门为载体,培育、推广良种,传授、推广现代农艺技术的经济实力,以及提供人才资源和信息的优势。

小城镇建设还可以促进农村工商企业的发展。由于小城镇集聚功能的发挥,农村工商企业向小城镇不断集聚,形成工商企业园区,连片发展,有利于提高土地、交通、通信、供水、供电、环保等资源的综合利用效率,从而节约企业成本。同时,小城镇相对较为发达的第三产业可以为农村工商企业提供科技、信息、法律等方面的服务,从而促进农村工商企业发展。农村工商企业聚集到小城镇,由于市场经济规律的作用和现代经济发展的需要,能够逐步走向社会分工,或联合为集团,或实行股份制经营,有利于工商企业的规模化经营和现代化经营管理,从而促进了农村工商企业的发展。

二、小城镇以现代城市的生活方式影响改变了农民的生活方式,促进农民的全面发展

随着科技进步、农业劳动生产率提高和土地规模经营的快速推进,农业对劳动力的需求不断下降,而富余劳动力将持续增加。由于大中城市容量有限,进城门槛较高,尤其是随着各项改革的进一步深化,企业下岗职工、高校毕业生、退伍军人等都需要解决就业问题,增大了大中城市就业压力,也影响了农村剩余劳动力的转移。小城镇由于距离农村近,分布广泛,数量众多,成为缓解农村剩余劳动力就业压力的有效途径。农村居民分散居住在村庄,所从事的往往是农业生产。如果居住在小城镇,一方面,可直接吸纳农民并使之转换身份,从事附加值较高的第二、三产业生产;另一方面,随着小城镇基础设施、住宅、环保等建设,将直接增加农民的工资报酬性收入,从而增加农民的劳务收入。这种特殊的国情决定了今后一段时间内农村富余劳动力的大规模转移,相当程度上还须依赖于小城镇建设。而小城镇中引入的是现代城市的生活方式,这必然会对进入小城镇生产生活的农村剩余劳动力产生深远影响,促进其生活观念、文化意识和生活方式的城市化转变,并且,作为联结城乡的桥梁和纽带,小城镇必然也会将这种城市生活理念和方式随着乡村振兴而扩展、传播到农村,最终促进并实现农民生活方式的城市化转变。

总之,小城镇促进了农民生产方式的工业化转变,又推动了农民生活方式的城市化转变,是农民生产方式和生活方式转变的统一,是农民全面发展的重要组成部分。

5.6.2　借鉴国外经验,以小城镇建设带动农民全面发展

从国外小城镇建设实践看,既有经验,又有教训。我们应兼收并蓄,借鉴经验,吸取教训。针对我国小城镇建设缺乏长远功能定位和规划、不注重自身发展能力塑造、脱离发展能力、用地规模上升、基础设施不配套、农村生态遭到破坏等现实问题,应借鉴国外先进经验,促进小城镇建设的科学发展,带动农民全面发展的实现。

一、围绕大中城市做好小城镇建设布局规划

典型国家的经验表明,由大、中、小城市和城镇组成的城市体系和城市群是当今各国城市布局的基本模式。小城镇的发展应当依托大中城市做好布局规划,并且要汲取以前的"遍地开花"小城镇发展模式教训,不能全面小城镇化,要变"重点发展小城镇"为"发展重点小城镇"。在具体操作中,应以大城市为龙头,以中等城市为中心,以大批小城市(城镇)为网结,形成网络城市布局。中心镇建设应在这个网络中找准定位,结合实际,有选择、有重点地发展县域和部分基础条件好,发展潜力大的建制镇,最终形成以中心城市为核心,以中等城市为依托,有选择、有重点地发展中心镇的多层次、功能互补的城镇体系。

二、重视培育特色产业

在增强村镇产业支撑力的基础上,因地制宜地实施不同的小城镇建设模式。产业支撑是小城镇建设的前提条件,因此,小城镇应当积极主动地承接大中城市的扩散效应,主动承接大中城市部分工业的扩散,并积极发展旅游、居住、休闲、物流等服务性产业,为周边大中城市提供生产、生活服务。同时,应当大力培育自己的主导产业、特色产业、支柱产业,增强自身产业支撑能力。在此基础上,根据自身特点实施不同的小城镇建设模式。可以借鉴王兆君和张占贞教授的观点,通过制订一系列的管理制度和经济制度,鼓励农民集聚居住,因地制宜地打造"城中村—镇中村—中心村—自然村"新农村社区体系,具体思路包括:第一,参照建设城镇居民经济适用房的做法,在中心城区、中心镇周边合适位置规划建设农民新社区(城中村),制订农民愿意买、买得到、买得起的优惠条件,吸引全镇进城务工且符合建房条件的农民到城镇集中,甚至可以打破行政界限,吸引全市农村富余劳动力向城中村集中居住和工作。第二,依照城市规划用地单元,以行政村为单位进行"镇中村"改造,农民集中居住,在多余的土地上进行商业发展和居住环境改善工作,土地出让所得收益优先发展农民的社会保障事业,促进农民转型和

城市面貌改善。第三,通过项目的带动,将工业化、城市化重点区域的农民集中安置在一起,形成相对集中的中心社区(产业园中心村),以此改善农民的生活和生产问题。第四,在没有项目带动的地区,选择人口较多、交通便利的行政村作为社区中心,完善公共服务和基础设施建设,以良好的辐射作用带动周边行政村的发展。第五,以行政村为单位,对农民居住区进行统一改造,改造中要注意保留原有的风貌和布局,避免大拆大建,突出"生态村"和"历史文化村"的风貌。

三、多渠道筹集小城镇建设资金,夯实基础设施和配套设施建设

完善的基础设施是小城镇功能有效发挥和持续健康发展的基础,也是提高小城镇聚集能力的根本保证。资金问题是制约小城镇快速发展的关键问题,只有不断创新小城镇建设资金筹措渠道和机制,才能从根本上解决资金问题。典型国家的实践也表明,小城镇建设应当做到资金来源多样化。如日本通过扩大公共投资,对小城镇建设施加了重要的积极影响。为此,一是增加投入。中央和地方财政每年应拨给村镇建设事业费,省、市、区则应安排专项资金支持小城镇建设,上级政府有关主管部门对其主管项目也应适当安排一部分在小城镇建设上。二是以地聚财。为了筹措资金,应在用足用好市政公用设施有偿使用的各项政策的基础上,实行土地有偿使用制度,以盘活土地存量,并通过对土地使用权的拍卖、出让、转让和出租,筹措建设资金,走"以地生财、以地招商、滚动发展"之路。三是启动民资。按照"谁投资、谁受益"的原则,进一步深化城镇基础设施领域的改革,打破政府对公益事业的垄断,大力发展招商引资,鼓励企业、单位、个人等以独资、合资、入股等多种形式参与小城镇开发或基础设施建设,投资小城镇文化、教育、卫生等事业,最大限度地为小城镇建设开辟资金渠道。在多渠道筹措小城镇建设资金的基础上,必须始终把基础设施建设放在优先规划和发展的位置,下大力气抓实抓好:一是要加快建设和改造提升小城镇交通运输、供排水、电力、通信、燃气、热力、污水和垃圾处理等基础设施;二是要巩固发展流通、餐饮、娱乐等传统服务业,大力发展技术、信息等现代服务业;三是要兴办幼儿园、小学、中学或职业学校,解决居民子女入托上学问题;四是要加强环境整治,搞好净化、绿化、美化、亮化,营造整洁优美的小城镇生活环境。

四、强化土地资源利用效率,正确把握村镇建设中的城市化尺度

土地是小城镇建设的载体和根本。要按照既有利于保护耕地和节约用地,又有利于促进城镇化发展的原则,创新土地利用和管理办法。一是扩大

土地有偿使用范围。对小城镇国有建设用地,除法律规定的可以以划拨方式提供的之外,都应采用出让、租赁等有偿使用方式提供。二是盘活小城镇的存量建设用地。对荒芜闲置的国有土地应依法收回,对停产、半停产企业和批多建少企业的闲置土地应依法转让、开发。探讨农村集体建设用地使用权流转和连村并点的路子,以满足城镇建设需要,提高土地利用效率。三是加大开发土地整理力度。通过有计划地开发未利用的土地和对田、水、路、林的综合整治,以及水毁农田的复垦工作,增加耕地面积,以解决小城镇建设用地指标。四是完善农村土地流转制度。在引导农民宅基地和责任田的有序流转的基础上,积极调整土地利用结构并盘活存量土地,以妥善解决城镇建设用地问题。同时,还要处理好集中型和分散型城镇化的关系,避免出现巴西的"过度城市化"和美国的"过度郊区化"问题。因此,在小城镇建设进程中,应走集中型和分散型相结合的多元化城镇化道路。一方面,应继续加快发展中心城市,有效带动区域经济发展;另一方面,要重视城市郊区、小城市和村镇的发展,着力改善生态环境,完善基础设施,使其能主动承接大城市人口、产业及其服务功能的扩散,并将其建设成为具有与现代信息社会相适应的工作区域,同时又解决各种交通、住房、环境污染问题,逐步缩小城市与乡村的差距。

五、以城乡统筹发展为根本指针

美国城乡统筹发展主要是在 19 世纪中期进行的,其主要标志是以农业机械化和产业化为龙头,着重就地提高农民素质技能,并辅之以和城市基本均等的公共服务。日本作为法人资本主义的典型代表和后起的发达资本主义国家,其在第二次世界大战后对小城镇的建设着重从法律、法规和制度层面入手,从而保证了小城镇建设有关政策的连续性、一致性和稳定性。事实上,马克思、恩格斯提出的"城乡融合"思想是以城乡一体化思路推进中国小城镇建设,进而实现中国农民全面发展的正确进路。道格拉斯从城乡互相依存角度提出的区域"网络发展模型"则体现出全球化视野中,扁平化的城镇发展意图。网络扁平化发展思路的理论精华在于强调系统性。因此,城乡一体化之"统筹"对于小城镇建设来说至关重要。只有将小城镇建设加以系统考量,使得各区域、各类小城镇生成互补、互促、互通有无的主导产业和特色产业,才能在系统集成层面发挥出体系合力,通过高水平的新型小城镇建设实现城乡融合,最终破解当今中国农村城市化进程中的众多难题。

6　农民市民化路径选择

城乡一体化发展的目的是促进农民全面发展。在全域都市化背景下,农民的全面发展体现在农民市民化的进程中。农民的市民化既是全域都市化背景下城乡一体完全消融范式构建的重要目的,也是实现的重要途径。

6.1　农民市民化的国外发展模式

6.1.1　英国的强制性模式

英国是世界上最早确立资本主义制度的国家,也是人口城市化,特别是农民市民化实现最早的国家之一。研究和总结英国农民市民化的经验和教训对我国具有重要的借鉴意义。

英国的农民市民化进程与农村剩余劳动力的转移如影随形。有的学者认为,英国农村剩余劳动力转移的历史大致可以划分为四个时期:第一时期,是从圈地运动开始到18世纪20年代;第二时期,是从18世纪30年代工业革命开始到19世纪末;第三时期,是从19世纪末到第二次世界大战结束;第四时期,是从第二次世界大战到现在。但是更多的学者认为,英国农村劳动力的迁移只有三次。英国第一次(亦是世界首次)农村人口向城市持续转移的浪潮肇始于11—12世纪大规模的农村劳动力转移,迁移的对象是穷人,迁移的目的是生存,距离也比较长;英国在15—17世纪出现了第二次大规模的农村劳动力向城市转移,迁移的对象改变为商人、工匠和青年女性,迁移的目的是为了更好的前途和获得丰富的生活资料,迁移的距离较短;第三次迁移浪潮是伴随着工业革命开始的,这也是圈地运动的结果。在英国农民市民化进程中,两大事件具有重大的推动作用:一是圈地运动,二是工业革命。开始于15世纪晚期且持续400年之久的圈地运动改变了英国农村劳动力的流动局面。英国农村劳动力的转移或迁移并不都是直接进入城市,特别是在早期,这些剩余劳动力以向殖民地转移为主,到了后期,越来越多的农村劳动力转移到城市。英国圈地运动是同时采取多种形式和类型实现的,例如从早期的变耕地为牧场、合并小块土地,到后来的协议圈地等新形式的采用。但是无论采取何种方式,圈地都导致了土地利用方式的改变,都意味着有越来越多的农村人口不得不向城市迁移。据里格利估计,1520年英国乡村非农业人口约占乡村人口的20%,1600年约占24%,1700年约占34%,1750年约为42%。18世纪的英国工业革命加速了城市化和工业化进程,使劳动力转移和人口城市化(尤其是农民的城市居民化)成为世界范围内的一种历史运动。在英国工业革命中后期,工厂对劳动力的需求增大,农村生产率也迅速提高,产生了更多的剩余劳动力。因此,英国农村剩余劳动力转移的速度加快。1751—1780年,离开土地的农民每10年为2.5万人;1781—1790年上升到每10年7.8万人;而到了1811—1820年间,又上升到每10年21.4万人;在1821—1830年,更达到每10年26.7万人。从工业革命前(18世纪60年代),英国的农业人口占总人口的80%以上,到工业革命后的19世纪中叶,在不到一百年的时间内,英国的农业人口急剧下降到占总人口的25%,而这正是圈地运动的直接结果。早期的圈地运动,由于采取了极端的非人道的方法和手段逼迫农民离开土生土长的家园,所以现在多把英国的这类模式称为"强制性转移模式"。

即便在当代,英国的农民市民化进程依然没有终结。1931年英国农业劳动力为125.8万人,占全国劳动力总数的6%。但是到1965年下降到4%,1978年为2.2%,1986年保持在2.2%。"从第一时期到第三时期,英国政府转移农村剩余劳动力的政策经历了从处罚、救济到'济身'的过程。第四时期则是英国政府为了提高农村劳动生产率,人为制造农村剩余劳动力的过程。"英国前期(第一至第三时期)的农民市民化强制性色彩非常浓,而后期的农民市民化则是政府故意为之,是一种自觉性选择。

6.1.2 美国的自由迁移模式

早期,美国大多数人口不但住在农村而且以从事农业劳动为主。1790—

1920 年美国人口城市化变化发展如图 6.1 所示。

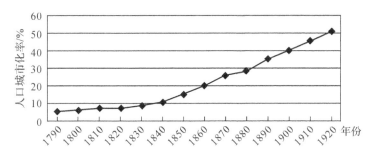

图 6.1 1790—1920 年美国人口城市化发展

　　1790 年美国第一次人口普查时,城市人口仅占总人口的 5.1%,1920 年城市人口超过农村人口(人口城市化率为 51.2%)。1920 年是个划时代的年份。这一年,美国人口突破了 1 亿大关。在这 1 亿人口中,已有一半居住在城市中,即一半人口实现了城市居民化。由于美国的人口城市化历时久,又是在工业革命引导下,农业现代化水平不断提高,特别是在政府的着力推动下完成的,因此其农民市民化过程没有像英国那样引起轩然大波,而是平稳过渡。

　　19 世纪初期,美国东北部的新英格兰地区率先出现采用机器生产的工厂企业,从而使该地区成为美国第一次工业革命的摇篮。19 世纪 20 年代以前,由于工业发展速度缓慢,工厂规模很小,农业人口向工业转移的速度并不明显,只限于少数地区。19 世纪 20 年代以后,随着工业化进程的加快,工业对劳动力的需求更加迫切,特别是交通革命使人们进行远距离迁移成为可能。西进运动是第一次大规模跨地区人口流动,基本上属于农业人口的异地流动,但农民市民化并不明显。1830 年,美国人口城市化率为 8.8%,截止到 19 世纪 40 年代,美国 90% 以上的人口依然居住在农村。第二次工业革命开始,电力在工业上的广泛使用,使美国东北部具有制造业历史的城市迅猛发展。随着人口城市化进程的加速,城市人口急剧增长,农民市民化步伐逐渐加快。1860 年,居住在 2500 人(或以上)城镇的居民在美国总人口中还不到 21%,1900 年增加到 29.9%,1920 年增加到 51.1%。农村居民大批迁往城市,使城市人口迅速增加,这是美国工业经济飞跃发展进而推动农村劳动力向城市转移的突出反映。在这一过程中,不但是农民的城市居民化得到极大发展,而且人们的生活方式也发生了极大的变化。美国学者查尔斯·卡尔洪认为,这一时期"美国人生活中的中心事件是国家从一个巨大的、农业的、乡村的、孤立的、地方的和传统的社会转变为一个工业的、城市的、一体的、全国的和现代的社会"。美国的农民市民化没有英国的血腥,是一个自然的推进过程,因此,人们把美国的这一模式称为自由迁移模式。

6.1.3 日本的人口城市化与农民非农化相结合模式

日本的农民市民化是与人口城市化以及农村地区的现代化相伴而生的。日本的人口城市化发展速度较快。1920 年日本总人口为 5596 万人,其中城市人口 1010 万人,人口城市化率为 18.0%。第二次世界大战后,随着工业的飞速发展,人口城市化水平不断提高。1955 年日本的人口城市化率为 56.4%;1975 年达到 75.9%。据统计,1955—1970 年,日本城市人口年均增加 160 多万人;1971—1975 年城市人口平均每年增加 200 多万人。随着人口城市化水平的不断提高,农民市民化的速度也不断加快,农业就业人口所占比重越来越低,农民越来越少。1947 年日本农业就业人口的比重为54.2%,1955 年降至 40.2%,1975 年低到 13.9%,1998 年降至 5.2%,2003年农业就业人口只剩下 368 万,仅占总人口的 3%左右。

迅速发展的工业大量吸收了从农业中分离出来的剩余劳动力。1960 年至 1969 年的 10 年间,日本的机械工业增长了 5 倍,钢铁工业增长了 3.2 倍,化学工业增长了 2.6 倍。工业的不断扩张为农业富余劳动力提供了大量的就业机会,致使一段时间内出现了劳动力供给不足的现象。1968 年,这种情况更为严重,当年工业需要吸纳的劳动力是初中毕业生 117.9 万人,高中毕业生 441.8 万人,而求职者分别只有 24.6 万人和 77.5 万人,从而有力推动了农村劳动力的减少。从 1960 年到 1968 年,日本农业劳动力由 1228 万人下降为 878 万人。1960 年到 1976 年,日本在非农林水产业部门的劳动力增加了 1600 万人,其中城市从农村吸收了 800 万个劳动力。日本每年从农林水产业转向非农林水产业的劳动力数量有 50 万人左右。

日本的农民市民化是人口城市化,特别是工业化的必然结果。工业的迅速发展产生了劳动力需求,从而能吸收大量从农村转移出来的劳动力,加上政府并不是无为而治,而是积极采取各种措施促进这一进程的实施。日本政府依据劳动力转移的不同阶段,分别采取不同的政策,并且取得了较好的效果。经济发展早期,以工业为中心的非农业部门吸纳劳动力的能力较强,政府选择重工业作为吸纳劳动力的主要产业,因为重工业发展初期不需要高素质劳动力,政府采取职业技术培训等一系列措施鼓励农业劳动力向外转移。当经济增长速度放慢以后,以工业为中心的非农产业部门吸纳农村剩余劳动力的能力减弱,日本政府将政策重点放在农村内部转移上,向农业生产的广度和深度转移,向农业的产前和产后部门转移,向农村商业、交通运输业、建筑业、服务业、文教卫生和科学技术等部门转移,向农村开发地区转移。1971年颁布了《农村地区企业导入促进法》,明确规定:"积极而有计划地促进农村地区导入工业,从而促进农业从事者依据其希望和能力进入工业中就业。"

二战之后,日本的人口城市化与工业化齐头并进,选择的是大城市发展战略,形成了东京、名古屋等几个"大都市圈",即以某个大城市为人口聚集中心,周围发展卫星城,再向外辐射与扩展。在选择大城市发展战略的同时,并不孤立地发展大城市,置农村发展于不顾,而是有计划地实现城乡一体化,从而实现农民市民化。譬如,日本在大城市周围建设卫星城,使城市周围的农村被中心城市吸收合并,许多农村地区和城市一起划入同一行政区,成为一个统一的自治体,农村和城市结合得更加紧密。

6.2 农民市民化的障碍

6.2.1 认识障碍

一、城市居民中的认识障碍

农民进城不但增加了经济收入,提高了自身素质,而且给城市经济社会发展带来诸多便利。但是,农民进城客观上缩小了城市居民的就业渠道,压低了城市居民的收入,势必引起他们的不满。在经历了几乎从未发生过高失业率的计划经济时代以及工资水平持续提高的放权让利的改革年代之后,一旦失业率提高,工资收入增长放慢,城市居民埋怨、责备的对象往往集中在这些过去不允许进城的农民身上,想当然地认为是进城农民挤占了自己的就业岗位,抢了自己的饭碗。

尽管进城农民的价值观念、生活习惯、行为方式等已发生了明显变化,但与城市居民之间的差距依然存在。心中的不满加上新闻媒体对流动人口的负面报道,城市居民慢慢形成这样一种印象,即城市中目前所存在的较高失业率、犯罪率、工伤事故率以及城市环境的脏、乱、差等都与农民进城有关。城市居民对进城农民的偏见不可避免地会影响到决策者的决策,更何况有的决策者自身也对农民市民化的意义认识不深不透,存在着复杂的矛盾心理,结果势必造成对进城农民的排斥。

二、农民中的认识障碍

进城农民既有转移流动的强烈愿望,同时,又深受传统思想观念的影响和制约。这种矛盾的心理主要体现在两个方面:一方面是对乡土的眷恋心理。传统的乡土观念使他们害怕离土又离乡,不愿舍弃农村的"责任田",进城仅是为了挣钱,改善一下生活条件而已。他们依然把土地作为自己的根本和失业保障,把游离于城乡之间既能挣钱又能种田的生活方式作为理想的生活模式,这充分体现了传统农民的"守土"心理。另一方面则是怕冒风险的心理。有些农民认为"在家千日好,出门一日难",不愿进城。

6.2.2 制度障碍

一、户籍制度

《中华人民共和国户口登记条例》以及一系列辅助性的行政措施,诸如"劳动就业制度""医疗保健制度"等,形成了一整套以《条例》为核心,以其他辅助性措施为补充的户籍制度。众所周知,户籍制度在控制城市人口过度膨胀、防止农村人口大规模涌进城市以及预防"城市病"等方面发挥了积极的作用,但它也极大地阻碍了农民市民化进程。户籍制度人为地把城乡人口划分为两大类,使两者成为极不平等且很难逾越的两大社会阶层,强化了二元社会结构,阻碍了农村人口由农村向城市的流动,把农村人口禁锢在乡村土地上,拒之于城市大门外,即使是已进城多年并改变了职业的农民工和因失地获得了城镇户口的失地农民,仍然被排斥在城市居民权利之外,享受不到城市经济、社会和文化权利。这不仅使其与生活在同一空间,工作在同一单位的城市居民之间存在着巨大差别,也使其难以融入城市社会。

因为传统的户籍管理制度将户口与社会保险、医疗保障、子女教育、社会福利、住房保障以及就业安置直接挂钩,使户口成为社会身份的象征和权利享受的前提。户口不仅增加了进城农民在城市生存和发展的成本,同时其所内含的不平等因素也使得进城农民融入城市社会的难度加大,甚至最终带来市民化的中断。

二、农村土地制度

为了确保农村的稳定,党和政府实行土地承包几十年不变的政策,不允许土地自由买卖、自由转移,这是完全必要的,但目前的问题是管得太死。这样承包的小块土地在成为兼业农民"保命田"的同时,也成了套住他们,使之离不开的"根",从而使其难以脱离土地。"人分口粮田,劳分责任田"的"两田制"使得一些进城农民不能完全从土地上解放出来,出现了"人在外心系田"的现象,部分进城农民在农忙时来回奔走,制约了他们的彻底转移,有的进城农民因无暇顾及土地而导致土地撂荒。对于往返于城乡之间的兼业农民来说,在进城就业得不到与城市居民平等的条件,城市社会保障又难以覆盖的情况下,是否居留城市的确不得不"三思而后行"。中央《关于推进农村改革发展若干重大问题的决定》中,允许农民以转包、出租、互换、转让、股份合作等形式流转土地承包经营权,相信这一障碍将会逐渐缓解。

总之,由于制度的原因,进城农民难以被城市社会所接受,其流入城市的动因便简化为对经济利益的追求,对城市仅仅停留在功利性的归属感上。有学者将这种归属感分为五个层次,由低到高依次为:功利性归属感、参与性归属感、亲属性归属感、目标性归属感和精神性归属感。功利性归属感处于最低层次,大多数进城农民对其所居住的城市的归属感仅仅停留在这一层次上。他们只把城市当成谋生的地点和赚钱的市场,缺乏对城市的家园意识。他们对城市的归属倾向,先决条件在于城市能满足他们的利益要求,一旦他们与城市发生利益上的冲突,这种功利性归属感也就随之灰飞烟灭了。

6.2.3 政策障碍

对进城农民实行什么样的政策措施,直接关系到进城农民的待遇安排,直接影响到农民市民化的程度和发展趋势。应该说近年来中央政府从战略高度出发,出台了一系列政策,为进城农民市民化开绿灯,但各地政府出于自身多方面的权衡和考虑,往往采取了不同的做法,致使中央政策受阻。由于我国实行的是统一决策、分级管理的体制,地方政府和中央政府在就业、社会保障等方面承担不同的责任,地方政府在制定和出台某项政策时,往往会在政治成本和政治收益之间做出选择,最终出台那些能使政治收益最大化的政策。譬如,规定企业在用工时,依照"先城镇、后农村、先市内、后市外"的用工次序。出于对城市居民利益的考虑,城市政府以本市劳动力充分就业为重要目标,并将此作为保证城市居民收入提高的一个手段。因此,在对进城农民实行市民化的问题上,实行排斥和抑制政策的多,鼓励和支持政策的少。在政策制度的安排上,大多是以城市居民的心态对待进城农民。实际工作中缺乏热情和引导,对农民城市居民化存在"重堵轻疏,重管理轻服务,重义务轻权益,重城市居民就业轻进城农民安排"的现象。管理中存在着条块分割、多头管理、相互推诿、责权利分离等现象,出现了"有权的无力管,能管的没有权""收钱的不管事,管事的不收钱""有利才管,无利则推"的局面,把许多进城农民排斥在城镇体制之外,变成了城市"边缘人"。

总之,城市政府在维护城市居民权益方面的努力,远大于给进城农民以公平的市民待遇的探索。这种状况不仅特大城市存在,一般的大城市和中小城市也存在,其结果势必影响农民市民化进程。

6.2.4 信息障碍

能够提供灵敏和有效的城市劳动力市场供求信息,是确保农民进城后有工可务、有商可经或有其他行业可就业,使农民变城市居民的前提条件之一。由于信息闭塞,加之进城农民所处地位的局限性,农民很难得到及时可靠的城市劳动力市场供求信息,只好盲目流动,盲目流动的结果当然无助于实现农民市民化。从目前进城农民流向和流动的地区分布来看,比重最大的一部分是向本省范围内的城市流动,通常占流动人口的79%以上,其主要原因在于进城农民得不到进行跨省流动的有效信息。目前跨省市流动的农民工寻找就业机会,其信息的获取几乎全部靠亲戚、朋友和同乡等的帮助。由于跨省界之后,人们的社会关系大大减少,信息不灵也就在所难免。由于信息障碍,进城农民不清楚各地城市劳动力供求状况,不知道该向哪些城市流动,不知道如何获得城市就业机会,更不知道如何推荐(或者推销)自己,不少进城农民反映,这是他们在向城市流动过程中所遇到的最大困难之一。

6.2.5 素质障碍

美国经济学家、诺贝尔经济学奖获得者西奥多·W. 舒尔茨在长期的农业经济研究中发现:"在改善穷人的福利时,生产的决定因素不是空间、能源和耕地;决定因素是人口质量的改善。"他指出:"土地本身不是成为贫困的一个关键因素,而人是一个关键因素,改善人口质量的投资,能显著提高穷人的经济前途和福利。"另外,研究显示,在排除了性别、教育和年龄因素后,农村中的个人在农业和非农业工作中所得报酬之间的差距并不是很大。据农业部产业政策与法规司调查,2010 年,农村外出劳动力中具有初中学历和高中学历的人分别占 59.5%和 12.6%,比全部农村劳动力中相应的比例分别高出 16 个百分点和 4.3 个百分点。2011 年,在外出劳动力中,初中文化程度和高中文化程度的比例达 63.3%和 12.1%,分别比全部劳动力中相应文化程度的比例高 17.6 个百分点和 1.0 个百分点。尽管农村外出劳动力的文化水平比农村劳动力的平均水平高,但与城市劳动力相比,其文化水平仍然处于劣势。

四川省的一项调查表明,四川省经过劳动技能培训的输出转移的劳动力年人均工资性收入达到 4800 元左右,而没有经过培训的年人均收入为 3300 元左右。技能培训让进城务工人员的收入提高了近 50%,技能培训是提高进城农民素质的重要途径。可是,农业部、劳动保障部等六部制定的《全国农民工培训规划》中指出:我国农村有 1.5 亿富余劳动力,在这些劳动力中,受过专业技能培训的仅占 9.1%,在 2011 年新转移的农村劳动力中,受过专业技能培训的只占 18.6%,2012 年全国共转移农村劳动力 2385 万人,受过专业技能培训的只有 12.5%。

潘园 2013 年初的调查发现:进城农民在找工作中要面对一场素质竞争。来自武汉劳动力市场的消息显示,市场对搬运工、勤杂工等"力气活"的需求都在锐减,技术要求较高的工种所占比例已近 30%,大大突破前两年的 15%。企业大都对农民工的素质提出了明确要求。文化水平方面,90% 以上的岗位要求具有初中以上文化程度的人员,其中 40% 以上的岗位需要高中以上文化程度。技术水平方面,80% 的岗位需要达到初级工以上的水平,81% 的岗位需要熟练工人。文凭这个大多数农民工曾经陌生的字眼正在走进他们的生活,靠力气吃饭的日子正越来越难。

大量的事实证明,进城农民的整体素质是取得市民资格的重要条件,决定着他们向市民转化的机会和可能。整体素质高的进城农民,进城后一方面容易获得较多的就业机会,从而取得相对稳定的职业和收入;另一方面也容易融入市民社会,培育市民观念,承担市民义务,从而较易得到"老市民"的认可。简言之,容易取得市民资格。目前农民市民化进程之所以较慢,与进城农民的整体素质不高,转移能力弱不无关系。

6.2.6 成本障碍

成本障碍大致可归纳为经济成本、心理成本、亲情成本和风险成本四种。过去农民进城要交纳一笔不菲的社会事业建设费、增容费之类的费用,少则几百元,多则几千元,甚至上万元。失地农民以土地的丧失换得了进城资格,农民工不论是通过购房还是投资来取得城镇户口,恐怕都是一笔不小的费用。农民进城是从农村到城市的异地转移,所以要付出很高的心理成本,心理压力很大:一方面是对城市陌生环境的恐惧和不适应,另一方面是对农村的眷恋,尤其是那些从条件较为优越的农村地区流出的失地农民,往往会有失落感,认为进城打工是自讨苦吃。流动,使他们失去了原有的社会资源和社交圈,短时期在城市中又无法寻求到新的社会资源和融入城市社交圈,难耐的孤独和寂寞无法得到排遣。与心理成本不同的是,迁移的经济成本往往是兼业农民是否居留城市的关键因素。火车票、汽车票价格的提高,使他们尽量减少往返于城市与乡村间的次数;一定时期的失业又常把他们理性地推回农村;收入偏低、工作不稳定使他们对城市文化娱乐活动持不参与态度等。西方经济学认为,城乡收入差距造成了城市对农村人口的吸引,转移是进城农民比较成本与收益后的理性选择。诺贝尔经济学奖得主西奥多•W.舒尔茨曾经指出:"全世界的农民在处理成本、报酬和风险时是进行计算的经济人。在他们微小的、个人的、分配资源的领域中,他们是微调企业家,调谐做得如此微妙,以致许多专家未能看出他们如何有效率。"城市对农民的吸引不仅仅是经济上的,更可能是文化上的,相当数量农民进城是为了"开眼界"。如果经济上的吸引因为经济成本的增大而有可能丧失诱惑力的话,那么文化上的吸引则也有可能因为他们心理成本、亲情成本的增长而丧失魅力。亲情成本是指流入城市的农民与亲人异地分居,所产生的对亲人的思念和盼望团圆的心情。如果以家庭为单位进行转移,原有土地将会因此而丧失,经济成本增加。为了降低经济成本,保留原有土地和农业收入,转移不得不以劳动者个人为主,大多数家庭成员,尤其是老年人、妇女和儿童留在土地上,居于原地,从而导致了亲情成本的产生,带来了转移的脆弱性和不彻底性。农民进入城市后需要承担的风险大致包括:失业、就业过程中的权益损失、意外伤害等。其中失业中的风险被归为经济成本。就业过程中的权益损失包括工作单位拖欠克扣工资、劳动条件差、独立生产经营者受到各种干扰和歧视等。伤病、工伤、车祸和成为犯罪分子侵害的对象等也都是进城农民要面临的风险成本。这些风险成本是就业、享有各种权利的信息不足所造成的,农村人口在"过上好日子"的模糊概念中进城,在城市中却承担很大风险。这些风险往往是父母阻止新一代农民工外出的理由,同时也是一些进城农民市民化中断的原因之一。

6.2.7　融入障碍

进城农民难以融入城市社会的原因,除了上述制度障碍和素质障碍之外,社会资本的缺失不容忽视。法国社会学家皮埃尔•布迪厄认为,社会资本是"真实或虚拟资源的总和。对于个人和团体来说,由于要拥有的持久网络是或多或少被制度化了的相互默认和认可关系,因而它是自然积累而成的"。一般认为,社会资本是指个体从社会网络和其身处的社会制度中所可能获得的社会资源,这种社会资源包含了两个层面:一个是个体层面的社会关系网,另一个是个体从制度中可以获得的资源。有的学者指出,社会资本是"蕴含于社会网络关系、社会组织和社会制度中,能够为人们所利用的资源",并按其内容的不同,分为私人关系型社会资本、组织型社会资本、制度型社会资本三种类型。由此来看,进城农民社会资本的缺失在于社会关系网络的缺少。从一定意义上讲,农民进城的过程其实也是一个不断重新构建新的联系和社会关系网络的过程。农民进入城市后,他们所面对的是一个充满"陌生人"的世界。他们在乡土社会中所建立的那些社会联系大都被远远地抛在了家乡;他们在乡土社会中所遵循的那些规范和观念,所养成的思维方式、生活方式、行为方式在这个充满陌生人的城市社会中变得愈来愈不适应。为了在城市中生存、适应和发展,他们必须学会和城市里的陌生人打交道,在交往的过程中,加深相互的理解,加深相互的感情,进而不断地建立新的社会联系和社会关系网络,培育城市生活所需要的新的思维方式、生活方式与行为方式。研究表明,进城农民在城市中所建立的这种新的社会联系愈多,他们融入所在城市社会的程度似乎就愈高。

李汉林(2015)通过调研发现,进城农民工自己认为称得上社会交往和联系的对象中,绝大部分属于同质群体的成员,只有很少一部分进城农民工把城里的熟人和其他人算作他们与之交往和联系的对象(见表6.1)。当他们在城里遇到麻烦以及在经济上遇到困难的时候,他们首先想去寻求的和首先能够得到的,仍然是同质群体成员的帮助和支持。只有当他们在制度内不得不去寻求支持和帮助的时候,才会把信任的目光投向城里的其他群体(见表6.2)。

表6.1 被调查者社会联系对象的社会来源

类　别	所占百分比(%)
本地城里人	5.8
外地其他人	94.2

表6.2 下列情况出现时,你将和谁联系

类　别	遇到困难找谁商量	经济拮据找谁借钱	遇到麻烦谁最可能帮你
朋友	76.8%	72.7%	77.1%
家人	77.6%	72.6%	70.4%
老乡	63.7%	63.0%	66.0%
亲戚	68.0%	70.8%	69.9%

续表

类　别	遇到困难找谁商量	经济拮据找谁借钱	遇到麻烦谁最可能帮你
打工同事	43.5%	38.7%	42.5%
同学	25.2%	26.8%	27.8%
老板	32.2%	28.5%	33.5%
派出所民警	45.3%	5.3%	41.2%
居委会干部	32.3%	4.8%	26.5%
城里房东	19.1%	6.2%	16.5%
城里熟人	30.7%	19.3%	26.5%
当地工会干部	14.2%	2.2%	12.3%
当地妇联干部	12.8%	1.8%	11.8%
当地政府干部	21.3%	2.3%	16.8%
家乡政府干部	12.2%	3.3%	11.2%

2013年王士光对农民工的调研也发现,当问及"进城打工后最亲密的朋友是谁"时,55.7%的进城"农民工"认为是"一同来打工的老乡",21.8%的"农民工"认为是"进城后认识的民工朋友",另有21.5%的人认为是"进城后认识的城里人"。而刘涵荣(2016)的调查表明,年轻的"农民工"中,只有21.6%的人与周围当地人经常有交往,48.6%的人不经常交往,另外还有10%和19.7%的人与周围当地人基本没有交往和完全没有交往。只有2.9%的人经常参加当地社会组织的一些集体活动,而高达46.8%的人根本没有参加,有28.1%的人偶尔参加,还有22.3%的人没有做出回答。

在进城农民作为个人或群体进入城市社区和社会结构的初期,他们所面对的是一个完全陌生的世界。他们首先依赖的可能会是自己的同质群体以及同质群体内的社会关系,以期能够生存,获得支持,并在这样一个过程中不断调适自己。在以后的城市生活中,他们可能会主动地去寻求与异质群体的交往,寻找异质群体内的社会关系,以期求得进一步的发展,并逐渐地融入和整合到城市社区和社会结构之中。这种交往的同质性到异质性的转变过程,同时也是群际间的相互理解和宽容、改变彼此的态度和行为的过程。这对于一个社会的稳定,避免社会激烈的冲突和动荡,进而实现社会的变迁,无疑具有非常重要的意义。另外,社会关系的异质性则用交往范围扩大的具体事实说明了进城农民对城市生活方式的一种内化和认可。

6.3　农民市民化的发展路径

6.3.1　政府需进行改革与创新

中央提出要"改善农村富余劳动力转移就业的环境。农村富余劳动力在城乡之间双向流动就业,是增加农民收入和推进城镇化的重要途径。建立健全农村劳动力的培训机制,推进乡镇企业改革和调整,大力发展县域经济,积极拓展农村就业空间,取消对农民进城就业的限制性规定,为农民创造更多就业机会。逐步统一城乡劳动力市场,加强引导和管理,形成城乡劳动者平等就业的制度。深化户籍制度改革,完善流动人口管理,引导农村富余劳动力平稳有序转移。加快城镇化进程,在城市有稳定职业和住所的农业人口,可按当地规定在就业地或居住地登记户籍,并依法享有当地居民应有的权利,承担应尽的义务"。为积极推进农民市民化进程,政府需要做好以下几个方面的工作:

一、加大改革力度

为积极推进农民市民化,需扫除制约其发展的制度和政策障碍,对政府来说,应加速制度改革和政策创新的步伐,主要包括:

(1)户籍制度改革

不论是户籍管理中长期奉行的婴儿"随母落户"政策还是后来实行的婴儿落户随父随母自愿的政策,都说明城市有效户籍的获得,更直接地说是市民资格的获得具有世袭性。当人们的社会权利(包含城市经济、社会、文化权利)主要不是由自身的努力和创造性工作所获得,而是取决于人们的血缘关系,当资格的获取不是通过努力工作或创造财富等活动,从而获得相应的社会地位和占有一定的社会资源,那么人们追求社会地位转变的积极性和创新性就会因此而被扭曲。

深化户籍制度改革,拆除城乡壁垒,加快进城农民向城市居民的转变是我们所面临的首要问题之一。目前,大中城市中都有一批进城多年的"准市民",在新的人口统计中已经将他们算成城市人口,但现存的户籍制度对他们来说仍是一道难以逾越的屏障,把他们转为城市居民是加快农民市民化步伐的突破口。政府应在总结近年来小城镇户籍制度改革试点经验的基础上,采用国际上通行的按居住地登记户口的原则,实行以居住地划分城市户口与农村户口,以职业划分农业人口与非农业人口,实行以固定住所和稳定收入为申报城市户口主要依据的政策,尽快以导向性的准入条件替代硬性的进城人口指标控制,彻底打破城乡分割的二元社会结构,逐步实现人口的自由迁徙并建立起城乡一体化的户籍管理制度。否则,"把农民禁锢在土地上会导致停滞;而使农民带着'贱民'身份离开土地会造成不安;倘若被视为'贱民'的农民离开土地后又找不到合适的归宿,那就会酿成危险"。

(2)完善社会保障制度

目前,农村剩余劳动力的大量转移,并没有带来土地的规模集中及人口城市化的迅速推进,其中原因之一就是非农就业不稳定,使得离农人口缺乏安全感。在这种情况下,土地依然起着十分重要的失业保险与社会保障双重作用。没有保障的农村劳动力转移一方面导致土地难以集中,另一方面使城市就业人口处于被动状态(在两者的不平等竞争中,拥有城市户口的就业人口处处陷于被动。面对大量的廉价农村流动人口,他们惊呼"狼来啦"!)。农民市民化的推进需加速社会保障制度的建立和完善。

为推进农民市民化,首先要为进城农民(不论是否丧失土地)建立失业保险和医疗保险,相对于养老保险来说,失业保险与医疗保险所需缴纳的保险金额较低,单位和个人均能承受。对进城时间较短的合同工(譬如5年以下的)可适当提高个人缴纳的比例,适当降低单位缴纳的比例;对工作5年以上或已取得城市有效户口的农民,应同城市居民同等对待。其次,吸收进城就业时间较长的农民参加养老保险,单位与个人缴纳的数额与缴纳的办法可等同于城市职工,按有关规定定时足额征缴。最后,为已进城落户并将承包土地一次性转让的农民或已丧失土地的农民提供最低生活保障,享受与城市居民同等的权益。为解决社会保障中的资金短缺问题,可采取"土地换保障"策略,对进城农民来说,在获得稳定非农收入后,如果要放弃对土地的初始永佃权,只能将初始永佃权出售给国家(可以由省级政府代理)。抛荒土地三年以上者,视为自动放弃初始永佃权,土地由国家无偿收回。农民工将土地初始永佃权出售给国家时,国家为这些农民工在现代社会保障体系中建立账户,将应付给农民工的款项直接转入社会保障账户,作为农民工已经积累的资金,其后由农民工和所在企业定期缴纳社会保障金。

对因征地转为城镇户口、符合参保条件的失地农民,应允许并鼓励他们进入城镇养老保险体系。失地农民的养老保险制度,可以参照城市职工基本养老保险的"新人"办法,采用政府、村集体、失地农民三方共同承担的方式,建立失地农民个人账户,办理社会养老保险统筹。

（3）住房制度改革

农民城市居民化进程中,农村人口不但要进得来(自由流入城市),留得住(有相对固定的职业或稳定的收入),还要住得下(有一定的栖身之地),为此迫切需要进行住房制度改革。住建部已经把研究解决进城务工农民住房问题列入工作重点。辽宁、福建、海南、山东、北京等省市已把农民工住房保障纳入城市规划之中,着手此类问题的解决。全国政协委员、江西省建设厅副厅长马志武曾经指出:"我国目前有2亿多农民工,常年在城市工作,为城市的经济发展和财政增长做出了很大的贡献。由于户籍制度的障碍,农民工即使达到廉租住房、经济适用住房或限价住房条件,也不能享受住房保障政策。"为解决农民工住房难的问题,他建议把农民工住房纳入国家住房保障政策中统筹考虑与安排。

政府应积极总结上海、苏州、宁波等地在农民工集中地区建造社会性"民工公寓"和企业"员工之家"的经验并进行大范围推广。条件成熟的城市,可以推进进城农民工住房公积金制度和廉租房制度,对交出农村宅基地的农民,在商品房的购买上应享有与城市居民同等待遇。

政府还应加大城镇地区经济适用房的建设和供应力度,确保因征地、拆迁等原因造成的失地困难户能够按政策购买到经济适用住房。

二、积极建设社会主义新农村

生产发展是社会主义新农村建设的首要任务。实现社会主义新农村建设的多重目标,需要从经济、政治、文化、社会等多个方面努力,但必须首先立足于农村生产的发展。在一个农业人口占人口绝大多数的国度如何发展生产?实现农业现代化是关键,转移农村剩余劳动力势在必行。随着农村劳动力的转移和转化,其生产方式、生活方式势必发生变迁,从而有助于农民市民化的实现。

发展农村经济,提高农民收入是建设社会主义新农村的中心环节,是重心、是根本。只有经济发展了,生活富裕了,才能不断满足广大农民物质文化生活的需要。从新农村建设乡风文明要求来看,没有文明的农民,就没有文明的农村,乡风文明建设的根本在于提高农民的素质。随着农民素质的提高,其生活方式必将发生巨大的变化。

村容整洁需加强农村基础设施建设,改善农村生活卫生环境。随着农村基础设施的改善,特别是与农村生活有关的一些基础设施(比如上水、下水、电、道路等)的改善,农村与城市的基础设施装备水平不断缩小,自然有利于农村就地城市化,也有益于农民生活方式城市化的获得。

三、确定城市适度人口规模

农民城市居民化必须建立在城市适度人口规模的基础上。"农民进城变市民应有一定的条件,如果没有任何条件进城农民一律变为市民,……这在我国农民占人口多数情况下,是根本不可能做到、做到也会引发严重社会问题的。"根据郑州市的城市规划,到 2020 年,全市的城市人口拟达到 1025 万人(以实现与武汉、西安等周边城市"平起平坐"的目标),为此目标,打破郑州市区户口门槛,实行户籍制度改革。结果,人口的迅速增加致使城市交通拥挤,教育资源急剧紧张,社会保障部门压力增大,治安和刑事案件发案数量增加,城市治安压力加大,人口增加后患病人员增加给医疗行业带来压力,等等。2004 年 8 月 20 日,郑州市被迫暂停自 2003 年 8 月以来实施的以"投亲靠友"为代表的"户籍新政",持续一年的户籍改革自然流产。郑州户籍新政紧急叫停的背后是漠视或者说无视城市适度人口规模的必然结果。

作为两届政协委员的中国人民大学张惟英教授曾经提出一份题为《关于建立人口准入制度,控制人口规模,保持人口与城市资源平衡的建议》的提案。提案认为,外来人口的大量盲目调入,使北京的可持续发展难以为继,资源的承载量受到挑战,建议"摸清北京实际需要人才类别,用准入制度合理引入,控制人口无序流动,保持人口与城市资源的平衡,保证北京的可持续发展"。这一提案的提出可谓一石惊起千层浪,人们在责骂的同时不知是否思考其中有无合理的成分?感情毕竟难以替代理性。

由于城市适度人口规模的确定涉及城市的经济水平、社会生活、资源水平、生态环境和实力需求等诸多方面,每个方面又包含着众多的影响因素,并且这些因素既相互独立,又相互影响,因此城市(或城区)适度人口规模的确定是个复杂的系统预测工程。

四、积极培育农民城市居民化的有效载体

培育农民城市居民化有效载体的措施主要包括:

首先,大中小城市齐发展,进一步加快人口城市化步伐。在城市化道路的选择上,目前国内主要有六种观点,分别是:大城市论、中等城市论、小城市论或城镇化论、大中小城市并举论、郊区城市论、多元模式论。在城市化道路上,按照经济发展规律和世界各国城市化的经验,应根据各地城市发展的现状,包括发展的条件和可能,因时、因地实行大中小城市并举、全方位协调发展的方针。须知,在我国现阶段,滞后城市化是一个突出的问题。滞后城市化产生的主要原因是政府为了避免"城市病"的发生,采取种种措施人为限制人口城市化的发展,结果不仅使城市的集聚效应和规模效益都不能很好地发挥,非农产业缺乏规模经济,严重阻碍了工业化和农业现代化的进程及城市文明的普及,而且还引发了诸如工业乡土化、农业副业化、离农人口"两栖化"、小城镇发展无序化、生态环境恶化等"农村病"现象。由于我国特殊的国情,要顺利促成数亿农村人口进城,实现城市居民化,只靠发展大中城市或者重点发展小城镇是不现实的,也是不可能的,而必须实行大中小城市并举发展。只有大中小城市全方位发展,我国农村人口才能以相对有序的方式大规模流入城市,从而实现农村人口进城向城市居民以及市民的转变。

其次,以产业结构调整为契机,大力发展第三产业。《中国服务业发展报告——中国服务业体制改革与创新》中指出,中国服务业规模不断扩大,就业人口增长迅速。但是目前整个世界的服务业增加值占国内生产总值平均超过60%,主要发达国家更是达到70%以上,我国2016年这一数字是51.6%,与自身比较进步明显,但与发达国家相比还偏低。另外,第三产业就业人员所占比重也不尽合理。虽然2016年我国第三产业就业人口占经济活动人口的比重达到43%,已经超过第一、第二产业就业人口比重,仍然远低于发达国家和地区的同类指标(一般在70%以上)。针对这种情况,城市政府应从战略高度抓紧调整产业结构,加快发展第三产业,大力挖掘第三产业的就业潜力,将扶持第三产业的发展作为一个重要举措,在资金上给予适当的倾斜。第三产业中不少行业,如商业零售、交通运输、旅游、信息、专业咨询服务等都有较大的发展空间,可创造大量就业岗位。零售业在美国是就业数量最多的行业之一,零售业的就业人数占全美就业总数的17%,占美国非农产业就业人数的18%。

6.3.2　农民需提升自身市民化能力

一、提高人力资本存量

人力资本存量高的进城农民不仅容易获得较多的就业机会,取得相对稳定的职业和收入,而且也容易融入市民社会,得到"老市民"的接纳和认可。农民人力资本存量的高低与进城前的人力资本存量大小和进城后的增加量多少密切相关。为提高进城农民人力资本存量,可从农村与城市两个区域着手。在农村地区继续抓好普及九年制义务教育工作的同时,有条件的地方可以普及高中教育,使农村潜在的劳动力具有较高的文化素质;在搞好普通教育的同时,认真抓好职业技术教育、专业技术培训及岗位定向培训,力争使大多数农村劳动力特别是青壮年劳动力在进城前都能掌握一两门专业技能;结合农村中小学布局调整,有计划、有重点地建设一批农村骨干职业学校和成人文化技术培训基地;鼓励和支持各类社会教育培训机构承担农村职业培训任务,主动开展多领域、多渠道、多形式的职业教育和技术培训活动。

在进城农民人力资本存量水平一定的条件下,通过教育培训等方式可以提高其人力资本水平。为提高进城农民的人力资本存量,我们需要进一步整合城市劳动力培训市场。现在,城市劳动力市场正逐渐由体力型向智力型、技能型转变,综合素质低、劳动技能差的劳动力在就业市场上正逐渐失去竞争力。在城市劳动力市场中获得较高收入的往往是那些综合素质高,具有专业技能的劳动力。一个文化素质不高,没有一技之长的劳动力,不仅难以有效地转移到第二、三产业,即使临时性就业了,也难以取得较高的收入和保持就业稳定。

由于进城农民的技能参差不齐、目标要求不一,因此需构建多层次的综合教育培训体系。教育培训体系应包括:一是引导性培训,即主要开展基本权益保护、法律知识、城市生活常识、寻找就业岗位等方面的培训。二是职业技能培训,根据国家职业标准和不同行业、不同工种、不同岗位对从业人员基本技能和操作规程的要求,以定点、定向培养为主,重点是家政服务、餐饮、酒店、保健、建筑、制造业等进城农民常规就业行业的培训。三是创业培训,创业培训项目主要面向第三产业,结合城市社区服务业的发展和社区就业岗位的开发有重点地进行。四是文化教育培训,这种教育培训主要是以提高培训对象的综合素质为核心。构筑多层次的教育培训体系,把进城农民工纳入到教育培训体系中来,不断提高他们的职业技能和综合素质,才能满足他们多层次就业的需要,增加就业机会,引导他们适应城市生活方式和生活习惯,增强他们的城市适应性。

二、提升社会资本水平

社会资本影响和制约了农民市民化进程。为提升农民的社会资本水平,我们首先需要帮助进城农民尽快融入城市社区,在血缘、地缘、业缘的基础上增加新的城市关系;其次是政府要考虑成立相应的办事机构,以便加强与进城农民的沟通和交流,并制定新的公共政策以鼓励农民群体与城市社会之间的沟通和交流;最后是鼓励民间机构、志愿者组织深入到城市中的农民集聚地,帮助进城农民群体融入城市社会。

6.3.3 市民需培育公平理念

目前,市民对农民市民化存在着种种陈旧观念和错误认识,集中表现为认为农民进城抢了市民的饭碗,农民进城后会使城市基础设施紧张,会带来社会治安混乱。加快推进农民城市居民化短期内确实会对城市基础设施的便利产生冲击,但进城农民通过自己的劳动,为城市发展做出了贡献,自然应该分享城市的便利与收益。另外,联合国《世界人权宣言》第23条规定:"人人有权工作、自由选择职业、享受公正和合适的工作条件,并享受免于失业的保障""人人有同工同酬的权利,不受任何歧视。"为此,市民需培育公平理念。

6.3.4 公共组织需积极发挥中间作用

秦晖教授曾经指出,如果"廉价劳动力"不能融入当地社会而只能短暂地"贡献青春"之后"落叶归根",则劳动力再生产成本就在很大程度上仍由流出地承担,从而导致劳动力价格因这种非市场因素而奇低,甚至低到所谓"劳动力过剩"状况下应有的"市场均衡工资"水平以下。如果打工者的劳工权益得不到任何保障,劳工就没有任何组织资源以形成谈判实力。而资方却有各种商会组织作依托,劳资间本来可能因市场因素("劳动力过剩"和"资本稀缺")而形成的谈判地位不对等就会由于组织资源的悬殊而大大恶化。《中共中央国务院关于促进农民增加收入若干政策的意见》中指出:"进城就业的农民工已经成为产业工人的重要组成部分。"工会是工人阶级的"娘家",进城就业的农民工作为产业工人的重要组成部分理应得到工会的保护。但是,在非公有制的经济组织中,工会缺失或者工作不到位的现象屡见不鲜。诸如现实生活中时常见诸报端的农民工工资屡遭拖欠甚至克扣;农民工由于劳动保护措施缺失导致身体健康受到损害;人格尊严得不到尊重;劳动强度过大;工伤事故之后,经济赔偿难以兑现;等等。进城农民不仅在经济谈判中没有发言权,在政治生活中也是如此。由于作为外来人口的农民不能参与当地政权的管理,所以他们缺少必要的发言权和影响力,这就使得现有城市社会的制度体系难以出现向农民倾斜的调整和改革,使得他们缺少融入城市社会的公共服务和社会支撑。如何才能化解这一矛盾和冲突,唯有积极发展公共组织,积极发挥工会、妇联等公共组织的职能。

6.3.5 社区需创造和谐的融入环境

进城农民在城市的居住方式主要有两种:散居式和聚居式。散居式是指进城农民分散居住于城市中。聚居式又包括两种形态:一是"村落型"聚居,即进城农民集中居住于城市边缘地带,形成所谓的"城中村",如北京的"浙江村""新疆村""河南村"等即典型代表;二是单位或公寓型聚居,即集中居住在单位宿舍或职工公寓。布劳指出,异质群体之间的交往,即使不亲密的交往也能够促进人们相互之间的理解,促进宽恕精神的发扬。在一个现代化的社会里,个人和群体的社会整合更主要的是取决于群际间的交往以及由于这种交往构成的广泛网络所给予的各方面的支持。因此,散居式居住方式有利于农民生活方式的城市化。

无论是散居式还是聚居式,进城农民终归要生活在一定的社区中。社区是指"由有着共同的归属意识和利益关系的居民所形成的聚居地域环境。它包含两个要素:有特定共同性的人群和人居环境,即地区性社会"。随着社会功能的转型,"单位"社会功能的弱化,社区在我国城市居民生活中的地位和作用日益突出,已逐渐成为城市社会管理体制创新的载体。社区对居民的重要性表现为,成为"社会人"的第一步往往就是成为"社区人"。如果社区能够为居民提供归属感和安全感,社区就会成为公民和政府之间的联系纽带;反之,如果公民不能在自己的居住地获得安全感,他们也会对社会和政府失去信任。由于居住地是进城农民除劳动场所以外最主要的活动场所,居住的地点及其所在社区环境对进城农民工的社会交往影响很大。为缓解进城农民与市民、新市民与老市民之间的矛盾和冲突,为构建和谐社会,社区需为进城农民和新市民创造和谐的城市融入环境。

7 转型时期沿海城乡一体化的新特点、新问题

现阶段,我国城乡一体化处于一个相对特殊的时期。第一,我国处于社会主义初级阶段,住房短缺现象还在一定程度上广泛存在,城乡一体化的压力大、任务特别繁重;第二,我国处于从计划经济向市场经济过渡的转型期,市场力量蓬勃发展,质量和效益被摆放在突出位置;第三,我国处于一个相对平稳的发展机遇期,各种机遇接连出现,各地政府有着强烈的发展冲劲;第四,我国处于一个快速发展期,经济发展在速度、规模和方式上的一些问题引发了社会内部的不协调和不均衡,也导致了城乡一体化的各发生场域快速分化又重新整合;第五,在全球化时期,我国的改革开放正进入一个新的发展阶段,西方发达国家的一些城市化理论正被大量导入,有的还没经过消化就被引进并投入实际运作,产生了一些问题。在这一形势下,我国沿海地区城乡一体化呈现出一些独有的特征。

7.1 转型时期沿海城乡一体化的主要特点

7.1.1 和谐与冲突

一、整体和谐

处于城市化进程之中的沿海农村地理位置优越、交通条件良好,居住于此生活便利、生活成本低。此区域的农村社区具有多种混合功能,包括居住、商业、休闲、文化娱乐等,这种混合使用和有机联系,不仅增强了城市活

力,吸引了多层次的居住人口,还能使文化素质较低的失地农民依靠社区的经济网络如小店、幼儿园等得以生存。

在此背景下,沿海地区政府部门力求通过城乡一体化,使村民真正转变为城市居民,使沿海农村物质空间和社会空间有机地协调在一个完整的城市机体中,形成和谐的社会组织体系;通过建设现代化的城市社区,改善此区域的人居环境,促进失地农民生产方式与生活方式的转变;通过改变原有村庄与城市不和谐的破败形象,推动农村与城市的整体协调发展。人、社会、自然是相互联系、相互制约、相互融合、密不可分的统一整体。处于城市化进程中的沿海农村既是古老历史的遗物,又是快速城市化过程中新生的活体;既是城市发展当中木桶效应的最短板,又是城市发展的潜在价值所在;既是城市发展所要面临的问题,也是城市发展的机遇。我们应全面、客观地认识沿海地区的城乡一体化,通过多方协作,以一种积极的态度去探求相应的规划政策和引导措施,构建其与城市建设标准的共融、共生、共存的和谐关系,力求达到城市与农村、政府与市民、人与社会及自然的和谐与共赢。

二、冲突并存

外来人员的交往具有内倾性,他们与村民的交往只限于出租房屋时的谈判和交易,交易过后几乎没什么往来,交往对象多指向同乡,城市适应存在文化边缘性。种种境遇使他们产生强烈的不公平感和相对剥夺感。而衣着简朴和不修边幅的外来人员常是被提防、怀疑的对象,这又使早已存在的对立情绪更加激化。来自同一文化源的人出于自身利益考虑容易结成小团伙、小群体,从而形成自己内部的集体意识,不同文化源的人之间容易产生摩擦、误会。村内人和外来人员因为传统文化和语言文化等不同而存在着明显的界限,村民的待遇和福利是排他性的、不对外开放的,导致集体意识不能在这些村落中形成。由于"集体意识是机械团结的精神基础",不同源的集体意识很容易导致冲突,这就意味着村内人和外来人员的对立与冲突。

面临转型的沿海农村社区与城市这样一个大社区不能融合的根本原因在于城乡的二元体制共存于同一地域空间。我国城市实行土地国有制,政府代表国家行使各项土地管理权力。此类农村社区土地属于集体所有,农民在原则上有占有、使用和处置土地收益的权利,居(村)委会代表全体村民,是这些土地管理权的集中者和分配者。土地的所有权、良好的区位条件以及城乡分割带来的城市管理缺位给予农村社区巨大的经济便利,同时催生了社区内的出租屋经济及各种非正规经济,既给村落共同体提供了强大的经济支持，又给村民带来源源不断的经济利润，使他们成为"租金食利阶层"。同时，以村籍为边界的高收入、高福利使得村民对以村为边界的利益共同体的认同固定化，居（村）委会则因掌握着村落最重要的土地资源而成为这种认同的唯一指向。另外，村落的乡土和宗族观念强化了这一认同。

7.1.2　博弈与失衡

一、利益博弈

城乡一体化过程涉及三个主体：政府、失地农民和开发商。他们为了维护各自的利益在改造的过程中扮演着不同的角色。城乡一体化的实质是调节三者之间的相互关系以达到利益均衡。政府代表的是公共利益。城市政府作为国家权力机构，它的职能就是管理城市，并尽可能地为城市社会谋利益。在城乡一体化的建设方面，涉及市政府、区政府、街道办（当然也包括相应的各级业务主管部门），它们相互之间有着各自的利益。开发商作为从事房地产业的经济组织，它的一切经济活动都是以赚取利润为目的的。沿海农村良好的区位条件将带来的高额利润在一定程度上能够刺激开发商的投资行为，但同时此种拆迁开发中的利益矛盾重重，不确定的因素很多，高昂的交易成本会吞没和销蚀房地产开发的正常收益，政府的高度管制会使开发最终变得无利可图，等等，令大多数开发商望而却步。失地农民是城乡一体化过程中最大的利益主体。沿海农村失地农民的收入一般较高，有的甚至高于附近城市居民，其收入的主要来源是集体分配、出租房屋收益以及从业收入。另外，村集体经济组织还是村民的群体利益代表，与城市普通社区的居民大不相同。他们有改造自己生活环境和居住条件的需求和愿望，但又担心会触动由农村各种优越条件所带来的远远高于外界的收益和福利。由于担心既得的房屋租金收益在开发中得不到保护，以及担心会损失房地产升值前景的收益，失地农民会为他们的既得利益寸金必争。

城乡一体化的关键在于城乡一体化的主体——政府、失地农民和开发商的利益均衡。政府相关部门负责监控城乡一体化建设是否符合城市规划的要求，城乡一体化要在政府政策调控下进行，以降低市场风险；与城乡一体化最直接、最大的利益关系者是失地农民，如果不能保障他们的权益，改造工作就无法开展；开发商是实施城乡一体化建设的主体和关键环节，如果开发商不能实现盈利，城乡一体化就难以实施。三方配合、互动博弈是沿海地区广泛推行的城市化模式，博弈的逻辑是：政府通过政策实施，出让部分未来的潜在收益，如减免部分地价等，保证开发商有利可图，以吸引房地产开发商参与改造,并分担改造中的部分风险,同时保障失地农民的既得利益,使失地农民最终顺利回迁,最终实现博弈的三方共赢。面临转型的沿海农村社区通过城市化建设,化解了困扰政府的城市化改造难题,使城市环境显著改善,实现了城市的整体增值,从而提升了城市的综合竞争力,赢得了民心。开发商通过投入、改造获得收益,实现了经济效益和社会价值的双赢。失地农民则告别了杂、乱、脏的生活环境,住进了面貌一新、智能化管理的现代社区。这种博弈是最优最稳定的模式,博弈三方精诚合作,"政府搭台让利,企业唱戏谋利,村民参与得利"。

二、权力失衡

城乡一体化是一次利益的调整,特别是城乡一体化增加了流动人口这一处于城市最弱势阶层的"准城市人",公平的意义就显得更加重要,政府的公平协调作用更加必要。城乡一体化过程中,政府是城市化的责任主体,其拥有行政权力,在城市化过程中表现出了强势的政府行为和政策干预。为了促进城乡一体化的良性发展,各级政府通常会采取一系列干预措施。这些政策的实行和调整,对推动城乡一体化建设起到相当关键的作用,是政府调整发展战略、控制节奏和规模、调和各方利益的强有力举措。当然,在进行政策干预的同时,也存在政策多变、政出多门、政策之间相互冲突甚至抵消等情况;在组织实施上,政府对具体事务干预过多,越位情况也时有出现,在一些地区,还存在政府"既当裁判员又当运动员"以及政事不分、政企不分等现象。任何一项政策或调节措施都可能因为考虑不够全面而使改造偏离目标,而这种偏差带来的结果是极为复杂和难以控制的。政府的决策失误所导致的成本是被社会中的各成员所分担的社会成本,政府并不需要为自己的错误决策负全部责任,而一旦干预成功,往往会因为政绩得到晋升,从而获得更大的决策权力。失误时不承担全部责任,成功时却得到更多权力资本,这使得部分政府官员产生了强烈的干预偏好,表现为干预过度。干预和管制能产生寻租机会,寻租活动又反过来使市场机制遭到破坏,而市场机制失效又会要求政府进一步干预来弥补失效,如此反复就陷入了一种恶性循环。

这种恶性循环带来的危害将是长期性的。政府对城乡一体化建设进行有效干预的必要条件之一,就是政府机构自身必须是具有效率的。所谓有效率,是指能以更少的投入获得更高的产出。然而,现实中的政府机构由于其公共部门的行政垄断性往往是投入高而产出低,具有明显的低效率特征。

目前,许多城市成立了城乡一体化的领导机构,如指挥部或城市建设投资公司,这些管理机构大多是非市场机构,有的即使是市场主体却仍是国有性质,其用于改造的可支配资源主要来自于政府财政,支出则用于房屋拆迁、工程建设等公共开支,缺乏约束机制。由于政府行为是一种垄断性的活动,缺乏竞争的压力,对政府工作效率缺乏准确、可靠的评估标准,导致政府机构即使非效率运作,也仍能生存。

7.1.3　整合与分化

一、农村社会整合

农村社会的整合,就是要通过城乡一体化,实现城市规划的土地、空间的整合;就是要通过拆迁补偿安置,实现原住居民居住条件的普遍改善;就是要通过土地运作和利用,实现土地资源的优化配置,充分发挥土地级差效应;就是要通过转移支付,"以肥补瘦",以富济贫,以经济发展支撑社会发展,最终实现和谐均衡、共同富裕。

事实上,由于农村社会整合新旧观念冲突激烈,许多农民角色转换十分困难,导致社会凝聚力和社会动员力下降,因此,迫切需要形成同社会主义市场经济体制相适应的新的社会整合机制。这种整合机制,必须满足国家经济生活市场化、权力民主化、个人权利保障化的多元需求,实现公民对国家公共生活、社会生活的有效参与和监督,实现多阶层之间利益关系的协调,实现整个社会系统的和谐。从根本上说,沿海地区的城乡一体化是以"人"为对象的,以"文"化"人",实现城市居民、失地农民、外来流动人口的整合和发展,使失地农民和外来居民在思想价值观念和行为方式上成为真正的城市居民是城乡一体化的最基本内核。要实现这样的社会整合,寻求文化的共性也许是解决冲突的有效途径之一。城市文化与农村文化虽然具有差异性,但同时也存在互补性和共同性。只有以一种较为温和、人性的方式过渡,才能尽可能避免文化冲突,进而解决城市化进程中的相应问题。沿海城乡一体化正逐步改变着村民的小农经济意识,并使其在职业、文化、道德品质、价值观念和生产生活方式等方面也发生根本转变。

二、失地农民分化

伴随着沿海地区农村社会的整合,农民的分化特征尤其明显。农民的分化在比较利益的驱动下,呈现一种积极主动的态势,无论是已经分化的农民还是未分化的农民,均在分化过程中得到了或多或少的物质利益。在对沿海农户的访谈中我们了解到,首先,不论是出于无奈向非农产业转行,还是自己有意识地利用征地获得的补偿金进行第二、三产业的投资,失地农民都普遍得到了非农经营的利益,也受到了城市居民所带来的物质的、文化的和思想观念的良好影响;其次,沿海地区农民的分化不是单纯地自然而然地由农业经营向非农业生产经营的温和转变,而是在当地政府强制征用土地的巨大推力以及在当地经济发展的强辐射作用下产生的剧烈分化,这使得部分农民在剧烈的分化过程中缺乏必要的心理准备,加之政府在农民的就业、教育和社会保障等方面的改革相对滞后,部分居(村)委会的功能丧失,这一切都加重了失地农民的转型负担。

由表7.1可见,我国处于城市化进程中的农民文化素质普遍较低,这是阻碍农民向非农产业分化的重要因素。依靠人力资本禀赋而获得就业机会,应是农民向非农产业流动转移的出路所在。农民分化是一种积极的城乡一体化发展进程,但只有实现了彻底的职业流动和社会地位的升迁,才能推动农民分化的深入发展及农村的城市化进程,进而促进当地社会、经济的发展。而推动农民的持续分流与分化,就需要为他们提供一个就业岗位、一个教育培训的机会、一个与改革户籍制度相关联的开放的劳动力就业市场。

表7.1　2014年农户家庭劳动力文化程度构成　　　　　(单位:%)

文化程度	沿海地区	内陆地区	
		中部地区	西部地区
不识字或识字很少	3.98	6.01	9.88
小学程度	21.07	24.22	32.88
初中程度	54.9	55.95	46.78
高中程度	13.4	10.64	7.91
中专程度	3.93	2.16	1.81
大专及以上	2.72	1.02	0.74

7.1.4　消除与存续

一、彻底消除

目前,我国沿海地区许多城市单纯为了追求城市景观在短期内的彻底改变,订立了诸如"三年或五年内城市大变样"这样不切实际的计划。在沿海地区,由于经济较发达,市场运作较成熟,大多数城市采取"政府决策、政策推动、市场运作"的办法大规模地进行城乡一体化建设。这种彻底消除式的城乡一体化模式在改善失地农民居住条件和城市景观的同时,腾出大片的土地作为商业用地,为失地农民今后的生活提供了保障。

但是,这样做也付出了很大的代价。政府改变现状、提升城市形象的想法迫切,某些地区组织者和实施者会不顾实际,在农民社会保障、集体资产量化政策滞后的情况下,盲目地制定"几年城市大变样"的计划,并且以政治任务的高度层层下压,"限期拆除""全面完成"等字眼在政府文件中屡屡可见。结果是下级政府为了完成上级下达的任务,要么随意增加补偿标准,要么强制失地农民搬迁,造成政府与农民之间的冲突,农民用体制外的手段比如上访、集体闹事、冲击政府等为自己争取利益,导致城乡一体化困难重重,矛盾越积越深,建设成本也越来越大。另外,由于沿海地区农村所处城市地理位置优越,商业利用价值高,有的村落风景资源条件好,高档住宅的开发价值很高,一些房地产开发商争相开发,他们往往利用城乡一体化的机会,游说相关职能部门一再修改城市规划相应指标或与村里的"集权精英"私下交易,变相地进行单纯谋利的房地产开发,造成对失地农民利益的侵害和农村社区资源的破坏。

二、保留存续

处于城市化进程中的农村社区作为农民的生活场域,是有其存续价值的。客观地分析,这类农村社区在我国城市化发展历程中,特别是对于人地矛盾尤为突出的沿海地区起到了很多积极作用,它是农村居民与城市居民的融合场域,其存续价值体现在三个方面。

(1)保持(延续)城市历史文脉

每个城市都是历经不同时代发展而成的,城市的文脉延续对形成城市的特色、挖掘城市的文化内涵具有重要的作用。在这类农村社区里,常常保留有一定历史年代的民居、祠堂和一些历史名人的宅第、墓穴、牌坊等文物古迹。这些对挖掘当地的历史文化,延续城市的历史文脉具有很高的文化价值,应视情况予以保护和修缮。

(2)为农民进城打工创造了条件,降低了所在城市的生产成本

经济建设的评论者们总用"脏、乱、差"来形容落后和没有秩序,但他们忘了,他们所说的"文明、有序、条件好"的地方无一不是以金钱来当门槛的。对那些连上厕所花五角钱都感到囊中羞涩的群体来说,他们宁愿选择那些"脏、乱、差"但可以睡觉和生存的地方,面临转型的农村社区正是这样的场所。此类农村社区能从以下两个方面降低整个城市的生产成本,使整个城

市更具竞争力。第一,农民直接参与收入低、条件差的生产活动,如城市内的许多工厂大量雇用低价而没有法律保护、不需要医疗社会保险的临时工,正是这个公开的秘密保持了一些厂家经久不衰的低成本竞争力,这也提升了沿海地区许多城市在国际、国内市场上的竞争优势。第二,农民通过提供低价的服务性劳动,降低了整个城市的生活成本,从而间接地降低了整个城市的生产成本。

(3)为当地经济的发展积累了资金

在沿海农村的城市化发展过程中,农民通过出租房屋和提供相关服务积累了大量资金。他们中许多人把这些钱积攒起来,作为将来的生存和发展资本。一些有远见的农民早已通过"资本积累——投资——创业"的过程实现了生活来源方式的根本转变,而这一过程使他们摆脱了许多农民短时间内出让土地、获得补助、迅速破产(花光补助)、四处流离的命运。在这个过程中,他们有时间来做好心理和物质上的准备,以便融入城市社会。

经过以上分析发现,城乡一体化在整个城市社会发展中的作用是复杂多样的。处于城市化进程的沿海农村社区,在转型过程中对整个城市的发展起到了一定的作用。它甚至是整个城市功能完善的补充者,因此如何在存续的基础上对其进行整合建设是值得关注的问题。

7.2　转型时期制约沿海城乡一体化的主要因素

7.2.1　思想观念因素

实现城乡一体化是大势所趋,但是仍有部分农民对城乡一体化的理解不够全面,显得顾虑重重,思想转化较慢。从社会学角色理论的视角来看,从农民转为市民有一个"角色转换"的过程,农民在"角色转换"过程中会遇到"角色不清"与"角色中断"两种问题。所谓"角色不清",是指农民在进入城市后,不清楚市民这一角色的行为标准,不知道市民这一角色应该做什么、不应该做什么和怎样去做。"角色中断"是指原来的"农民"角色和进入城市以后的"市民"角色之间发生了前后矛盾的现象。农民"角色转换"的困难是内外两方面造成的,内在方面主要是心理、个人素质因素,外在方面则是生活方式与社区差异的不同。

一、心理因素

一部分农民走进城市社区以后,会对"角色转化"产生抵触情绪,融入社区困难。一部分农民既有走进城市的实力,也有想搬迁到城市的愿望,但受传统思想的影响,乡土观念较强,怀旧心理浓厚,总觉得自己原始生活的地方是较好的选择,这就导致他们很难融入城市社区的生活。

二、自身素质因素

农民"角色转换"的成败还与个人的适应能力有关。市民角色是市民社会地位的外在表现,有其相应的权利、义务和行为模式。而部分农民由于个人能力和文化水平的限制,不能准确把握市民角色的内涵,导致市民角色的行为实践不成功。

三、生活方式的转换滞后

从农民生存、发展角度来看,农民生活方式的转换包括劳动、消费、闲暇、交往、家庭等生活方式的转换。通过调查表明,部分农民进入城市后并没有很好地完成生活方式的转换。农民劳动方式由以前的从事"农业"到从事"非农业";消费方式仍停留在原来农村的消费方式上;闲暇方式是习惯性的打麻将、看电视等,不愿意参与社区生活;交往方式是以血缘和地缘为主,业缘为辅,而城市社区的交往方式更多的是以业缘为主;有的农民进城后,还保留着农村的家庭生活方式,如用房子堆放废品,衣服随便晾晒等。

四、对社区差异的适应慢

农民进入城市以后还可能遇到城市文化与农村文化差异导致的问题,即所谓的"文化震惊"。城市社区与农村社区是两个完全不同的社区,相比农村社区,城市社区有两个主要特点是农民不能适应的:城市社会关系世俗化,具有匿名性与非人情性。城市居民对人一般较为冷淡,人与人之间的关系以事为本,而农民对人一般较为热情,对社会事务较关心;农民保持生活快节奏只有特定的几个时期,而城市生活全年保持生活快节奏,精神压力大,农民短时间内很难适应。

沉淀了千百年的传统思想观念和生活习俗是很难改变的。农民的潜意识中有一股深厚的力量促使他们本能地抵触城乡一体化。因此,对于城乡一体化,农民最关心的不是改造后城市环境如何优美、街道如何整齐,而是更多地担心改造后失去赖以生存的房产和土地,害怕既不能保住自己原有的土地,又失去了谋生的手段。

此外,城乡一体化的思想障碍不仅存在于农民一方,在决策者和执行者中同样存在。因为改造工作困难重重,许多城市都将城乡一体化当作一块心病。改造过程中,要搬农民的家、拆农民的房、收农民的地,甚至扒农民的祖坟、祠堂,其难度可想而知。挨人骂、受人气、遭人恨,甚至遭到人身攻击,其结果往往是费力不讨好,"即使改造成功了,也难出政绩",远不如修路建桥搞建设得心应手。因此在管理者的思想中,不同程度地存在对城乡一体化的畏难情绪,这种畏难情绪和不作为在一定程度上阻碍了城乡一体化的进程。

7.2.2　生态环境因素

山、水、林、田、矿是我国宝贵的生态环境资源,是经济发展不可或缺的重要生产要素。从资源分布情况看,我国的森林资源、水资源、耕地资源、矿产资源等自然资源,大部分集中在农村地区。以森林、河流、山脉为特征的自然资源,构成了农村地区良好的生态环境,保障了农业生产,并成为农村发展的潜在优势。在城乡一体化发展过程中,如果在非农产业、城市化建设及城乡协调发展上不注重环境保护,则会导致生态环境破坏。例如:由于矿产资源过度开发所造成的地表开挖与植被破坏,可能导致局部地方沙漠化或水土流失加剧;工业和城市发展对水资源的过量开采或污染,可能引发水资源短缺;等等。

一、生态环境的严重污染

生态环境的严重污染包括山、水、土和空气的严重污染,特别是水资源。水是城市的生命线,水资源的可持续利用是城市经济社会可持续发展的支柱和保障。一方面,随着城市化进程的加快,城市工业化、现代化水平的提高,城市数量的增加和规模的扩大,水的供需矛盾将更加突出。伴随城乡一体化的飞速发展,城市用水还存在严重的水污染因素。另一方面,水源保护政策限制了沿河地区的发展,而这些地区多为经济发展比较落后的农村,导致这些农村被边缘化。

二、生态资源的严重浪费

沿海地区城市化过程中过度消耗了生态环境资源,严重破坏了农村生态环境。一方面,由于强调发挥农村的资源优势,加快当地非农产业发展,而导致森林、矿藏、水,甚至旅游资源遭到掠夺式开采;另一方面,加强农村基础设施建设本身就对资源消耗提出了新的要求。

城乡一体化发展不单是城市规模的简单扩张,还包含城市综合素质的提高。只有城市规模空间上的扩张,没有城市产业素质的提高和城市对农村影响力的强化,不是真正的城市化。"摊大饼"的粗放式的城市规模扩张是与城市化发展的内在要求相违背的。因此,要实现城乡一体化的发展就要高度重视农村生态环境保护问题。在沿海地区城乡一体化发展过程中,尽量避免走"先污染、后治理"的老路,必须坚持全面统筹、协调规划、科学发展。

7.2.3 利益分配因素

一、利益分配障碍

沿海城乡一体化问题和矛盾的实质主要是利益在国家、集体和个人之间的再分配、再调整,主要涉及三方面。

(1)土地级差地租收益如何分配的问题。由于城市发展的需要,沿海地区各级政府加大投入,完善各项基础设施建设,特别是农村周边地区的道路、交通、通信和绿化环境建设,使沿海农村集体土地连片大幅升值,由原来的菜地、耕地摇身变成黄金宝地。土地价格由万元(每亩)急剧上升几十万元甚至上百万元(每亩),集体依靠出租土地、厂房获得了上千万元、上亿元的土地级差收益。巨额的收入一部分用于农村社区公共建设;一部分投入再生产,积累了厂房、供电供水设施、学校、道路、交通工具等集体资产;一部分以各种管理费等形式进入村镇基层政府;一部分用于农民分红和福利补贴,如合作医疗、养老保险等。沿海城乡一体化后,如何合理地分配存量的现金或实物资产,成为城市化改造的核心问题。

(2)集体所有土地改为国有土地的市场化行为所带来的巨额收益如何分配的问题。由于集体土地改为国有土地这部分土地除作公益用途外,还有一部分必然面向市场,将会带来巨额的收益,如何分配这些收益必然涉及国家、集体及个人三者利益。

(3)用集体土地和宅基地建的商用和自用房屋的问题。一旦转制为国有用地,房产成为可以流通的商品,必然升值,如何分配升值收益也涉及国家、集体和个人三者利益。

二、博弈困境

我国沿海地区城乡一体化是一个多方利益相互争夺、妥协,最终达到相对平衡的复杂过程,它面临着以下博弈困境。

(1)政府既要考虑处于城市化进程中的沿海农村对城市环境及治安等的影响,同时又要担忧城市化进程中的利益冲突会成为社会的不稳定因素。因成本过于高昂,政府自主开发的方式往往难以启动,如果仅依靠优惠政策吸引开发商介入开发,又担心商人的"逐利本性"会背离城市化建设的初衷。

(2)开发商既看到沿海农村改造后能够给日益紧张的土地市场提供稀缺的土地资源,又担忧城市化建设的诸多不确定因素,高昂的交易成本会吞没和销蚀正常收益。

(3)村民以及村集体则担忧他们既得的房地产租金收益在开发中得不到保证,而且在城市化建设中又会遇到关于拆迁改造的纷争。

城市化进程中缺少了上述三方任何一方的参与都难以进行,因此利益的协调也更加困难。所以,在沿海城乡一体化过程中,出现了复杂的政府、开发商、村民的两两博弈和三方博弈局面。

7.2.4　政策因素

城乡一体化的发展离不开政府的宏观调控。为了推动城乡一体化发展,沿海地区各级政府在城市化发展规划、城市化法规建设、城乡二元制度变革以及城乡经济非均衡增长带来的各种利益冲突和矛盾的解决方面都进行了一系列调控,极大地加快了沿海农村的城市化进程。实践证明,政府对城乡一体化的政策调控主要在以下方面:把握好市、镇设置的条件和模式,建立合理的城镇布局体系,推动产业聚集,重视城市群发展协调机制和城乡协调发展体系的建设。城市化的发展既要充分发挥市场机制的作用,又要充分发挥政府政策的宏观调控作用。为此,充分认识和切实解决沿海地区城市化过程中政府政策调控的一些失误,提高政府的政策调控效率,是沿海城乡一体化持续快速发展的前提和保障。从当前来看,我国沿海城乡一体化过程中政府政策调控还存在以下问题:

一、区际协调、城乡融合方面有待进一步完善

近几年来,我国沿海城乡一体化政策调控面临的一个主要问题是城市化政策的行政化和地方分割化。现有不少地区在城乡一体化和城镇建设的推进方式上存在着用行政推动代替市场推动的倾向。这种行政性政策推动型的城乡一体化主要表现在三个方面:政府行政机制超越市场机制,成为影响城市化资源配置的基础性机制;在推进城市化建设的行为主体结构中,政府往往处于较为重要的地位,企业和农民主动参与不足,尤其是农民还没有真正成为城市化主体。在现行行政体制和财政体制下,许多区域的城市化过程实际上是不同规模、不同层次的城镇之间以地方政府为主体分散进行城镇建设的过程。因此,在较大区域范围内,由于各区域城市化政策的制定都是从本区域自身利益最大化出发的,区际的城市化政策缺乏协调性,致使

区域城镇体系中城镇定位不清、功能雷同,不同类型的城镇之间难以形成有效的分工协作关系,难以提高区域城镇体系的综合效益。

改革开放以来,我国沿海地区对户籍制度、劳动就业制度、社会保障制度、教育制度等方面进行了一系列变革,推动了城乡融合,但阻碍城乡一体化发展的城乡分割政策壁垒还没有完全被打破,城乡资源自由流动和充分竞争的宏观环境还没有完全形成:在户籍制度上,仍然存在城乡利益的差别;在社会保障政策上,沿海农村社会保障覆盖面相对较小;在就业政策上,城乡统一的劳动力就业市场还没有建立。另外,缺少推动城乡生活方式和文化价值融合的政策:当前沿海有些地区在推进城市化过程中重视城乡产业的融合发展,尤其是城镇产业的发展,而忽视城乡生活方式和文化价值观念的融合发展。

二、忽视生态环境保护

提高城市化水平是促进经济发展、提高社会文明程度、增加社会就业率、改善人民生活的需要,是地区经济发展到一定程度的必然趋势。在城市化水平提高过程中,客观上会出现正、负两种"效应"同时并存的现象:一方面是城镇建设逐步为人们创造了一个良好的生产和生活环境;另一方面是生态功能较强的农田在建设过程中会遭受到较大的破坏,这是建设活动本身"双重性"的必然体现。城市化水平的提高,意味着城镇大量建筑物和公用设施的崛起。建筑物本身是各种矿藏资源(如铁矿、煤矿、石矿和黏土矿等)的重新组合。这些资源的开采,必然会造成植被破坏、水土流失。同时,这些资源在转化为各类建筑材料的过程中,会排放大量废水、废气和废弃物等,又会造成超越自然环境容量的各种污染。这一生产过程如果管理不好,将会是生态环境的恶性循环。同时,各种基础设施如铁路、公路及桥梁的建设,电力、通信、油气等各种管网的埋(架)设,也会造成植被破坏、水土流失等生态环境的破坏。

三、现行土地制度阻碍社区资源整合

目前,国家对土地资源的分配进行高度集中、严格管制。国家规定土地用途,将土地分为农用地、建设用地和未利用地,严格控制土地用途的改变,并且高度集中土地资源的分配和管理权力。现行土地制度与市场经济模式对土地制度的需求发生了一些冲突,阻碍了城乡一体化的资源整合,主要体现在三个方面。

(1)集体土地所有权的虚无性及其衍生问题。由于居(村)委会既不是经济法人,也不是一级政府,在村民现有民主法制知识有限和文化素质不高的情况下,土地集体所有往往转变成为某些村主任或者居(村)委会少数人出租和变相出卖集体土地,侵占、挪用国家征地的补偿,多留机动地和集体田,频繁进行土地承包的调整并从中牟利,等等。

(2)集体土地被征用为国有土地的不平等性及其衍生问题。集体土地的交易只能被强制征用给国家后进行,国家征用土地确定的是补偿价值,而不是交换价值,即低价征用;而各地政府将征用的集体土地有偿出让、高价出售。

(3)土地使用年期较短、使用权终止、财产归属的不确定性等风险。从中国目前的土地使用制度来看,一是使用年限较短,二是年期终止时使用者有关财产的归属不确定,并且有收回充公的制度安排。

8 沿海城乡一体化与城市发展协调 互动的路径取向

当前,推进中国沿海城乡一体化的发展决不单单是解决农村的问题,也不仅仅是城市推动农村发展的问题,而是两者的双向复合演进,是农村与城市经济社会、人文自然等诸要素的协同融合和互动发展的过程,是逐步实现传统模式向现代模式转变的过程。

8.1 沿海城乡一体化过程中农村与城市的经济互动协调

城乡一体化进程中的沿海农村,要实现与城市经济互动协调发展,关键是要促进沿海农村经济的持续发展和农民收入的稳定增长,要用新的思路、新的理念、新的举措千方百计地增加农民的收入,推动农村与城市的经济融合。

8.1.1 非正规经济的规范化建构

在知识经济与城市化的双重社会转型时期,与信息化进程同步的城市产业结构调整带来了我国城市劳动力市场的剧烈震荡。一方面,由于信息化带来的对劳动力素质要求的提高,迫使劳动力在第三类产业结构中的构成发生变化,造成了相当部分的劳动力被淘汰出正规经济部门;另一方面,由于我国城乡一体化的高速发展,有相当部分的劳动力由于学历及城市就业制度门槛的限制而无法进入城市正规部门,这就势必造成非正规经济活动在城市及周边地区的蔓延。

早在 1978 年之前,我国城镇及其周边郊区就存在非正规的经济活动,如零售商贩、路边的自行车修理、铁匠、裁缝、搬运工等。当时的非正规经济活动由于多数是"小生产",而被视为滋生资本主义的温床,所以处于被抑制的状态,在很长一段时期,其规模和数量都非常小。进入 20 世纪 90 年代,体制性分割力量和市场配置的双重作用,促使非正规经济具备了形成劳动力市场的条件。由城市化的高速发展而产生的快速的城市人口增长、迟缓的经济增长和正规经济部门的瓦解,导致由农村剩余劳动力、城市失业工人、重返劳动力市场者组成的非正规经济活动的主要从业群体数量增多,从而确定了非正规经济活动为社会提供服务的不容否定的作用。我们应该正视其不可避免的现实,采取积极措施,用科学合理的方式帮助包括农民在内的弱势从业群体再就业,这其中首要的任务就是明确非正规经济具有向正规经济转型的过渡功能。

伴随着城乡一体化,农民往往先进入城市非正规劳动部门,他们希望非正规部门能成为进入正规部门就业的过渡——一个必经的培训基地。然而,由于我国就业制度的限制——两种劳动力市场的隔离,进入非正规劳动力市场的从业者极少有机会进入正规劳动力市场。这就要求政府鼓励正规部门创造非正规就业机会,创造灵活多样的就业方式,如:非正规就业由政府进行准入认定、规范从业范围、组建社区服务载体、开展日常管理,并配套安排参加免费培训、缴纳基本社会保险、减免税费、提供小额贷款担保等等,确立非正规经济的过渡平台功能。我们相信,由非正规部门向正规部门的过渡将成为沿海农村农民完成就业的主要方向和发展趋势。

另外,城乡一体化进程中的农村社区是农民的生活空间场域,其非正规经济活动主要是经营规模很小的商品生产、流通、服务的活动,如:微型企业、家庭作坊式的生产单位、以独立的个体劳动为基础的私营经济等等。此类经济行为由于对行为主体的文化素质要求相对较低、成本低、风险小而成为维持农民经济生活的主要支撑。它的特征是:在城市空间中的随机性、流动性、临时性,从业者收入低、不受政策保护。这导致从事非正规经济活动的农民生活毫无保障、生产效率低下,以至于为利所图而丧失职业伦理。因此,使非正规经济活动规范化是当前沿海农村发展面临的紧迫问题。首先,政府需要给非正规经济活动正名,给它在发展国民经济、扩大就业中以适当的地位,并采取积极政策来扶持其发展,从而使农民可享受到相当部分的保障政策。其次,从事非正规经济的农民都渴望获得稳定而长久的经营场所,而不是打游击战的"练摊式"经营,因此"入室经营"、规范场所空间也会受到农民的欢迎,这样不仅可以避免非正规经济活动对城市街区的破坏、对开放空间的蚕食,还可以让农民有稳定的经营场所。另外,还应提倡农民的生活和行为遵循理性的法则,提倡农民平等、民主、契约、法律的经营模式,提倡农民诚实守法、信用公正、维护经济运行秩序和效率的"工作伦理"。

8.1.2　类正规经济的规模化建构

正规经济是指除了生产活动之外的相关的大规模和服务性的活动,它以大规模的资本主义生产模式为基础,也包括政府工作人员和其他高收入专业人士。城乡一体化进程中的沿海农村,其经济共同体组织具有类正规经济属性:它拥有几乎全部的土地非农转化资金,拥有村落中内聚力的核心组织——村一级的行政组织的领导,具有正规经济的资金积累与相对稳定的管理机构这两项基本属性。但是,由于此类经济共同体生长于农村这一特殊土壤,注定了它难以摆脱传统家族色彩,无法被列入正规经济的范畴。因此,本研究将此类经济活动称为类正规经济活动。

城乡一体化与非农经济的形成壮大往往是同步进行的。在农村社区中,土地是最重要的资源。农村社区的非农化在很大程度上是土地非农化的过程,因而,拥有土地非农化的权力便成为积聚经济实力的关键。首先,按国家政策规定,行政村具有变农用地为非农使用的初审权,这就意味着拥有农村非农化相关重要资源的支配权。而在农村的城乡一体化过程中,村一级的行政组织一直是动用村落资源、组织村落活动、积累村落财富的主体,其集体经济的形成有相当比重直接就是土地非农转化的资金或土地非农使用升值带来的效益,这使得土地权强化了村行政组织及其活动的权威性与村民对其的依附性。其次,村行政组织既是上级行政权威认可的自治性村落组织,同时又是与村庄居民具有直接关系的合法权威性组织,村庄行政组织越强大,其集体经济就越发达。塑造以村行政组织为主导的农村经济共同体是当前情况下农村经济可持续发展的前提,是规范利用和开发农村农地非农化补偿金和相关资源的保障。另外,土地非农化带来的种种收益都与村民的村籍身份相挂钩,土地权在村籍身份的认定上往往大于其他任何身份,具有极大的封闭性。这种封闭性的主体构成又连带出一系列利益分享的封闭性。因此,如何科学地分配这一利益、加强利益平等共享是沿海城乡一体化过程中类正规经济规模化建构的关键。本研究认为可以关注以下几点。

(1)面临转型的沿海农村社区,自身"拟单位制"的建构是合乎当前农民意愿的。村落共同体可以依靠"拟单位制"来发展实力雄厚的社区经济,帮助社区治理团队拥有公共经济在市场竞争中的承受力,并可以以社区经济为基础,为从事此类经济行为的农民提供长期稳定的保障,创造农民类正规活动的施展平台,帮助农民树立创造生活价值的自信心,从而推动包括居民福利在内的农村公益事业的发展。

(2)随着城乡一体化的发展,沿海农村社区在外在景观和内在结构上变得越来越城市化,其中一个重要表现便是社区公共领域的扩展与公共物品的增加。一般经济共同体发展得越好,其公共领域分化程度就会越高,发展也会越完善。农民对这些公共服务的分享与依赖,无疑会强化他们的心理认同及农村社区的内在整合。沿海农村可以以经济共同体公益事业的发展为依托,强化农村公共文化上的突出优势,加强文化的特色建构,提高经济共同体的文化含量。借助农村经济共同体的公共服务来激发农民的创新热情——创造标志性、个性的公共文化,加强农村地缘体的凝聚力,让农民在生活的场域内有引以为豪的东西,有相对稳定的传统,这是推动经济共同体发展的原生力量。

(3)面临转型的沿海农村社区是直接从单一性农业村落延续而来,在社区的非农化过程中,社区经济共同体无疑会存在一套难以摆脱乡土本色的经济积累机制,家族色彩浓厚。村民的非农化程度越高,家庭与家族性的经营管理越强势,这也注定了经济共同体的内在局限性。因此,加强公共经济的作用,淡化其家族色彩,是经济共同体健康发展的必要保证。

(4)目前农民最适宜、最安全的公共经济趋于保守。保守的经济模式由于经营管理比较简单,对劳动力的吸纳非常有限,再加上经济共同体的公益作用,使得农民就业率没有多少提升,有的地区还出现一定幅度的下滑。另外,农民传统的文化要素是经验、常识、习惯、家族血缘关系等自在因素。而在城乡一体化过程中,农民的文化要素已向理性过渡,他们也需要理性、科学、契约、平等、创造性、主体性的自觉文化。由此,公共经济高速发展所带来的就业压力和文化因素的转变,都要求农民必须投入以文化转型、素质提高、生存方式和行为方式转变为主要内涵的文化建构中,要求政府和专家更多地为农民提供相关的技术文化帮扶,向农民宣传科学的经营思想,要求农民在经营、管理、生产、服务等各种社会活动和社会运行中,学习运用准确的信息,通过精确的计算与预测来获取最大的效率,从而在思想层面保证公共经济的正常运作。

我国作为发展中国家,其城乡一体化的力冲场域——沿海农村的发展应该确立经济可持续和文化自觉的战略意识,加大农民的素质提升力度,帮助他们明确非正规经济、类正规经济的正确发展模式,鼓励他们充分利用经济的"文化化"和文化的"经济化"来推动城乡一体化进程。

8.2 沿海城乡一体化过程中农村与城市的社会互动协调

以户籍制度为代表的城乡隔离制度,将中国公民明显分为城市居民和农村居民两个不同身份地位、不同福利权益的社会集团,形成了非常突出的二元社会结构。推进农村与城市的协调发展,必须统筹城乡的社会发展,帮助农民树立市民意识,推进农村社区亚文化到新型社区文化的转型。

8.2.1 农民的市民意识的培养

在城乡一体化过程中,沿海农村农民面临着身份的转变和居住环境的变化,这种变化更多的是一种外在的改变。由农民到市民的转化过程并不只是简单的身份变换,也不是简单的居住状况的变动,而应伴随观念、意识及生活方式的转变,应该是一种内质转化的过程。从某种意义上说,这种内质转变比外在的改变更为重要。

城乡一体化进程中,农民一方面有机会了解、学习城市生活方式,转变思想观念和角色;另一方面,原有的农村生活习俗、思想观念又在不断影响着他们的观念转变和市民意识的形成。因此,他们虽然长期受到城市文化的熏陶,具有某种模糊的市民观念,但这种模糊的市民观念又非常脆弱。而转变观念和树立市民意识,实现由农民角色向市民角色的转变,实际上是农民在城市生活中继续社会化的过程,在此过程中完成由农民角色向市民角色的转变。农民所习惯的乡土文化、思维方式和传统生活方式必将经历与城市文化碰撞、冲突到逐步适应、融合的过程。这就需要加强传统农村文化与城市文化的融合,用先进的城市文化塑造沿海农村农民的新观念和新市民意识。通过教育和城市文化的熏陶,潜移默化地改变农民的传统小农意识,逐步改变部分农民依赖出租屋经济、不思进取的食利生活方式;通过加强市民意识教育、培育市民观念、提高自身角色意识、树立规则意识,逐步促进农民观念和生活方式的转变,使沿海农村农民能够在服从国家整体利益的前提下,结合自身利益和眼前利益,从观念层面上转变为城市市民。

8.2.2 农村社区向城市社区转型

在从传统农业社会向现代工业社会转型的特定时期,许多农村社区在城乡一体化过程中会面临着向城市社区的转型。虽然许多农村社区已经将"村委会"的牌子换成"居委会"的牌子,但从管理体制的角度来看,仍然延续着农村管理体制,形成了实际上的"城乡混治"局面。在实际操作中,由于体制不顺,乡镇领导和街道管理的地域交错、职责不清,农村社区存在着已转居的人员由街道办事处管理,可脚下的土地和房屋却由乡(镇)政府管理的现象。许多农民脱离了农村社区的自治组织,又没有被纳入城市社区的管理范畴,处于一种游离状态。这种行政管理权力的交错,不仅削弱了政府对此类农村社区行政管理权利的效力,也影响到农民的生活,导致农村农民市民化难度加大。可见,"农民市民化的关键在于处理好政府与农民的关系,同时,农民的市民化也是一个农民与政府的关系实现革命性变迁的历程……应当从农民市民化过程中,国家权力的实现能力及其实现渠道的角度,来看政府与农民新市民关系的变迁"。

由于农村城乡混合治理及农村相对封闭的利益共同体的存在,村民直接选出来的干部往往借社区自治的保护伞实行地方保护,在对出租屋和暂住人口的管理上排斥外来权力对社区事务的介入,造成社会治安管理的隐患。这种沿海农村的强烈排外意识对内是社区凝聚力的体现,对外却是城市管理和城乡一体化前进的阻碍。因此,沿海城乡一体化实现村委会向居委会的转变,应当按照社区居委会和城市社区建设的要求,扬长避短,做好改制的相关工作。应依据农民居住的自然地缘关系、社区的资源配置、适度的管辖人口和人们的心理归属感,建立新的城市社区居民委员会以及相关机构。原村委会最了解村民的现状,最了解村民的需要,它可以根据政府的规划方案,制订出操作性强的具体实施意见。在村委会改为居委会的过程中,应既尊重原住村民的观念意识,又要加强对原住村民的城市化教育,结合本村具体实际情况,创造性地开展工作。应当借鉴和保留原村民自治的优良传统和宝贵经验,引入新的机制,建立多元主体的民主管理体制,贯彻民主、公平、参与的原则,突出居民在社区中的主体地位,真正实现居民的"自我管理、自我教育、自我服务"。

8.2.3 由农村亚文化到新型社区文化转型

与农村社区封闭、静止的社会结构相比,城市社区是一个开放、富有弹性的系统结构。城市的集聚与扩散性以及城市居民的高异质性和高流动性使城市成为一定区域内不同层次、不同流派、不同地域文化的中心。城市文化所具备的社会性、融合性和开放性共同促成了城市社区文化的多元性。

农村社区的文化是一种封闭的、传统的和单一的文化,城乡一体化进程中的农民存在社会身份和社会心理上的双重矛盾,是一种典型的边际人。这种边际性,使得他们产生了茫然、失落、焦虑、冲突等消极的情绪。

面临转型的沿海农村社区,作为一个相对稳定和封闭的小社会,传统的以血缘和地缘为纽带的社会关系网依然存在,村民在遇到村落文化与城市社区文化的冲突时,会从原有的经验和知识中寻求自我保护。农民在长期的交往过程中,结成了丰富社会网络,它是无形的、看不见的,但对农民的生活稳定具有某种内在的影响,这实际上是一种亚文化。因此,虽然沿海农村农民受城市文化的影响,开始步入城市公共生活圈,开始接纳新事物、新观念,但是农民社会文化及社会心理带有很强的地方色彩,保留着血缘和地缘关系的固定性和封闭性,与现代市民的行为相比,表现为初级的形式,即城乡二元性和边缘性。

沿海农村社区的亚文化也有着正面功能。作为一种社区意识,它本身成就了沿海农村社区的组织性、有序性和稳定性,不仅在环境相对稳定的时候是有效的,在变化的时代中,也会成为社会、环境巨大变迁中的稳定因素。在转型时期,应有效开发利用沿海农村亚文化的正面功能,它能使沿海农村农民在城乡一体化的过程中仍能有所信守,并对维持社会稳定具有潜移默化的作用。在沿海农村的新型社区文化建设中,应加强传统优秀文化的保护,建设具有民俗特色的新型社区文化,使沿海农村自身的历史文化在发展的新陈代谢过程中,仍能保持着某种特征的延续。应从结合村落地域特色的角度出发,将地域性的文化特色融入新的社区文化之中。一方面,打破沿海农村亚文化中的一些不良思想,如封建意识、封闭保守思想等;另一方面,继承农村优秀传统文化和吸纳城市文化中的积极因素,在吸纳农村传统文化的积极因素中形成具有特色的城市社区文化。还应通过社区文化教育,提高沿海农村农民的文化水平,弥补城乡二元体制下教育落后带来的差距;培训沿海农村农民的职业技能,提高他们的就业竞争力;提高社区成员的道德水平,形成良好的社会风气;丰富人们的文化生活,改变不适合社区发展的生活方式、风俗习惯;增强人们的社区归属感,增强社区的凝聚力。通过上述途径,全面提升农民的整体素质,帮助沿海农村农民完成从传统农民向现代市民的全面转型。

8.3　沿海城乡一体化过程中农村与城市的区域空间互动协调

农村与城市的协调发展,除了在经济和文化领域外,还有很重要的一个方面,就是区域空间的协调。它主要指城市与农村的各种要素、设施在空间上相互交融、协同发展的过程。

8.3.1　农村与城市空间改造的和谐

我国的农村社区转型问题显然不能归咎于农村本身,它是在多种力量的共同作用下形成的,城乡二元结构是其根本。正是因为城乡二元结构的存在,对于农村社区这类特殊的聚落形式,农村的城市化改造不应进行大规模的"手术",更不能简单将其"推倒重建"。尤其在对待保留有较好空间肌理的农村社区时,应该通过挖掘其空间的特质,充分认识这种变异的村落形态的价值,利用空间整理、空间渗透等方式,促成更广泛的有机空间体系的形成。

空间整理,是指对农村内部空间结构的重新梳理和逐步优化。关键在于以公共空间为核心,通过"街巷空间＋公共空间"的组合进行农村社区转型的空间结构整理。在空间组织上,强调公共空间的地位,挖掘公共空间的场所文脉,围绕公共空间对农村内部空间存在的问题(如街巷狭窄、空间密实压抑等)进行重点处理。如对村内主要道路进行适当拓宽,建立社区内部的消防通道,增加街道绿化面积,改善公共卫生环境,对已有的公共空间进行整治美化等。同时,在一些主要的人流汇集处开辟新的公共开敞空间,从而在保持"街巷空间＋公共空间"模式的基础上,强化公共空间的网络化发展,从而使密实封闭的空间肌理向有机开放的方向发展(见图8.1)。

在整理过程中,首先,应保持混合功能的土地利用模式,避免机械地进行用地功能划分,人为割裂居民的交往。其次,整理应是一个渐进的过程,应先选择若干重点地段进行处理,并充分征询村民意见,让村民真正参与到改善自己生活空间的行动中来,获得满意的效果后,再逐渐推进。在这一过程中,村民应拥有足够的决策权,并享有最终的收益。

从边界开始空间渗透,是为了打破二元空间的对峙。农村与周边城市区域之间往往以征地界线或城市道路形成明确的边界,边界两侧的边缘地带具有明显的城乡二元特征,空间特征是突变而非连续的。为了逐渐缓解

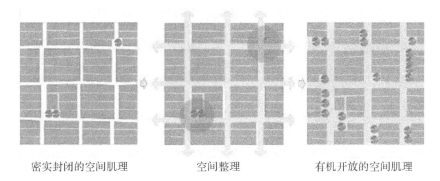

密实封闭的空间肌理　　　　　　空间整理　　　　　　有机开放的空间肌理

图 8.1　空间整理

城乡二元的突变,促使农村封闭的孤岛式空间走向开放,农村与城市之间在生态空间、公共空间以及生活方式方面应当发生相互的渗透,渗透的理念就是基于此目标。从某种意义上说,农村社区改造的最终目的是帮助农村完成城市化转型,让农民彻底融入城市生活,使农村传统聚落空间成为城市空间一个独具特色的组成部分。一方面,尽管农村在城市区域的包围之中早已失去了原有的农业功能,但农业文明的传统依然根深蒂固;另一方面,大量外来的城市低收入群体对城市生活较低层次的需求并不能刺激农民生活方式的城市化转型,甚至对农民的生活环境造成了相当大的负面影响。因此,可以通过提高空间环境质量,提升农村社区空间渗透力,实现生态空间和公共空间的优化。

8.3.2　农村的开放空间改造

农村的内部空间结构也普遍存在不合理性和不健康性。空间结构的不合理性内在的表现为村中建筑的密集度、高度和脉络完善度与规模之间的矛盾。具体而言,沿海地区由于人地矛盾突出,农村社区空间拥挤、杂乱,是一个封闭的空间系统。系统能量、物质、信息的输入输出不畅,新陈代谢失调,导致藏污纳垢、细菌滋生。如何使其健康的发展,一个有效的办法就是形成系统与外界物质的交换。认识到这一点,我们可以形成一个思路——阳光是最好的消毒剂,让农村阳光起来,各种社会病毒自然可以得到抑制。而让农村"见光",一个低成本且有效的办法就是"切割"和"抽疏"。所谓"切割",就是通过道路的分级,将农村社区化整为零,形成一个个的小片;所谓"抽疏",就是把过于密集的地方通过部分拆除,增建开敞空间,降低其密度(见图 8.2)。总体来说可以采用以下三种方式。

(1)开辟一些与城市道路快速对接的村中道路,方便警车、消防车、垃圾

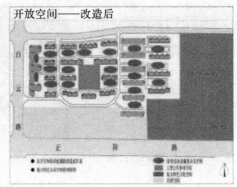

图 8.2　沿海某村开放空间改造前后对比示意图

车、救护车的进入，农村社区的治安、消防、卫生等问题便可得到一定程度的解决，同时其他的城市要素也能够在村内顺畅流通，加速"村融于城"。另外，形成一个较为开阔的廊道空间，使密集连片的农村社区分裂成几个相对开敞的"小片"。

（2）在村中核心位置开辟开敞空间，利用这些空间，创造优美的居住环境，为农民提供一定的活动设施，方便农民聚集活动，使社区成为保存本地传统文化的载体。

（3）以各个开敞空间为节点，开辟一些次一级村道至各"小片"的纵深处，进一步使农村"四分五裂"，提高各个部位的可进入性。这样居住系统就具备了合理的片区规模、完善的脉络和恰当的密度，便是一个合理健康的系统。这种方法的第一个优点在于通过少量的拆迁，改良农村社区的空间构造，有的放矢，切除病根。这种方法从形式上看：一是一种治标的方法，实际上能产生治本的功效；二是最大限度地保留了农村社区的特色，农村既是一种建筑景观，也是一种文化景观，它对于丰富城市的景观多样性具有积极意义。

另外，从区域的角度看，城市是区域内的节点，农村则是分布在城市周围的腹地，合理的城乡空间应该是以各级城镇为主体，以农村为依托，通过城镇与农村之间的相互作用形成一个网络状的、开放式的空间体系，使农村地域与区域空间得到有机融合，实现农村与城市空间一体化。农村的未来是从封闭走向开放的过程，面临转型的农村社区是其中的矛盾所在。它们既是村庄，又处在城乡一体化的进程之中；既接受了现代都市文明，却又坚守着传统村落文化；既拥有混乱的空间形态，却保留着有机的空间肌理；既不断自我封闭，却又期待走向开放。

公共开放空间属于非居住空间资源,这一资源的分配对于社会公平意义重大,特别是高密度居住地区,应重点关注开放空间分配的连续性和平等性,要对其布局、分配从平等公正上深入地考察,优化分配形式。开放空间要与居民日常生活更好地互动,要采取更为灵活、整体的方式。一方面鼓励建设社区公园,丰富农民的生活;另一方面建立社区环境与周边城市空间的良好关系,达到资源共享。将居住区开放空间作为有机系统来进行统一规划设计,让其有视觉和空间上的沟通、渗透、连续。正如《马丘比丘宪章》所指出的:"不应当把区域空间当作一系列孤立的组成部分拼在一起,而是要追求空间环境的连续性;每一座建筑和空间都不是孤立的,而是连续统一的系统中的一个单元。它需要与系统中其他单元进行对话,从而使其自身的形象得以完善。"可以说,在任何社会的任何时期,连续性和平等性都是同等重要的需求。

8.3.3 循环式设计方法

城乡一体化能否顺利进行,其中的设计环节是一个很重要的因素。要求设计方法应具有非常强的针对性,要充分考虑农民的居住主体地位。当前,在对沿海农村社区开发改造的实践中存在一些问题。

地方政府是农村社区城乡一体化改造的计划者和决策者,具有极大的自主权。某些地方政府借助权力强制征收村集体及农民的土地,农民敢怒不敢言。某些地方政府从自身利益出发选择开发商,与开发商形成利益联盟。其中不具实力的小规模开发商居多,他们只顾眼前利益,尽可能降低投资成本,不择手段地谋求短期利润最大化。农民及村集体是农村社区改造的承受者,但人们往往忽视了他们"主人"的地位。这种由地方政府强制力保证的均衡状态使得农民的利益遭到损害,并使农民逐步丧失话语权。

以上问题的产生可以归结为:各参与主体权责失衡→地方政府权力过于集中、农民丧失话语权→地方政府与开发商形成联盟→开发商在改造过程违规操作→利益分配严重失调→农民利益严重受损。因而,解决"各参与主体权责失衡",提高农民的地位,让农民平等地参与决策是解决问题的根本。故本研究从规划设计的角度出发,提出"循环式设计方法",旨在为问题的解决提供有益的引导。

循环式设计方法是指采用"高度参与—合作型"的模式确定政府和农民的关系,调动农民参与的积极性,调动政府、开发商、专业人士等多方力量,多方参与、合作协调、相互监督,并通过专业技术手段进行综合分析的设计方法。我们将这一循环式设计方法分为七个阶段：方案拟订、预测分析、方案优选、综合评价、设计结果、实施管理、评价反馈。其中各个阶段的发展顺序并不是绝对的，它们有交叉或重叠，并且设计的过程不是单一线性的，而是一个不断反馈、循环递进的系统运作过程。

（1）方案拟订：这一阶段首先进行实况调研，产生可行性报告，强化专家科学论证的可行性和农民参与的积极性。

（2）预测分析：预测分析是对规划设计造成的各种形式的改变进行分析评估，让农民平等地分享社会信息，并根据所得信息最终推断出包括农民在内的多元主体共同参与的科学评判结果，并将这一预测分析结果列入设计发展的依据。

（3）方案优选：对于形成的初步方案采用不同的形式进行筛选优化，强调除了依靠科学的评级和专业人士的评定外，农民的好建议也是设计评定的重要标准。从使用者角度出发是循环式设计方法的重要原则。

（4）综合评价：循环设计的整个发展过程都需要不断地评价与优化，反馈各过程的缺失和不足。

（5）设计成果：设计成果的产生需要通过多方主体的广泛参与，需要对现代技术手段的科学运用，需要对设计的综合分析和评价比较。

（6）实施管理：循环式设计方法与一般设计方法不同，以往小区建成使用也就标志着设计工作的结束，而循环式设计方法是将小区改造完毕交付使用后的运营管理作为设计过程的延续，跟踪监测以获得再设计的信息资料。

（7）评价反馈：将在小区运营管理中获得的评价意见注入再设计的资料中，从而不断对小区进行完善和再建设。

从以上设计过程的分析可以看出，多因素、多目标优化的循环式设计是一种多次往复的、多种方法交替的设计流程，（见图8.3）。

"循环式设计方法"尝试改变目前农村社区城市化改造以政府、开发商为主导的设计模式，形成一种与农民之间建立协商机制，把专业人士的建议融入其中的多元参与的设计方法，它强调城市与农村的交融、协同发展。

8.4　沿海城乡一体化过程中农村与城市的生态互动协调

绿色人居环境是人类在处理人与大自然关系中的一种理念环境，近乎一种理想状态。各种人类居住区都有其一定的发展阶段、特定的社会经济

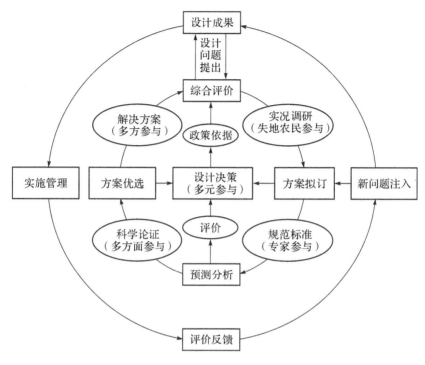

图 8.3 循环式设计方法示意图

条件及人群。农村社区与城市的生态协调应在各种约束下,通过可持续人居环境理念的指引,协调好农民生存环境、生态环境、生活环境及生产环境的关系。

8.4.1 生态建设方式

城乡一体化进程中的沿海农村主要是作为沿海地区农民及外来人口等多元主体的聚居点,城乡一体化如果仅仅是将这类聚居点简单地改造为城市社区的形态,就是对原有生态系统的彻底重组。

"都市里的村庄"一词,曾长期被作为贬义词用来比喻陷于都市中的景观破败、治安混乱的农村。但事实上,对于城市生态环境而言,都市里的村庄却是一种美好的理想。一个景观优美、治安状况良好的都市村庄,无论是对城市还是对村庄的村民来说都是有益的。对于城市,可以部分地实现田园城市的理想,提高城市的生态品质;对于村民,则可以避免迁徙,延续世代相传的村落文化。当然,作为生态城市的构成要素而被保留的都市村庄,需凭借生产方式的改进,使之符合生态城市要求的同时也需要增加村民的经济收入,提高村民的生活水平。较为合适的方法便是改"传统农业"为"生态观光农业",一方面可提高农业的产出,另一方面可改善村庄生态景观,进而完善城市生态景观系统。除了采用生态农业这种生产方式之外,"都市里的村庄"还必须提高村落居住质量。当然,在具体规划建设和管理的过程中,还必须采取切实有效的政策和措施,如妥善安排村民就业,将农村纳入城市整体并严格按规划进行建设管理和治安管理等。

有些农村历经了千百年的发展已形成独有的地域文化特色,村庄的历史与传说、独特的村落空间形态和建筑形式,以及与众不同的生活方式等,这些构成了颇具潜力的旅游资源,适于建立城市中的乡村民居度假村。此类农村社区的城乡一体化建设,可以以家庭式甚至自助式的宾客服务为特色,传承历史文脉的村落民居则是提供这种服务的极佳的空间场所。这些构想的实现,有赖于村落原有自然景观和人文景观的保持,即原有农业用地的适当保留、自然形态的小心维护、村落传统文化设施和文化活动的保护及延续等。以乡村民居度假村为目标的城乡一体化的选择,除了要考虑农村的价值与潜力之外,也要从城市生态和旅游布局的角度予以审视。

另外,将农村社区建设成为生态公园也是一种理想的开发方式,可以发挥最大的生态效益,有利于提升城市整体形象。此种城乡一体化方式有别于上述两种方式(都市里的村庄、乡村民居度假村)。改造后的空间环境形态和功能完全取决于城市的要求,原有的景观仅在自然特征这一点上会有所体现,是从一种自然到另一种自然的改造方式。当然,这种方式中改造对象的选择必须兼顾城市和农村两个方面的生态资源及环境特征。生态公园是为城市全体市民服务的,因而必须从城市整体角度考虑服务容量和服务半径。此外,农村的生态资源特征也必须符合城市生态景观体系的要求。

8.4.2 生态建设的可操作性

对适宜的沿海农村实施生态改造,在某些方面具有很大的优越性,在实践中也具有较强的可操作性。在通常的城乡一体化实践中,需要考虑村民的安置、就业、管理等方面的问题,以及随之产生的体制、用地、资金、人员职业培训等方面的矛盾和对城市的压力。虽然各地政府对农村的城市化改造均给予了相当多的优惠政策,但改造依然困难重重。而上述农村社区的生态改造方式对城市要求甚少。"都市里的村庄"方式,由于村庄原有的用地属性不变,村民身份和就业甚至管理方式也可维持不变,既不存在安置问题,又不存在人员职业培训问题。对城市或政府来说,需要投入的资金只是出于城市整体利益考虑的农村形态的改造,而这远远低于通常农村改造"推倒重建"所需的资金投入。"乡村民居度假村"方式,可以采用成立股份制企业,由村民集体经营度假村的方式,实现全体村民的就地就业。村民转为企业员工后的职业培训也不用政府负担,而且村民的居住问题也无须政府投入,对政府而言,只需给予相应的政策支持。至于"生态公园"方式,村民的居住方面需要政府予以适当地安排,需要有一定的投入,但就生态公园对城市优厚的生态回报而言,理应获得城市较大的投入。对于村民的就业问题则可通过招聘为生态公园的员工方式得以解决,而且村民主要是从农民转为园丁,基本上不用进行太多的职业培训。不过,由于此种城乡一体化改造方式事关村落的消亡和村民的整体迁徙,需要更为慎重的考虑。通常的城乡一体化采取就地、就近或二者相结合的方式。虽然因此而改变了村民的生活方式,村落的空间形态也有某种程度上的移植,但村落的组织形式可以完全保留,村民的社会归属感和空间归属感得以维持,村落文化传统和历史得以延续。但是,如果将农村建设成为生态公园,则意味着原有村落的物质形态和文化将不复存在。因此,在生态公园的规划和建设中,应适当地保留村落历史文化、村落形态甚至村落片断,以更有利于城乡一体化的顺利实施。

总之,城乡一体化和谐发展的过程就是农村与城市的经济社会、人文自然、区域空间、生态环境等诸要素协同融合和互动发展的过程,必须从农村与城市的经济、社会、空间、生态等方面综合推进。本章对沿海城乡一体化与城市发展的互动机理进行的研究表明,基于全域都市化的视角:沿海城乡一体化应推动农村与城市经济协调发展,确立非正规经济过渡平台的功能,建构规模化的类正规经济;应推动农村与城市的社会协调发展,通过加强市民意识教育,培育市民观念,提高自身角色意识,建设具有特色的新型社区文化;应推动农村与城市的区域空间协调发展,统筹规划城乡基础设施建设,将区域空间看成一个整体,通过视觉和空间上的沟通、渗透,追求区域空间的整体性、连续性,并采用"循环式设计方法",从设计层面探讨城市与农村的区域空间协调;应推动农村与城市的生态协调发展,通过可持续人居环境理念指引,协调好农民与生存环境、生态环境、生活环境及生产环境的关系,使沿海城市与农村的生态环境有机融合,使城乡生态分割向城乡生态融合转化。

9 宁波城乡一体化现状分析及案例调研

9.1 农村诸要素系统化、链条化、结构化的升级和演进

城乡一体化是一项十分复杂的系统工程,不仅涉及农民身份、居住条件和管理体制等外在功能形态上的转变,而且涉及生活方式、行为习惯和精神文化等内在本质上"人的城市化",是农村诸要素系统化、链条化、结构化的升级和演进。宁波市江东区(现已与宁波市鄞州区合并,以下仍简称江东区)有 2 个乡、29 个行政村,农业人口 2 万多人。新时期以来,江东区积极抓住城市东扩机遇,通过全面实施以村改居、旧村改造和农村股份合作制改革为主要内容的"三改一化"工程,有效破除城乡二元结构,拉开了城乡一体化的序幕。同时,通过做大做强合作社集体经济,实施合作社新一轮的市场化综合改革,积极促进城乡深度融合和加快农民市民化,着力实现农村与城市的完全消融,打造了一条符合江东区实际的城乡一体化"三步走"的样本模式。

9.1.1 初级阶段:以"三改一化"为重点,从功能形态上推进城乡一体化

农民身份、居住条件、社会管理体制等转变,是城乡一体化的基础和前提。江东区自 2001 年底启动"三改一化"工程到 2005 年,全面完成村改居和农村股份合作制改革工作。截至 2015 年,95% 以上旧村完成改造,实现了农村从功能形态上向城市的全面转变。

一、农村股份合作制改革

这是"三改一化"的关键和核心。为解决城乡一体化过程中原村级集体资产的归属和管理问题,江东区从 2001 年开始率先在全省、全市探索农村股份合作制改革,至 2005 年全面完成,共成立了 29 个股份经济合作社,24 亿元集体资产以股份的形式量化到个人,3 万余名社员成为合作社股东,个人股权最高达 36.67 万元。一是在改革性质上,坚持集体所有制不变,量化到人的股权,只作为股东享受集体经济收益分配的依据。二是在股权设置上,根据集体资产的来源分设人口股、农龄股,不设集体股和干部贡献股。人口股,实行按需分配,人人均等有份,体现集体经济的保障功能。农龄股,实行按劳分配,根据工作年限按实计算,体现对集体经济发展的贡献。三是在股权管理上,实行静态管理,改革后股权不随人口增减而变化。为解决今后新增人口的股权问题,允许股权继承、在内部转让,但不得退股提现。四是在组织设置上,参照《公司法》,建立股东代表大会、董事会、监事会,为合作社的规范运作提供了组织保证。

二、村改居

这是一项政策性很强的工作,牵涉面广、利益调整复杂,直接关系到广大农民的切身利益。江东区结合自身实际,采取成建制和非成建制两种改革模式,对全区 29 个村进行了村改居工作。至 2004 年 10 月,共建立了 20 个社区居委会,其他 9 个村就近并入所在的城市社区,21950 名农民转为社区居民。同时,对村改居涉及的基层组织建设、集体资产、土地处理、村民农转非、社会养老保障和市政设施的建设管理等,积极向上级争取政策,切实维护农民的既得利益。

三、旧村改造

这是"三改一化"耗时最长的工作,到目前除东郊仇毕社区外已基本完成。总体思路是,按照"整体规划、分期改造、逐步推进"的总体要求,把旧村改造纳入城市东扩发展总体规划之中,与城市基础设施、重点工程项目、房地产开发、社区配套项目等建设结合起来,通盘考虑,避免周边土地开发完毕后滞留下新的城中村。具体有三种改造模式:一是商业开发,即整村土地打包给开发商,由开发商建设安置房;二是自主开发,如"骖驾社区"在全市首次采取"包拆迁、包建设、包安置"的办法,实现了改造和经济效益的双赢;三是统一开发,即由区政府统一拆迁和安置,如建成了福明家园、书香锦苑等几个大型安置社区,提高了旧村改造效率。截至 2015 年,22 个村全面完成旧村改造(95%),正在推进的有 1 个村。

9.1.2 中级阶段:以合作社集体经济为重点,从深度融合上推进城乡一体化

把农民"赶进城、赶上楼"容易,但要让农民真正在城里"留得住、活得好"并不简单。在国家城乡二元体制尚未取得重大突破之前,江东区不等、不靠,主动通过加快合作社经济转型发展,不断做大做强集体经济,为城乡深度融合提供坚实的物质保障,着力发展和改善失地农民的民生事业,避免形成新的城市二元结构。

一、加快合作社转型升级,实现经济发展城乡深度融合

各合作社充分发挥股份合作制体制优势,以市场为导向,加快推进资源货币化、货币资产化、资产租赁化,重点在以地生财、改造提升、资产盘活、资本运作等方面下功夫,成功实现了与城市经济的融合发展,促进集体经济转型升级。打造了如十六城联邦、滨江国际广场等一批城市综合体,培育了如现代商城、开元大酒店等一大批由集体经济发展而成的骨干企业、明星市场,集聚了如世纪联华、家乐福、易买得等国际零售业巨头,促进了集体资产的保值增值。至 2012 年底,全区 27 家股份合作社总资产 73.1 亿元,净资产57.9 亿元,分别是改革前的 4.6 倍、4.2 倍。经常性收入 6.4 亿元,近 5 年来年均增长 10.2%。

二、加大分红派现力度,实现社会保障城乡深度融合

集体经济的持续稳定发展确保股东分红逐年递增。改革以来,全区合作社累计分红总额达 33.5 亿元,已远远超过当年 28.5 亿元的原始股本金。同时,合作社充分发挥集体经济资金实力强的优势,积极支持股东提升社会保障水平,先后开展了失地农民保险、农村合作医疗保险和农保转社保等工作,共派发社保资金 11.5 亿元,全面完成农村合作医疗保险与城乡居民医疗保险并轨工作。目前,98%左右的股东参加了医疗保险,95%左右的股东参加了不同程度的养老保险,其中约 59%的股东农保转社保并享受城镇职工医疗保险。

三、加快社会事业均衡发展,实现公共服务城乡深度融合

在教育卫生方面,深化管理体制改革,将原来乡政府的教育卫生事业管理职能转到区政府相关职能部门,从整体上优化教育卫生资源配置,为农民提供城乡无差别的高质量教育卫生服务。如在东部新城安置区,建成了九

年一贯制学校,解决农转非孩子读书问题。在就业方面,不断完善城乡统一的区、街道、社区三级劳动保障服务机构和就业政策、管理服务、劳动报酬制度,使被征地人员与城市居民一样享有同等的就业政策、就业服务和就业机会。认真落实税费减免、用工补助、小额贷款等就业优惠政策,积极鼓励被征地人员自主创业。据不完全统计,全区失地农民就业率在 85% 以上。

9.1.3 高级阶段:以新一轮市场化综合改革为重点,从完全消融上推进城乡一体化

只有农民与城市工作、生活的完全消融,才称得上真正的城乡一体化。江东区在城乡完全消融上做了大量的工作,但由于思想意识的转变是一个长期的过程,特别是庞大的集体资产制约了股东个人的自由发展,包括市场经济意识、风险意识和市民意识的培育。为此,以探索合作社新一轮市场化综合改革为重点,着力把股东从集体资产的依附关系中解放出来,积极促进农民市民化,实现真正的城乡一体化。

一、深化产权制度改革,促进股东个人自我发展

虽然集体资产不断壮大,但客观上也制约了股东个人自我发展。少数合作社分红高居不下,出现超分配性亏损,股东自我发展的积极性不高。因此,按照现代产权制度"归属清晰、权责明确、保护严格、流转顺畅"的要求,要不断深化合作社资产使用权和处置权的改革,不断激发股东投资创业激情。一方面,探索建立股权融资平台,允许股东群众利用所持股权进行质押贷款,以满足其创业、就医、上学等大笔资金需要。例如,宁波银行、宁波农村信用合作社已针对合作社股东,分别开发"随贷通""路路通—股民白领通"等产品。另一方面,依托街道"三资"管理服务中心,探索建立股权交易平台,定期发布各合作社资产动态净值、回报率等信息,提高资产价格的公信度和透明度,规范流转程序,降低交易成本,提供股权交易一条龙服务,促进股权加快流转。

二、完善市场化运营机制,促进经济可持续发展

随着合作社发展空间的不断萎缩,农村传统的"摊大饼"式发展模式已没有出路。要按照确保回归"经济人和投资人"的要求,通过项目公司化(或项目合作社分社)、若干个合作社利用零星留用地指标合股成立开发公司等方式,不断创新合作社经济组织形式,促进经济可持续发展。同时,要引导合作社妥善处理好消费与投入的关系,规范分红,避免出现超分配性亏损。对在分配中出现分资产的情况,要及时调整有关资本账户,并向广大股东作

出资本减少情况说明,避免留下隐患。

三、创新闲暇教育机制,促进股东全面发展

当前农村与城市完全消融的主要差距已不在硬件,而主要在于人的生活习惯、思维方式、精神文化等微观层面上。这也是城乡一体化的高级阶段的重要工作任务。随着股东闲暇时间的增加以及人们提高生命质量、提升生活品位的意识越来越强烈,通过在合作社开展闲暇教育变得越来越重要。因此,要以宣传媒体为载体,以休闲资源搭建为手段,以社区建设为依托,深入开展股东闲暇教育,积极引导股东自觉将信念、情感、态度、知识、技能、行为等融入城市社区,促进股东全面发展。

9.2 城乡一体完全消融核心——农民市民化的调研分析:以福明街道为样本来源地

本研究以宁波市江东区福明街道为例,访谈和问卷调查了 144 位农民,借鉴英格尔斯分类方法,把拆迁安置、股份经济、就业、社会保障、社会互动、身份认同、法律意识、教育观念、理财观念、家庭观念、社区意识这 11 个方面,作为考察福明街道农民市民化现状的变量。在此基础上,本研究把这 11个方面归为 4 个层面,分别为:经济条件、社会互动、身份认同、观念意识。其中把拆迁安置、股份经济、就业、社会保障归为经济条件,把法律意识、教育观念、理财观念、家庭观念和社区意识归为观念意识。

9.2.1 福明街道的基本概况

福明街道地处宁波城市向东发展的前沿,是宁波市中提升战略的核心区和重点区,是东部新城开发建设的重要承载区域,行政中心、航运中心、金融中心这三大中心分别坐落在辖区范围内,是城区现代化核心街道。福明街道原为乡镇建制,2002 年江东区实行"三改一化"战略,推进城乡一体化进程,福明街道撤乡变街道,下辖的 18 个行政村撤村改居(2007 年有 2 个社区划归新明街道管理),1.8 万名农民在身份上转变为城市居民。实现了身份的转变,完成了农民市民化的第一步后,为了使农民真正成为市民,让这些新市民具备与现代市民相同的观念和素质,享有与现代市民相同的公共服务和生活质量,又先后实施了"旧村改造"和"村经济合作社股份制改革"两大措施来实现城乡深度融合,提高和改善农民的生活环境,保证其收入来源。历经多年的城乡一体化进程,目前辖区范围内 16 个农村社区已基本完成旧村改造工作,已建成 6 个大规模的安置社区,在建 3 个安置社区。16 个股份经济合作社共有股东人数 17955 人,净资产 35 亿元,货币资金 17 亿元,平均年分红 4 万~5 万元。

本次调研访谈先后走进了宁波市第一个整体拆迁的行政村——前洋畈社区、宁波市第一个农民集中安置小区——福明家园社区、宁波市最大的农民集中异地安置小区——新城社区、农民安置房与居民商品房混居的小区——新源社区、农民安置与城市居民安置混居的小区——陆嘉社区、一个村独立安置的小区——碧城社区、明一股份经济合作社、松下股份经济合作社、七里垫股份经济合作社、前洋畈股份经济合作社等 6 个安置社区和 4 个股份经济合作社。

9.2.2 农民市民化现状

一、农民的经济条件

福明街道农民的户籍身份已经发生转化,居住环境也已经得到了改善,但按照他们的说法,他们的经济收入大部分依靠社区股份经济合作的分红和房屋出租的租金收入,而各股份经济合作社经济发展水平的差异,农民原先内部本身存在的不平衡性,使得农民的经济条件产生了一定程度的分化。实际调查情况表明,福明街道农民的经济条件主要受拆迁安置、股份分红、就业和社会保障四方面的影响。

(1)拆迁安置

福明农民拆迁异地安置始于 2003 年。2003 年为满足建设宁波国际会展中心的需要,前洋畈成了宁波市第一个整体拆迁的行政村,以村庄整体拆迁为契机,前洋畈 947 名村民异地安置到福明家园一期。在访谈这一批农民时,他们普遍认为自己当时的拆迁安置相比后来的拆迁安置是吃亏的,政府征用前洋畈村 1200 亩土地,一次性征地补偿费总共为 7000 多万元。当时福明家园一期安置房为每平方米 1800 元,虽然当时的拆迁政策是"拆一赔一",即村民住宅确权的面积就是新房安置的面积。但新房安置还需要购买车棚、缴纳一次性物业费及准备一笔相当数额的装潢费,当时有部分村民无法负担这部分费用,只好借钱负债。用农民的话来说,此次政府的征地拆迁安置行动,可以用"负债""送地"和"贴钱"六个字来形容。可见,当时的征地拆迁安置并没有得到村民们的认可。征地拆迁后,当时前洋畈农民的生活并没有很大起色,甚至有部分村民生活出现困难。因此,在新房安置过程中,由于村民的法律意识淡薄,还造成了震惊社会的前洋畈农民公然堵塞宁穿路,一路游行到市政府的请愿事件。随后,宁波市政府出台了征地拆迁10%返还留用地的政策,按照这个比例计算,前洋畈村得到110亩的返还地。

前洋畈村的拆迁史表明,虽然农民的户籍身份已经发生改变,但是征地补偿费较低以及不到位,加上拆迁安置过程中农民还要为新房安置付出经济成本,这些不利因素使得农民抗风险能力减弱,心理落差大,城市归属感不强,最终影响了农民市民化进程。下面是访谈摘要:

个案1(陈某,男,66岁,原前洋畈村村民,现居住在福明家园一期)　我们当时拆迁安置政策哪有现在这么好,当初还没有搞股份制改革,手头上哪有很多现钞啊!原来村民在拆迁前生活得好好的,生活条件还不错,部分村民在本村周边的企业上班,家里有空置的房屋还可以出租,日常的粮食和蔬菜基本上能够自给自足,不需要太大的开销。拆迁安置后,新房子装修需要一大笔钞票,要缴纳物业费、水电费、有线电视费,每日开门就是钞票出去,没有钞票进来。家庭收入下降,人每天无所事事,心里发慌。所以当时反对拆迁安置,认为不如不拆、不安置,住在农村好。

个案2(王某,男,58岁,原王家园村村民,现居住在书香景苑一期)　我们的拆迁安置政策是比早先拆的要好一些,但政府更上算。政府从我们村征用土地10万元一亩,这已经是最高价格了,是我们书记争取来的,有些村只有7万、9万元一亩。但政府把我们土地征去后,卖出去就是几百万元一亩。这还不算,我们自己的10%留用地开发,还要拿出几百万元的手续费,开发商建造好的房子分给我们,还要再拿出一大笔费用。房屋出租出去,也只比原来我们村里自己建造的标准厂房高不了几块钱。这样一来一去,我们农民亏了多少啊!就拿我们的房子来说,拆迁安置自己还要拿出扩户费等一大笔费用,这几年股份分红的钞票都扔在房子上了。房子又舍不得卖掉,出租也就这么一些钱,看看是很好看,但真正手头上没有多少钞票,不像原来有地心里不慌。

二、股份经济

福明街道16个股份经济合作社的经营运作情况可以分为四大类,一类是诸如明一社区、松下社区,股份经济合作社既有货币资金,又有10%留用地开发的物业资产,经济发展状况良好,股份分红资金来源于集体经济收益。另一类是诸如七里垫社区、戚隘桥社区,股份经济合作社有较多土地征用或集体资产拆迁补偿的货币资金,但10%留用地开发困难或收益较少,股份分红资金除集体经济收益外,一部分要靠土地征用款来补贴。与它相反的另一类股份经济合作社就是诸如付家塓、南余等合作社,缺乏货币资金,但有一定量的物业资产,股份分红不足部分需要变卖物业或银行贷款。剩余的一类就是诸如史魏家等股份经济合作社,由于原来基础较差,导致股份经济合作社既缺乏货币资金又缺少物业资产,发展较为困难。在调查走访过程中,我们发现,不管是哪种类型的股份经济合作社,其股民对集体经济的依赖性都较高,家庭收入大多靠股份分红,关注村级经济的发展和货币资金的存放。同时,不同类型的股份经济合作社的股民对集体经济发展的心态是不一样的。发展较好的股份经济合作社的股民对集体经济发展较为认可,对合作社领导班子比较信任,但发展前景暗淡或货币资金量较大的股份经济合作社的股民则认为,货币资金要量化到人,同时,对合作社班子成员有一定的意见,认为他们出工不出力或收入过高却不干事。以下是访谈摘要:

个案 3(俞某,男,58 岁,明一股份经济合作社股民) 我认为我们村发展较好,老百姓对股份分红也比较满意。与街道其他村相比,我们是发展最好的,既有银行存款,又有大楼、工业区。近几年来,我们村的股份分红都是全街道最高,下一步发展也不会差到哪里去。最好是运用相关政策,让我们工业区能再改造升级,这样我们明一就什么也不用愁了。集体经济发展得好,离不开村里坐的一班人动脑筋,做工作,当然与我们村的地理优势也分不开,我们的大楼租出去总比他们付家塓造的大楼值钱多了。

个案 4(李某,男,42 岁,原柳隘村村民,现居住在书香景苑一期) 股份经济合作社能这么分红下去当然是好,但村里赚来的钞票哪够分红,还不是征地和拆迁赔来的钞票在贴啊!村里钞票存银行,还不如分给我们存银行,利息还好高一些,也不用养这么多村干部,他们拿的工资都是我们的钞票啊。而且我们村的留用地到目前为止,一块地也没有落实,隔壁村都已经收房租,有产出了,我们还不知道在哪里飞呢!如果我们村的经济也像人家其他村发展得那么好,我们才不会担心以后的日子了。

个案 5(张某,女,68 岁,原张隘村村民,现居住在书香景苑一期) 现在我们老百姓日子是好过多了,这种日子原来想也没有想到过,每天不用种地、上班,住在新房子里,还有这么多钱好分,晚上做梦也要笑醒。我们老百姓不求什么,这种日子能一直过到老,过到死就知足了。但是村里如果钞票不赚来,总有一日钞票要发光,我听说有几个村已经发不出钞票了,要向银行借钞票了。所以每个月发钞票的日子,小区门口银行要排长队,不是取钞票,是看一看卡里钞票有划进没有,划进了就放心了,老百姓就靠这钞票过日子。

　　而在与股份经济合作社的董事长们进行交流座谈的过程中,他们对村级 10％留用地的落实状况抱怨最大,成为当前反映的热点、难点问题之一。从福明 16 个股份经济合作社落实的现状来看,呈现几大特点:一是已落实的占比较小。16 个股份经济合作社,已全部落实的只有 4 个。二是未落实的量大面广,有 4 个股份经济合作社是大部分未落实,有 3 个股份经济合作社是小部分未落实,有 5 个股份经济合作社是全部未落实。三是欠账时间长。按照文件规定,土地征用后应及时落实留用地。而事实上,大多股份经济合作社土地被征用后未能及时落实留用地,大多数村已拖延了 3～4 年,其中时间最长的柳隘村,已达 8 年。其后果表现为:

　　第一,制约了村级集体经济的持续发展。福明被征地村的集体经济有两种情况:一种是在土地征用前,村集体经济基础就缺乏稳定的经营性收入来源,经济基础相对薄弱。现有的集体资产是由土地被征用后靠土地征用补偿费形成的,每年的可用收入大多依靠土地征用补偿费的利息收入。另一种是在土地征用中,其集体经济的经营性收入来源(如厂房、菜场、市场等)也一道被征用,因为没有实现异地置换,失去了原有的经济发展基础,导致集体可用收入也随之而减少。有以上两种情况的村,要求落实留用地的愿望极为强烈,如留用地得不到落实,势必严重影响集体经济的发展。

　　第二,影响了农民群众的切身利益。福明街道 16 个社区全部实施了股份合作制改革,由于 10％的留用地没有落实,集体经济收益减少,导致股东的股利分配缺少足够的来源,有的村已经把本金作为红利进行分配。进一步看,留用地作为资产,随着股份合作制的推行,由集体转为股权所有人,10％的留用地不兑现,就直接损害了股权所有人即农民群众的实际利益。在与基层干部的调查座谈接触中,大家对留用地问题的呼声非常高,留用地政策得不到有效的兑现,已成为影响稳定的一个因素。同时,还造成了政府公信力和执行力的削弱。10％的留用地政策规定是政府出台的一个惠村惠民的大政策,能否落实,如何运作,对政府公信力和执行力是个考验。调查座谈中,股份经济合作社的董事长、群众普遍认为,国家对土地的宏观调控很严,在较短的时间内难以兑现留用地是明摆的事实。但对已依法征用的耕地面积,按政策规定应该核定多少留用地面积、留用地面积如何落实、通过怎样的途径来落实等,政府部门应该向村里有一个明确的告知。即使在今后一个较长时期内难以解决的,也应该向村里作出解释。但到目前为止,有关这方面的告知、解释很少。为此,基层干部、群众意见很大,对政府以前的不作为感到很失望,对今后能解决也不抱任何希望,认为政府自己制定的政策自己不执行,损害了政府的信誉和形象。

三、就业

农民户口"农转非"后,享受与城市居民同等的就业权利,享受政府统一的宏观就业规划。然而,目前农民的就业情况并不乐观。从对适龄劳动力的基本情况分析来看:一方面在自身条件上普遍存在年龄大、学历低、技术缺乏的缺陷,在宁波当前的劳动力市场供应环境下,就业竞争能力较差;另一方面,由于农民每年股份经济合作社的分红收入和房屋租赁所得较高,在思想上普遍存在着就业观念陈旧、就业主动性差、就业意愿不强烈等问题。根据统计,福明街道辖区内的农民中,有适龄劳动力超过 6000 名,其中有求职愿望的未就业人员约占劳动人口总数的 25%。从素质上看,初中以下文化程度者占到了 60% 以上,高中及大专以上文化程度者仅占 7% 左右,有专业技能的人更是寥寥无几。从我们的访谈调查发现,农民的就业现状最大特点是"职业虚化"。所谓"职业虚化"是指农民在转让土地使用权后,游离于现存农村职业体系之外,只能凭借有限资本(例如资金、机会等),临时性地参与到城市现有职业体系之中,在市场原则的约束下寻求生存的职业空间,但基本上都属于非正规就业,主要分布在城市环卫、校园保洁、物业保安、超市理货和工厂劳动等临时性就业。从对 144 名接受访谈人员的调查情况分析来看,农民通过自谋职业或街道、社区举办的专场招聘会实现再就业的,从事的大多数是文化素质和劳动技能要求较低的职业,其中是企业工人的占 10.5%,商业和服务业人员的占 9.4%,个体经营的占 18.5%,待业或从事家务劳动的占 32.8%。从劳动技能和工作性质来看,农民大多无专门的技术特长和劳动技能。在被访谈的 144 名人员中,无专门特长的有 109 人,占 75.69%;而在 35 个有专门特长的人员中,大多也是低技术层次的机械修理工、钳工、车床工、电工、泥工、司机等方面的特长。土地被征用后,通过各种途径已实现就业的人员中,在单位里的工作也大多是临时性的。在单位里是合同工或临时工的占 62.8%,是正式工的仅占 8.1%。因此,对目前的工作状况表示非常满意的仅占 5.62%,不太满意或很不满意的占 39.3%。

可见,随着城市产业结构的不断升级,产业发展对劳动力的素质要求也越来越高,但农民由于文化程度低、劳动技术差、就业观念落后、对劳动条件和劳动报酬的要求比较高,很难适应这种变化和需要,也很难与"肯吃苦、低报酬"的外来民工竞争就业岗位,实现劳动就业存在着很大的困难。同时,福明农民有一定的固定收入即股份分红、出租房屋收入,没有生存的压力,对于他们而言,就业并不是一个很迫切的需要。在调查访谈中,我们发现年轻人就业愿望强烈一些,但这些青年由于一直以来生活在衣食无忧的环境下,这部分人对薪酬、工作舒适度要求相对较高,他们希望就业的工作岗位甚至偏向公务员、管理人员等机关事业单位的职位。以下是访谈摘要:

个案6(史某,男,52岁,戚隘桥村村民,现居住在福明家园二期) 我本身是开车床的,现在在小港上班,给私人老板打工。我是做惯了,再说也有技术在,老板跟我关系也不错。现在的年轻人哪像我们会吃苦,跟我年纪相仿的,除了自己当老板,一般出去工作的也比较少,一来是没技术,二来现在生活条件好了,有村里股份分红,又有房屋出租收入,也不想出去找工作了,毕竟给人家打工又累又要受气。

个案7(邵某,女,24岁,现居住在新源社区) 我现在在我老爸的朋友开的网络公司里帮忙,每个月2000元左右,当然这钱给我自己用用都不够,但闲着也是闲着,反正工作也不累。以后找工作,最好是公务员、事业单位了,这样钱多一点,工作轻松,找对象也可以好一点啊!

四、社会保障

社会保障是农民获得生活保障的最后一道防线,特别是在拆迁补偿费偏低或不到位的情况下,社会保障至少可以保障农民的基本生活,避免生活陷入困境。建立全面的社会保障是农民进入城市的门槛。建立全面的社会保障:首先,可以解决农民市民化的后顾之忧,搬入新居的农民生活成本过高,生活中可能遇到挫折,建立社会保障可以将这种预期风险带来的后果降低到最低程度;其次,体现市民待遇,城市市民与农村居民的一个重大差别是依附在城市户口上的各种权利。社会保障是农民感受最深的,这一点在调查访谈中可以明显感受到:农民认为,拥有社会保障就是获得市民身份附属的权利,是增强与城市市民地位平等的感觉和象征。现实情况表明,能否享受待遇或者在待遇上出现差别,会很明显体现出农民与市民在身份与地位上的不同,农民会很自然地感到低人一等,是城里的"外来人",自然无法有效地融入城市社区。

从对福明农民的实际调查采访我们发现,他们对于政府提供的社会保障福利并不是很满意。虽然说他们已经享有市民的户籍身份,但是实际上他们并没有享有与城市原市民同等的社会保险、失业保险等社会保障福利。从调查实际来看,福明农民在社会保障方面,从最初的"社保无门",到后来推行的农民最低生活保障、农村合作医疗保障,再到转为城乡居民医疗保障,在这一发展过程中,保障水平低、保障范围小、保障标准不灵活一直是横亘在社会保障前面的"三座大山"。政府推出"土保"转"城保"政策后,由于资金压力较大,转保率还不如当初参加"土保"高。从福明辖区的情况来看,18000 名股东(全额股股东 7200 人)中,共有 6400 人当时参加了"土保",目前已有 3372 人将"土保"转为"社保",其中,50 岁以下的转保率为 59%,50~60 岁为 79%,60~70 岁为 67%,70 岁以上为 21%。调查访谈中,大部分农民要求政府给予资金补助,能够享有与市民一样的社会保障。下面是访谈摘要:

个案 8(王某,男,61 岁,原王家村村民,现居住在新城社区)　政府可以让我们农民上保险了(指"土保"),到 60 岁就像退休工人一样可以拿退休工资了,不过要比他们低多了,每个月 400 元。如果农民要求参保(指"土保"),政府补贴 1.3 万元,个人交 1 万多元。对于个人缴纳部分,当时村里规定,借每个全额股东 1 万元,年底从分红里面扣还。当时村里参保的人很多。后来政府宣传,"土保"可以转"社保"了,但要个人拿出 15 万元,拿出这么多钱,对我们来说有压力,这次村里给全额股东每人补贴 5 万元,分三年到位。但这钱本来就是我们的,只不过早一点分给我们,又不是政府补贴我们的,所以这次转保的人没有像上次参加的人那么多。

个案 9(张某,男,39 岁,原张隘村村民,现居住在新城社区)　我们原来最早可以办的是农村合作医疗保险,但是这个只能在大病住院时才给报销,感冒、发烧这种小病是不让报的,普通人一辈子可能都没遇到什么大病,还是小病多,这等于说农村医保对我们没多大用处。但是城里人小病看看也可以报,同样是人,怎么差别这么大呢?后来转城乡居民医疗保险了,情况好一些,门诊也可以报销一些了。现在可以"土保"转"社保"了,你去看,转的人大多数都是年纪大的人,还不是看中它的医保了,现在得大病少则也要花十几万元,政府保障的这三五万元也不够啊,现在真是生不起病啊。

五、农民的社会互动

在福明快速城市化的发展过程中,区域范围内的农民一般情况下都是整体(即一个村或几个村)安置到新住宅小区,个别情况下会有农民与城市居民混居在一个住宅小区。大多数安置小区与城市的距离更近,因此,原来封闭在村落内部的人们的互动方式也悄然发生着变化。农民之间的简单互动模式正被农民、外来租住人口和城市原市民之间的广泛交叉互动模式所代替,农民的社会人际关系呈现出复杂化的特点。文军(2013)认为,农民市民化是在三个层面力量相互交织下实现的,即历史和制度变迁(宏观层面)、社会网络与社会资本(中观层面)、人力资本(微观层面)三者的综合作用。也就是说,考察农民市民化现状可以从宏观的制度变迁和微观的观念态度变化入手,从中观的社会网络和社会资本的角度进行考察也是一个角度,因此,我们着重分析城市社会的关系资源、生活体验对农民市民化的影响。

随着城市化的发展,农民的生活方式发生了许多变化,特别是福明的农民。一方面,他们享受着城市化带来的物质生活,住高楼、开小车,家用电器、高档家具一应俱全,消费方式、消费水平与城市居民完全一样;另一方面,基于对血缘、地缘和传统乡规乡俗的依赖,许多农民的思想观念没有城市化。他们既不同于一般农民:耕田种地,艰苦创业,勤劳致富;也不同于市民:有强烈的竞争意识和生存压力。他们小富则安,小富则满,不思进取,习惯于守业而不肯创业;闲暇方式还停留在相互串门、聊天、打麻将、拜神祭祖等上面。特别是一些在城市化进程中通过拆迁富裕起来的村民,房产使得他们成为"有钱又有闲"一族。他们物质生活上虽然富了,但精神生活上却未脱贫,生活方式、行为习惯等仍保留着落后的传统习俗。

(1)农民之间的互动

传统村落一般是由血缘、地缘关系结合在一起的人们组成,他们之间构成了以初级群体关系为核心的牢固社会网络。村民们生活在同一个封闭的村落内部,日常互动要么遵循着费孝通所言的基于血缘关系的差序格局,要么固守着贺雪峰认为的村落内部的不同类型的社会团体与行动单位。当福明农民还在过着农村生活时,他们基于血缘关系而形成的宗族意识很强烈,村民之间守着最真挚的互帮互助精神,他们的互动模式也保持着最原始和淳朴的情感。然而,城市化发展把"阡陌交通,鸡犬相闻"的农村景象变成了"钢筋水泥、铁门围墙"的建筑形式,生活环境的改变也因此悄然地改变了人们的社会关系形式,人们之间的交往更多的是建立在经济理性的原则上,而不再珍视传统朴实的情感。在福明街道辖区范围内的各个集中安置小区的街巷、菜市场、文化活动室、社区服务中心、银行门口,经常可以看到大家见面集聚寒暄的场面,在早晨和傍晚经常可以看到大家在草地上、石桌旁三三两两地聊天。但是,大家的互动更多是出于时间的闲暇和人与人之间的礼节以及一些时事和社会新闻,而较少谈论到一些深度话题。下面是访谈摘要:

个案 10(张某,女,49 岁,原张隘村村民,现新城社区居民) 现在兄弟姐妹之间,亲戚之间没有像原来那么亲了。一是居住都分散了,各管各的了,不是原先大家庭居住在一起了;二是拆迁过程中都涉及一些经济利益,有些家庭是打破头、流过血,亲情都拆光了。现在要是谁家发生个大小事,邻里乡亲只会站着看,即使是宗族内部的亲戚都不会出手相助。现在生病打120,火灾打119,有矛盾打110。想想以前,农村盖房子、割稻子、操办喜丧事,村里的乡亲都会互帮互助,甚至生病了都会互相照顾。生活环境变化了,人与人之间的感情淡了,大家也就没有以前团结了。

张某的无奈道出了农民的感情纽带发生断裂,即使是最牢固的宗族情感也抵挡不住现代理性倾向的侵蚀,这充分验证了福明农民互动方式变化的思想基础。

(2)农民与外来人口的互动

福明街道地处城乡接合部,流动人口比较多,租金相对比较便宜,因此,在辖区范围内住着很多流动人口,主要是在附近企业上班的工薪一族和少数经商的商人。虽然外来人口和农民长期共同居住在一起,可以说已经具备了社会互动的空间条件,但是社区居民却告诉我们,在日常生活中,他们基本上和这些外来人口没有交流,他们之间只是保持着房东和房客的经济关系,谈不上有情感上的互动交流。在调查过程中我们也确实发现,大部分外来人口基本上只是把社区当成临时的住所。他们早出晚归,一般也都有自己的关系网络,并且多数都是局限在自己的老乡、同学或者同事的小型社会圈子里活动。福明农民也形成了以"村籍"为标准划分的内部互动网络,他们保持着和其他农民的礼节性交往,或者到小区里和其他原村民闲聊,要么找几个人一起打麻将。总之,农民和外来人口的互动交流场景基本上很难见到。周大鸣教授在考察珠江三角洲外来人口与本地人口的社会互动后,发现本地人和外地人在互动中形成了不同的两个系统,他称之为"二元社区"。他认为,在现有的户籍制度下,在同一社区(如一个村落和集镇)内,外来人与本地人在分配制度、职业分布、消费娱乐、聚居方式和社会心理五个方面形成不同的体系,以致在心理上互不认同,构成所谓"二元社区"。借鉴周大鸣教授的研究,我们也可以认为在福明街道内部已经形成了外来人口和农民之间相互隔离的类似的"二元社区",这两个次级群体之间的交往仅局限在一个表面的浅层次上,很难有更深层次的往来,互相之间只是保持着一种稳定而有距离感的互动状态。

(3)农民和原市民的互动

为了节约用地,政府在征地安置过程中,对农民一般是采取集中安置的办法,以"安置社区"的形式出现,即城市市民口中的"农民新村",形成所谓的"都市里的村庄"。它的房价比周边同地段的商品房小区要低,物业管理水平也相对较落后。集中安置的农民习惯把小区内的道路、墙门里的楼道当作自己家的晒场和后院,在上面堆杂物、晒东西、泼污水,有的还搭建了洗衣台、晒衣架,有的甚至还把本是公共的花坛、草地当作自家的自留地,种上了蔬菜、水果等。"都市里的村庄"像一个无形的屏障阻隔了农民和原市民的互动,使农民固有的乡村文明得不到城市文明的碰撞与冲击,仍习惯于原有的思维、生产、生活方式。这种集中安置的形式,不仅不利于城市建设和城市品位的提高,而且不利于农民传统观念、小农意识和生活方式的改变,更不利于其行为方式的改变和城市文化的融合。下面是访谈摘要:

个案 11(陈某,男,45 岁,原七里垫村村民,现碧城社区居民)　我们买东西都是到地摊上或者菜市场,还有就是社区附近的三江超市等。我们的生活条件好了,但还是不喜欢乱花钱,钱能省则省。不像有些人,有了钱就乱搞乱花,赌博、吸毒,最后搞得家破人亡,这些还不是学城里人啊!我觉得还是和自己人交往比较实在,不用顾虑什么,而且也聊得来,我们说什么彼此都能互相理解。现在我闲着没事就到楼下小店聊聊天,要不就找几个人到活动室打打麻将,这样感觉挺好的。

个案 12(陆某,女,63 岁,原陆家村村民,现陆嘉社区居民)　现在的城里人冷漠自私,以为比我们高级,其实也没什么了不起,有的城里人还不如我们。和我们安置在同一小区的城里人,大多都是低保户、困难户,房子没有我们多,面积没有我们大,生活条件还不如我们。我们至少不需要像城里人那样为了生活而劳碌奔波,可以在家里享受休闲的时光。

访谈材料充分反映了"都市里的村庄"中的农民基于经济基础、生活方式、文化的差别,与原市民少有互动的现状。这种现状导致了他们缺乏与外界沟通交流的热情,加深了两个群体之间的误解,从而使两个群体复制着各自一贯的交往方式,影响农民融入城市生活。

六、农民的身份认同

身份指的是在某一群体或社会中某一确定的社会位置。相应的,身份认同指的就是个人或群体在主观认识上对所处社会位置的认可和承认,是个体在社会场景中的一种自我意识。我们认为,在中国特殊的国情下,身份至少包含两方面的内容,即户籍制度身份与固定在户籍身份上的各种权益,前者是显性的,后者是隐性的,但是对于农民的身份认同都同等重要。我们对农民的调查访谈有同样的发现,他们在身份认同上主要存在三个方面的问题。首先,政府在征地补偿、就业指导、社会保障等方面的缺失导致"户籍身份与权益的分离",经济期望上的落差感影响了农民的身份认同。其次,"户籍身份与权益的分离"还造成了农民对户籍身份的排斥,农民都已经拥有城市户口,身份上已经从农民转变为市民,但是他们主观上并不认同这种户籍身份的转变,甚至有一些人认为转不转户籍无所谓,因为他们认为农民至少还有土地保障。最后,城乡异质性文化以及建立在这种差别文化基础上的城乡居民互动障碍,在一定程度上影响了农民的身份认同。总之,虽然农民户籍转变已经多年了,但是他们对市民身份的认同度还不高,对市民身份的认识还比较模糊。调查发现,对于农民来说,城市居民与非农业户口已没有了太多的优势和太大的吸引力。当问到"是当农民好,还是当市民好"时,有 48.56% 的人认为各有利弊,有 10.2% 的人认为还是当农民好,只有15.2% 的人认为是当市民好,其向市民转化的愿望不强烈,积极性也不高,而且有很多过去已"农转非"的人员,为了享受股份分红,还把户口迁回来。与一位农民的访谈对话,说明了这个问题:

个案 13(林某,男,57 岁,原明一村民,现常青藤小区居民)

笔者:现在你们明一的村民都是居民户口了吧?

林某:你觉得这有什么区别吗?

笔者:现在不是很多人在抱怨拥有城市户口的人比拥有农村户口的人享有更多的待遇吗,不然为什么很多人都在建议放开户籍制度呢?

林某:你不明白,现在农民比城里人好,农民至少还有土地作为保障,成为市民后,土地没有了,工作如果找不到,连个生活保障都没有。农民有地种,生活有保障,城市户籍只是个名分,我们现在有股份分红,我们村经济发展比较好,不用担心什么,但有些村股份分红比我们低很多,而且再发几年什么都没有了,到时候吃什么啊!

笔者:那如果再给你一次选择的机会,你会选择农村户口还是城市户口?

林某:当然是农村户口,你问很多人,他们都会这么说。原来城市户口有粮票,有工作安排,现在有什么啊!当初有些人自作聪明转了城市户口,现在连股份分红都享受不到,亏大了。

笔者:看来你们对目前的市民身份是不认可的。

林某:不管什么样,农民还是农民。

文军(2013)对上海郊区农民市民化的研究也有同样的发现:新市民群体对市民身份的认同还比较模糊,比如对"新市民"是"农民"还是"市民"的看法,很多人还模糊不清,一些人认为移居城市后,身份地位并没有发生太多改变,甚至有部分农民对市民户籍身份没有兴趣。可见,目前作为对农民失去土地保障这一代价的补偿,户籍身份基本上都能得到较好解决,农民基本上都取得城市居民的户籍。然而,由于城镇化推进速度过快且急,与农民相关的就业、生活、医疗、教育等各方面的保障措施没有跟上农民的期望值,这种"户籍身份与权益的分离"使得一部分农民难以接受,心理落差大,从而无法认同新市民的身份。

七、农民的观念意识

农民市民化是一个包括经济、身份、社交、心理各方面全面转变的系统过程,在这个系统内部,各方面互相影响、相互制约,任何一方面的缺失都可能导致其他方面转变的失败。然而,长期以来,人们对农民市民化经济基础方面研究得较多,而对农民市民化思想观念的上层建筑关注较少,这种理论上的不足对引导推进农民市民化是不利的。英格尔斯对农民价值观转变十分重视,他认为一个国家国民如果缺乏现代性的心理基础,那么这个国家的现代化进程注定要失败。马克思社会发展观告诉我们,经济基础决定上层建筑,但是建立在经济基础之上的思想、文化等上层建筑,会对经济基础产生一定的反作用。因此,在城市化进程中,关注农民的观念意识,对于推进农民市民化至关重要。但是,长期浸润在传统文化形态之中的农民,要在观念态度上实现"华美的转身"并不容易,正如丹尼·贝尔所言:"社会结构本身——包括生活方式、社会关系、规范和价值体系是不可能在一夜之间颠倒过来的。社会结构的改革要缓慢得多,特别是风俗和约定俗成的传统。"通过对福明农民市民化的调查发现,农民目前的观念形态处于一种"进退两难"的矛盾状态。他们主观上羡慕城里人的生活,对城市文化也并不排斥,但由于自身条件、社会互动和身份认同等因素的制约,使得他们的观念意识仍然处于"半市民化"状态。福明农民观念意识上的矛盾主要体现在以下五个方面:

(1)农民的法律观念

法律是解决社会成员或群体之间冲突和矛盾的制度性规定,它伴随现代社会的发展而臻于完善,是现代文明社会的特征。然而,长期生活在封闭农村场域的中国农民,在一代代人的长期实践和经验积累中,已经形成了一套处理矛盾纠纷的特有机制,这种机制是与法律对立的用于解决农村社会纠纷的地方性文化,即费孝通所谓的中国是个无讼社会。因此,是否培养和形成法律观念可成为测量农民市民化程度的指标。传统文化根深蒂固的主观性影响,以及法律制度不完善等客观性因素的制约,进一步固化了传统文化影响的惯性。因此我们发现,农村生活的集体记忆在福明农民身上延续着传统文化的惯性,使得他们仍然拒绝用一种更为理性的方式来处理问题。明显的表现就是在拆迁安置过程中,当他们认为他们的合法权益得不到满足或受到侵犯时,就曾经多次采取缺乏理性的极端反抗行为。下面是访谈摘要:

个案 14(张某,男,64岁,原戚隘桥村村民,现新源社区居民) 自从政府到我们这边搞拆迁安置,我们和政府的矛盾基本上就没停过。我们房子早就造好了,但安置推后了一年多。那几年来,我们都是选择上访,我们到过区政府、市政府、省政府上访,甚至有一次我们在全国"两会"期间上访。我们只有上访,才会引起政府重视,才能解决我们的问题,确保我们的利益。这些年来,只要涉及拆迁安置,哪个村没有上访过! 最早是前洋畈村,后来是我们,再后来是七里垫村,就连东部新城拆迁的五个村不也是把区政府、市政府围住了才得到安置。也只有上访才能得到补偿,才能太平。我们农民没有文化,但我们人多力量大,大家聚在一起就不怕政府了。

然而,在调查访谈中,我们也看到部分市民化程度较深的农民的法律观念正在觉醒,他们主观上愿意选择一种更为理性的方式解决问题,但是制度不够完善和经济条件不足的客观事实,往往使他们在选择法律诉讼渠道时心有余而力不足。调查中,老闻就是这样一个角色,用他自己的话来讲:"我们也想用法律途径来解决问题,但是我们没有这个经济条件,现在请个律师都要花很多钱。"村民用朴实的语言道出了一个事实:有部分农民开始走出传统文化的阴影,在主观上慢慢接受了现代社会的法律观念,但是制度和经济等客观因素阻碍了农民市民化的进程。

(2)农民的教育观念

在传统的农村社会中,生养子女最根本的目的是完成传宗接代、世代更替的神圣任务,其次就是出于"养子防老"的现实考虑。而子女能够受到良好的教育,能够通过教育改变自己乃至家族的命运,对于保守被动的农民来说,则是可遇不可求的一件事情。一些观念更为落后的农民甚至认为,一个守本分的农民应该无条件地接受祖祖辈辈积累下来的经验型知识,应该对祖辈们遗留下来的传统规则产生宗教般的敬畏情感,而教育会让人产生背离传统习惯的离经叛道的想法,从而做出一些有违传统的叛逆行为。可以说,这个落后的教育观念不利于人的思想向现代性转变。可喜的是,在现代性文化与传统性文化相互碰撞以后,福明农民落后的教育观念逐渐被现代性的教育理念所取代。历经这么多年的城市生活,他们不再固守当初"无才便是德"的传统思想糟粕,经过现代文化的洗礼,他们已经相信"知识改变命运"的道理。当前农民最关心的问题莫过于子女的教育问题,只要子女们想要读书、会读书,他们都愿意把家庭支出首先用于子女的教育投资。下面是访谈摘要:

个案 15(李某,55 岁,女,原前洋畈村村民,现福明家园社区居民) 李某是一名普通的家庭主妇,她的丈夫目前在附近学校当保安,家里有两个孩子,一男一女。她告诉我们,由于自己和丈夫都小学没毕业,字都认识不了几个,出去外面找工作,稍微好点的,人家嫌他们没文化,所以累死累活只能做些粗活,工资也很低。采访中,她反复说的一句话就是:我们这一代人就是吃了没有文化的亏,现在条件好了,只要小孩会读书,哪家不是出大学生,只有读书读得好才能改变一个人的命运。说到孩子,她的表情明显舒展许多,她告诉我们,她的两个孩子都很争气,没让他们夫妇俩失望。大儿子前年在原杭州大学毕业后就留在那里工作了,目前工资有五六千,在那边工作,也找了个对象,准备过两年回来结婚;小女儿在宁波大学读书,现在在参加毕业实习,争取毕业后做个中小学老师。

然而,实际调查也发现,即使家长对孩子的教育比较重视,但是由于家长自身素质较低以及教育方法的落后,也产生了一些不容忽视的问题。例如,有的家长对孩子有较高的期望值,但是却没有培养孩子好的学习习惯,面对孩子边看电视边完成作业等不好的学习习惯,总是力不从心或不愿管教;又如,有些家长期望孩子取得较好的学习成绩,考上较好的学校,但是并没有给孩子营造好的学习条件,对子女学习需要的书房、书柜、书籍、报纸杂志等投入很少。同时,值得注意的是,虽然家长们对孩子教育抱有较高的期望,但是对自身的继续教育和培训则显得无所谓,很多人认为"这把年纪了学习有什么用,学了东西还是竞争不过年轻人,不如把钱省下来给孩子读书"。这些案例充分说明了福明农民的教育观念还处于转型期,在市民化的道路上还有很长一段路要走。

(3)农民的理财观念

"惯习"是关于文化资本的一个重要概念,指的是一种存在方式或者说是一种习惯性的状态,特别是一种嗜好、爱好、秉性倾向。布迪厄考察了饮食、服饰以及体育爱好等日常生活方式与阶级结构之间的对应关系。他认为,"惯习"不仅为识别出对方的社会地位提供可行性操作,更重要的是"惯习"为行动者规定了应该接纳或排除谁、谁是盟友谁是敌人、谁该与谁结婚以及他们在学校和工作单位内该如何表现等规则。作为农民这个阶级内部的一个次级群体,福明农民同样有区别于市民的"惯习",比如他们的表达方式、性情、习惯、爱好等就与市民有明显的区别,这种容易区别的"惯习"使得他们即使生活在城里,仍然会受到市民的排斥。因此,理财观念可作为考察福明农民市民化的一个维度。

1)消费观念。由于经济条件的改善,目前福明农民的消费观念趋于城市化,消费水平甚至比所谓的城市人还高。当问及他们是否去过麦当劳、咖啡厅或者到异地旅游,他们基本上都表示现在经济条件允许了,都去过。但总体上他们"吃"讲究简单清淡,"穿"讲究朴实大方。布迪厄认为,不同阶层的人身上体现着各自的习性,这些习性的存在使人们很容易凭感觉就分辨出各自的身份。农民与市民消费观念不同进而导致身份的可识别性,客观上引起了两个群体之间的相互反感。如受到传统文化的熏陶和生存方式不同的影响,农民对城市的消费方式和经济环境存在排斥的不适应心理。他们总体比较节俭,喜欢占点小便宜,过日子比较会精打细算,甚至在心里诅咒"浪费的人以后要让他们当乞丐"。另外,农民之前经营着"半自给自足"的生活,而到了城市,任何东西都需要用金钱交换,逢上物价水平上涨的时期,这难免使他们不理解城市的消费生活。而同时,部分农民只顾眼前利益,坐享其成、不思进取,"懒散"作风严重。股份分红和房产升值所带来的畸形富裕,急剧改变了农民的生活方式,造成农民奢侈畸形消费,再加上市场经济的冲击,传统的思想意识逐渐分化,新的消费观念渐渐形成。

2)投资与储蓄观念。现在福明农民的经济收入主要有两部分来源,分别是房租收入和股份分红。这些钱除了用于维持家庭的基本生活需要外,大部分村民都没有进行投资理财,对于家里多余的闲钱,他们偏好把这些钱存在银行,他们认为这种理财方式比较安全,不用承担较大的风险。调查中,发现只有个别年纪较轻的村民曾经有过炒股的经历,但是因为缺乏专业理财知识,最终因为亏损而退出。下面是案例摘要:

个案 16 新城社区是一个较大的安置小区,居住着将近 5000 户的农民,附近有一个小型菜市场和一些大大小小的小饭馆、食杂店。这些场所的存在大大方便了社区居民日常的生活需要,进进出出这些场所的人不少,看似在这里做点买卖应该可以稍赚点钱。我们调查走访了 7 家店的老板,发现其中一个店是村民开的,另外都是租住的外来人口开的。深入调查发现,这些"买卖"基本上都被外来人口"垄断",而本社区居民在社区内经营生意的少之又少。采访了好几户人家,他们的观点基本相似,认为农民只会种地,不会做生意,而且做生意有风险,小本生意又太辛苦。多余的钱还不如放在银行,这样安全还有利息。

访谈案例反映了农民缺乏参与市场竞争的理财观念,在传统保守的理财观念主导下,他们宁愿选择一种安全的方式来保存已有的财产。这种理财方式虽然不会使他们的生活出现大的变故,但难以增强其城市适应能力。

(4)农民的家庭观念

家庭既是现代与传统碰撞的场域也是二者碰撞的体现,相比其他事物,家庭中或许会有更多以往的影子。由国家策动的城市化这一社会改造计划同样正在推动着农民家庭观念的转变。传统农村社会中,重男轻女现象很严重,男性在家庭中占主导地位,以致在生育方面都偏好生男孩。但经过城市的再社会化,农民基本不再固守传统的家庭观念:

第一,生育方面。当问到"在农村家庭中没有生育男孩,行吗",很多人认为生男生女都一样,甚至认为生育女孩更好一些,因为一般情况下女孩比男孩更听话更贴心;他们也不再片面追求子女的数量,认为"优生"比"多生"好。

第二,夫妻地位方面。他们认为家庭中女性也应该有一定的话语权,在关键决策时,男性也要适当听取女性的意见;认为女性的情感同样需要得到尊重,当女性在情感受挫时,男性应该给予重视并帮助解决;认为女性在能力方面并不比男性差,同样可以承担社会中的重要工作,并且等量工作应该获得和男性等量的报酬。

第三,代际观念方面。福明农民代与代之间的观念差异在逐渐弥合,父母在各方面开始尊重子女的意见。很多人认为用"父母之命"的道德压力干预子女的婚姻选择是不对的,认为婚姻应该由孩子自己决定;一些家长不再死守"养儿防老"的观念,认为政府和社会在养老方面也有责任,而子女的发展的重要性远远大于养老的义务;如果不是十分必要,大多数人很少再干预孩子的择业观和人生观,认为父母无权再决定孩子在职业和理想方面的选择。

第四,宗族意识方面。伴随着福明农民生活空间的转换和生存方式的变化,作为一种在特定时期承担团结互助功能的宗族形态正逐渐瓦解,刻印在人们头脑当中的宗族意识正逐渐淡化。现在,当人们需要获取社会支持的时候,他们不再一味求助于宗族内的成员,而是把问题转交给外部的特定功能组织。

可以说,福明农民在家庭观念方面比较接近现代性的特征,如果以这个标准来衡量他们的市民化程度,可以认为是完成得比较好的。

(5)农民的社区意识

法国社会学家涂尔干在对人类社会形态进行划分时,利用机械团结和有机团结这两种团结形式来区分现代社会与传统社会的差异。他认为,传统社会的人际互动建立在以共同体的集体情感为基础的机械团结之上,但随着人们社交圈的扩大以及人与人之间交流的愈加频繁,建立在集体情感之上的社会交往模式逐渐退出历史舞台,逐渐被建立在社会分工基础上的有机团结取代,随之而去的还有那些维系机械团结的各种宗教活动。而在一个国家由于城镇化而催生大量农民的历史时期,我们同样可以发现,在农民从传统人向现代人转变的同时,一种建立在血缘或地缘基础之上的机械团结形式正在瓦解,取而代之的是现代城市社区的新型团结模式——社区意识。

社区意识研究最早始于滕尼斯,他认为社区是居住在地域上的个人以成员身份从属于集体的社会联合。社区作为一种人的集合,是由共同的精神生活和在此基础上形成的共同的精神纽带凝聚在一起的。在一个特定的社区里,这种共同的精神生活和在此基础上形成的共同的精神纽带即社区意识。社区意识突破了传统的以地域或血缘关系为基础建立起来的集体情感,它使生活在同一社区的成员真正感受到彼此之间的亲密关系和休戚与共的依赖关系。根据调查访谈的实际情况来看,福明农民的社区意识主要表现在社区成员对社区的归宿感和政治参与两个方面。

1)归宿感。福明农民搬迁到新社区以后,私域空间的缩小和公共空间的扩大,为培养他们的社区意识提供了有利条件。根据我们的调查访谈,建立在血缘和地缘关系上的集体情感在淡化,另一种建立在社区成员共同生活基础上的亲密关系和休戚与共的依赖关系的社区意识正在逐渐形成,这种形成中的社区意识首先就体现在社区成员的归宿感上。福明农民对新社区的归属感主要表现在"被动、模糊且带有矛盾性"的公共意识逐渐形成。例如,当问到"如果你看到有人在社区乱倒垃圾,你会采取什么行动"时,只有少数人认为"这是个人素质问题,与自己无关",而大多数人认为"应该谴责",但在追问这些认为应该谴责乱倒垃圾行为的受访者时,只有少数人认为自己会"上前阻止";另外,当另一个相似的问题"你如何看待在社区内的空地上乱搭、乱盖现象"时,只有少部分人认为利用空地搭盖建筑可以节约土地,大部分人认为这影响社区的环境,很不应该;在问到有关破坏社区公共设施、噪音扰民等影响公共生活的问题时,得到的答案基本与上面的问题一致。

与此同时,安置社区也存在一些突出问题。一是物业管理费缴纳率不高。由于集中居住以后实行的是城市社区的管理方式,物业公司为社区提供了大量的服务,但由于物业管理水平与城市社区存在一定差距,同时有许多农民因对政府存在不少意见,还要他们交以前不用缴纳的物业管理费,故抵触情绪很高。二是新社区内破坏绿化的现象比较严重。由于农民习惯于自给自足的生产生活方式,失去土地以后他们难以摆脱对土地的依赖,许多农民觉得在社区内种植花草是一种浪费,还不如种一些蔬菜解决自己的吃菜问题。所以在安置小区内,经常会看到种菜、养鸡,在景观河里洗衣、洗菜等一些具有农村特性的生活现象。

2)政治参与。福明农民对社区公共事务参与热情普遍较高:由社区居民推选产生的代表在必要时候会通过开会讨论的形式表达民意,讨论决定社区居民关心的公共事务;社区居民普遍关心政府下达的政策文件,因为他们认为这些与自身的利益息息相关;社区居民普遍关注社区的发展,希望自己的参与能够改善社区的发展现状。农民通过特定的组织参与政治生活,主要有三种形式:其一,社区居民代表大会。代表大会由每栋楼推选 2 到 3 名代表组成,群众通过该组织间接参与到社区的公共决策和村务管理活动中,不同程度地影响社区公共事务和公共权力的运作。其二,社区党组织。党组织由村民中的所有党员组成,党员村民通过党组织表达自己的诉求和意愿,参与到社区的管理中。其三,股东代表大会等经济组织。因为经济利益涉及每个股民的日常生活,所以对这一类组织农民较为关心关注,也有一定的参与热情。

但是,我们通过调查访谈也发现,并不是每个人都有参与公共生活的热情。有少数农民认为参与政治生活并不能带来任何好处,与其把时间花在这里,还不如多用点时间在工作上,这样可能还可以多赚点钱;也有一些人认为自己的参与并不能改变什么,村里面的大小事都是干部说了算,参与不参与都是一样的结果;另外有一小部分的老百姓认为个别村干部是靠家族势力大或其他非正常手段当选的,这些人在一开始就得不到一部分人的支持,一旦走马上任,这部分持反对态度的村民肯定就不会配合工作,更不用说参与社区政治生活。

社区是一个自我管理、自我教育、自我监督的组织,社区不仅是居民生活、生存的环境,更重要的是,社区在塑造居民人格态度,提高居民思想文化素质方面发挥着更为重要的作用。因此,当前城市新社区在支持、引导和教育农民从传统向现代转变过程中的责任重大,在引导农民转变观念中发挥的作用至关重要。一句话,农民能否顺利市民化,城市安置社区的责任到不到位是一个重要因素。下面是访谈摘要:

个案 17(梁某,男,58 岁,原松下村村民,现居住在新城社区)　我们社区平日里经常开展一些活动。一方面,大家最喜欢参加的活动可能就是打麻将了,你去看,每日社区活动室里人最多,一大早就有人了,主要是打麻将,打乒乓球。另一方面,社区开展的一些活动我们也都积极参加,社区书记是从城市街道调来的,工作很负责,经常搞一些文艺演出,对老年人很关心,老百姓也拥护她,我们经常还当志愿者,帮助社区工作。

梁某的话是具有典型性的,在一定程度上说出了城市安置社区的责任到位。农民虽然有思想上的劣根性,但城市社区在引导农民健康生活、加速融入城市生活做出的努力,客观上会扭转这种传统影响力的惯性,使农民改变原有的一些生活方式,转变人格态度,提高思想文化素质。

9.3　宁波农民市民化发展路径分析

2014 年 2 月,宁波市委市政府出台《关于全面深化农村改革加快城乡一体化发展的若干意见》,提出了宁波新型城镇化的发展路径和政策措施("1+X"政策体系)。其核心是:突出新型城镇化引领作用。其发展方法和路径是:"强化城乡规划统筹,优化镇村空间布局,提升幸福美丽新家园建设水平;构建新型农业经营体系,加快现代农业发展;赋予农民更多财产权利,促进富民强村;统筹城乡基础设施建设,推进城乡公共服务均等化。"发展目标是:争取"到 2020 年,全市统筹城乡发展水平综合评价得分达到 96 分,城镇化率超过 74%,城乡居民人均收入差距缩小到 1.95:1 以内,使宁波的农业现代化、农村城镇化、农民市民化、城乡一体化水平走在全省乃至全国前列"。

在宁波农民市民化发展过程中,要正确处理全域都市化、新型城市化、新型工业化、农业现代化之间的相互关系。(1)积极推进市域空间优化整合,统筹推进中心城市、副中心城市、卫星城市建设,促进区域协调发展,加快构筑宁波大都市框架,为农业转移人口市民化提供空间载体。(2)加快城镇产业的集聚和发展,特别是城市各类新兴产业和新型服务业的发展,为农业转移人口市民化提供城镇就业支持。(3)完善城乡公共服务的功能一体化和待遇均等化。一是为农业转移人口提供免费的文化知识和职业培训,提高他们的文化素质、劳动技能和城镇生活能力;二是加快实施"保障性安居工程",对已在城镇就业而无城镇购房能力的宁波本地农业转移人口给予同等待遇,享受无障碍的城镇保障房、公租房、廉租房政策,使他们在城镇安居乐业;三是实行城乡一体社会保障制度体系,特别是尽快将农业转移人口纳入城镇职工和居民的社保体系,在"新农保""新农合"的转移过程中,要简便手续,给予更多的财政资金支持,使他们得到更多的实惠;四是对长期在城镇居住生活的农业转移人口子女,按居住地给予和城镇居民子女相同的义务教育,安排他们顺利进入公办学校读书。(4)深化统筹城乡综合配套改革、土地使用制度改革、户籍制度改革和农村金融制度改革,为宁波实现全域都市化提供政策保障。(5)加快乡村振兴战略实施,科学谋划美丽乡村的规划与建设,加快农业农村的集聚、集中、集成、集约程度,进一步提高农业劳动生产率,推动农村人口向城镇有序转移。(6)各级政府应采用渐进的、分阶段、多形式、多层次、差别不断缩小的政策目标,将不同类型(素质特征)的农民,通过"直接纳入""逐步接纳""培训引导""生活保障"等方式进行市民化。通过上述措施,最终实现环境友好、产业兴旺、城乡共荣、生活幸福的社会主义小康社会愿景。

9.4　宁波农民市民化社会政策创新分析

城乡一体完全消融范式不仅是"空间城镇化",最重要、最根本的是"人的城镇化"。要实现"人的城镇化",核心在于农民真正融入城市社会,具有与城市居民大致相同的生活方式、身份地位、思想观念、文化素质和关系网络。

在市民化成本投入方面,政府要着力调整农民的"取""予"关系和财政使用结构,拓宽农民市民化成本的资金来源渠道。在社会政策创新方面,政府要促进农民充分就业、稳定就业、素质就业和劳动权益保障,切实解决农业转移人口户籍转换和承包土地权益保障问题。有关农业转移人口的社会政策创新主要有户籍政策、劳动就业政策、住房补助政策、社会保障政策、义务教育政策、土地置换政策等方面,本研究就当前迫切需要解决的一些核心政策进行探讨。

一、创新城镇户籍身份转换政策

从宁波城镇化率来说,2012年末按常住人口计算已经达到69.4%,但按本地户籍人口分类的城镇化率只有36.64%,这说明离真正的农民市民化还有很长的路要走。这其中的原因是多方面的,一是宁波城乡一体化进程较快,农村居民与城镇居民的生活水平相差不大,而且农村生活支出相对较少,城镇居民能享受的公共服务农村居民大多能享受,特别是随着宁波经济发展,农村土地尤其城郊土地的增值潜力巨大,导致一部分农业转移人口不愿转换农村户籍。二是大多数宁波本地农业转移人口在乡镇企业就业,与居住地较近,生活比较方便;在城区就业需要花很大成本购置住房,而且宁波城区的高房价对经济收入不多的农民来说难以负担,所以转移的积极性不高。三是如果转换为城镇户籍,一些目前还在实行的有利于农民的政策,如承包地、宅基地、村级集体财产的权益等有待进一步清晰明确。四是宁波目前还没有出台有关本地农业转移人口户籍转换的具体政策和办法,如何转移、怎样转移,农民心中没底。

如何加快农业转移人口市民化,我们建议宁波市政府借鉴全国各地农业转移人口户籍转换的经验和做法,制定出符合宁波实际的户籍转换具体办法。一是充分尊重农民的意愿,保障他们的城镇市民权益,如果成为城镇户籍,就要享受同等市民待遇。二是成熟一批,转移一批。对市郊被征地农民实行直接整体转换,这方面已经实施;对经济条件较好的县域中心城镇和卫星城镇的"村改居"农民,可以分阶段、分类、分批转移;对经济相对落后地区的农民继续实行农村户籍暂不转移,但要提高他们的公共服务水平。三是户籍转换要简化办理手续,做到条件明确、实施规范,使农业转移人口无后顾之忧。四是要适度保障农业转移人口的现有农村权益,不因转移而受损,提高他们转移的积极性。五是实行异地户籍转移与本地户籍转移相结合的办法,对已在宁波市区和县市城区有固定工作和住房的农业转移人口,给予直接落户(异地市民化),对在现居住地城镇有固定工作的农业转移人口给予相应的城镇户籍(本地市民化)。六是为减轻宁波当期户籍转移成本(政府财政支出),可采用积分落户办法,控制规模,通过指标和系数设定,对达到积分标准的农业转移人口给予城镇户籍。

二、创新农村土地置换政策

最终实现农业转移人口市民化需要彻底摆脱对土地的依赖和割断联系纽带,在当前我国土地制度还没有根本改革之前,要因地制宜,创新农地、林地承包经营权和宅基地流转方式。值得深思的是,在宁波城镇落户政策已基本放开、条件比较优惠、手续也比较简便的情况下,为什么一些已经具备条件和能力,甚至在城镇购买了住房的农业转移人口却不愿意将农村户籍转换成城镇户籍呢?问题的关键是他们不愿放弃农村权益,或者说,在转移中相应的土地权益是低估的。目前面临的困境是:市郊和经济发达地区中最有条件成为市民的群体却没有意愿转换成市民，而在偏远乡村、经济相对落后地区的农民有意愿却不符合条件。因此，要加快宁波农民市民化进程，必须正确合理地评估土地价值，在农村土地置换政策方面进行创新。一是根据国家的相关土地政策规定，创新一种多方（政府、村集体、农民）共赢的土地承包经营权流转方式。从目前宁波实行的土地置换政策看，一亩地给予农民补偿 10 多万元，而政府通过农地转换成工业、商业用地后立即增值数十倍至数百倍，农民觉得不划算；而且随着宁波经济的发展，土地增值的期望很高，农民怎能心甘情愿地将土地置换给政府；同时，对于国家支付的征地款或政府支付的转换补偿款，农民实际能拿到的并不多（大约二三万元），大都用来缴纳养老保险。所以确定合理的土地补偿价格对促进农民市民化具有重要的决定作用。二是创新农村宅基地流转方式。对经济发达的市郊和集镇农民来说，他们十分欢迎农村宅基地转换为城镇住房，尽管还是小产权房。因为市郊和城镇住房价格较高，农民的住房面积较多，一方面改善了住房条件，另一方面还有多余的住房，可以出售 1～2 套，获得一定的现金。对远离市区、集镇的偏远农村来说，农民希望宅基地流转和住房改造，但村级经济较薄弱没有能力，土地价值不高，政府和村委会对此没有积极性。这需要采用多种农村宅基地流转方式，实行多方互惠、互利的政策措施，不仅要使农业转移人口"离地上楼"，还要使他们在市民化过程中得到真正的实惠，使之无顾虑地入籍城镇。

三、创新城镇住房保障政策

一方面，宁波经济发展较快，城镇集聚能力较强，居民经济收入较高；另一方面，宁波新兴产业和传统制造业发达，吸引了大量的外来人口，导致宁波城镇的房价居高不下，影响了农业转移人口的城镇住房问题的解决。对大多数农业转移人口来说，能够在城镇购买住房的并不多，这需要由政府出资兴建适合农业转移人口的经济适用房、廉租房。一是创新农村住房和宅基地置换城区、集镇住房的政策，主要是对农村住房和宅基地进行合理估值，建议实行货币核算方法，实行农村"地票""房票"的跨地区（市内）转换城镇房屋，二者的价格由市场定价。二是对没有经济条件在城镇购买商品房而有能力购买经济适用房的农业转移人口，应在同等条件下获得申购指标；对没有购房能力的人，应享受廉租房政策待遇。三是对不能享受上述待遇的农业转移人口，一种方式是政府适当给予住房货币补贴，减轻他们的生活压力，另一种方式是在上述房源有限的情况下，政府可以将居民手中多余的房子按一定的价格集中包租下来,通过价格补贴再转租给无房的农民。

四、创新城乡统筹全民共享的社会保障政策

宁波已基本实现社会保障全覆盖,当前存在的主要问题是社会保障制度体系的"双轨制"和城乡社保待遇标准不平等,对农民来说,是社会保障水平相对偏低。一是农业转移人口的工资收入低,缴费低,享受的标准也较低;二是农业转移人口参加社保的时间较短,基金积累不足,如果要享受与城镇居民的同等待遇,需要补缴一定的费用,对他们也是一个不小的压力;三是给予农业转移人口的"土地换保障"的待遇与城镇居民有相当差距,影响了他们参加置换的积极性;四是由于长期的城乡二元体制影响和政府"重城市、轻农村"的倾向还没有根本转变,对城镇居民的社保补贴较多,对农业转移人口的社保补贴较少。如何解决这些问题,政府需要在公共服务均等化、公民权利平等化方面实行根本性的转变,将农民真正作为市民看待。关键是针对上述问题,制定出既能兼顾原市民群体和农业转移人口的利益,又在政府财力所允许的政策、方针和办法以内,如适度提高"土地换保障"的水平,加大财政对社会保障方面的支出。

五、创新全民普惠的文化教育政策

根据浙江省 2010 年人口普查数据,乡村人口受教育程度与城镇居民相比整体较低。虽然进城就业的农业转移人口相对高于仍在农村务农农民的文化程度,但与城市居民相比仍明显偏低,这会影响城市职业获得和经济收入提高。特别是在现代知识社会,人的社会地位和经济收入大致与人的文化素质密切相关,学历相对较高的人往往能获得更好的职业和较高的工资收入。因此,提升农民的经济社会地位进而实现市民化,需要从提高文化水平着手,通过文化素质培训和职业技能教育,不断提高他们的工作生活能力,使之成为合格市民。

农民市民化不仅仅是一代人的事,而且其子女获得较好的文化教育,对整个家庭延续城市生活也十分重要。如果其子女不能获得城镇基本生活能力,也可能倒流回农村。由于环境、体制等原因,城乡之间、中心城区与市郊之间教育资源的分布是不均匀的,而农业转移人口大多住在城乡接合部或郊区,教育条件和环境相对较差,有可能得不到较好的义务教育,这会影响子女的城市职业获得和向社会流动。因此,各级政府要增加对农业转移人口子女教育资源的财政投入,实行以居住地管理为主和公办学校为主的方针,给予农业转移人口子女平等的义务教育待遇。

　　总之,在农民市民化进程中,宁波各级政府要正确处理城乡关系、群体关系、经济发展与社会发展关系,实行利益均衡、多方共赢的协调机制。一是要正确把握经济发展、空间扩展、人口集聚三者之间的关系,二是要正确协调新老市民的利益关系,让新老市民共享经济社会发展成果,三是要正确处理城市环境资源的容纳能力与农业转移人口户籍转换的目标、速度、规模之间的关系,四是要正确处理经济发展与市民化成本的合理分担关系,增加财政投入,减轻农业转移人口的市民化成本。多方努力,多管齐下,促使农业转移人口早日实现殷实富足的"物质城镇化"和身心健康的"精神城镇化",最终实现公正、平等、和谐、繁荣的可持续发展的宁波全域都市化。

10 全域都市化战略下宁波城乡一体完全消融范式构建

当前,我国城乡二元体制造成的城乡差距成为影响社会经济发展的重要因素,加速发展新时代中国特色社会主义的城乡一体化具有重大战略意义。随着城乡一体化发展进程加快,真正实现城乡生产力水平均衡化。在生产力总体水平达到一定程度后,城乡发展布局将产生重大变化,传统的城市与农村界线将变得模糊化,城市与乡村将从自成体系走向融为一体,尤其是在一定地域范围内,城市与乡村融为大都市、传统城市成为都市核心区、传统乡村成为都市扩展区的进程将大大加快。宁波全域都市化,概括来说,就是在宁波行政区划范围内,促成全域统一规划布局,统一基础设施建设,统筹财政税收与公共支出,统筹发展都市型产业,形成农民居民化、土地国有化、村落社区化、全域城区化、管理服务标准化的大都市新格局。

中央提出要发展以"人"为核心的新型城镇化。因此,农民彻底市民化是基于全域都市化视角的城乡一体完全消融范式的最核心衡量标准。农民市民化是农民在生活条件、社会互动、身份认同和观念意识诸方面从传统向现代变迁的全面过程,任何一个方面的转化出现障碍,都可能影响到其他方面的正常发展,从而影响农民市民化工作的进展。因此,基于全域都市化视角的城乡一体完全消融范式构建,必须紧紧围绕农民彻底市民化这一历史实践命题来研究。不能仅仅从某一个方面来分析,而应该从整体性的角度把握制度、文化、社会、经济各个方面的互动关系,从而有效促进农民市民化的发展。这就要求我们在进行市民化实践时,要以社会融入理论为借鉴,重视制度、文化、社会、经济各层面的影响,从系统论的角度,把农民市民化看作是各方面因素相互交织影响的结果,在为农民市民化创造经济条件的同时,也要引导他们的观念意识这一"上层建筑"做好准备。

本研究的调查和分析表明,虽然宁波农民已经在城里生活了多年,市民化获得一定程度的进展,他们的生活条件得到了根本性改善,代表城市文明的现代性因子已经在他们身上有所显现,但由于其社会互动人际圈范围依然狭小、对自我的身份认同障碍重重、观念意识的转变呈现出一定的初级性和非平衡性等各种因素的限制和相互制约,他们的彻底市民化程度还不能让人十分满意。总体上,宁波农民彻底市民化(完全消融)过程中仍存在着经济条件不足、身份认同障碍、社会互动困难和观念意识落后四个方面的主要问题,这些问题使他们现在仍处于一种介于农民和市民之间的"半市民化"状态。因此,只有从整体性的角度来提出对策建议,才能从根本上破解农民彻底市民化的瓶颈,推进基于全域都市化完全消融理念的新型城乡一体化。

遵循上述逻辑推理,本研究在前述文献梳理、中外借鉴、理论分析、现状调研的基础上,深入剖析各个层面的构建因素,精心设计各个环节的构建路径,从制度、文化、社会、经济等四个层面,以及土地制度、社会保障制度、就业制度、农村传统文化(客观)、自身素质(主观)、社区责任、原市民包容度、股权融资、股权交易、组织创新、民主决策、监督管理等十二个环节,全方位构建基于全域都市化视角的宁波城乡一体完全消融范式。由于我国农民群体具有较高的同质性,因此,本课题的研究成果对其他地方以"人"为核心的新型城乡一体化具有重要的理论参考和实践借鉴意义。

10.1 制度层面

马克思社会公正观认为,社会公正的实现程度由生产力决定,作为道德和法律的观念的社会公正不是先验存在的,而是由一定社会的物质生活条件即经济基础决定的。社会融入理论也肯定了经济层面的因素对移民群体社会融入的影响,认为具备较强经济实力的移民能够较顺利地融入新环境。农民作为城镇化过程中的一个特殊群体,经济基础起了决定性的作用。为此,只有在制度设计上向农民倾斜,通过外力作用提高其经济能力。然而,限于我国的基本国情和当前的改革发展形势,针对农民的拆迁补偿、就业帮助和社会保障等制度方面的配套措施还不十分完善,农民在失去土地和家园之后,只有经济条件从根本上得到改善,避免可能出现经济生活水平下降的现象,才不会由于经济条件不足传导到身份认同、价值观念等上层建筑,导致加深其转变的困难,从而成为农民的完全市民化的阻力和障碍。

10.1.1　土地制度

一、构建因素分析

总的来说,已有的研究成果普遍认为农民失地是经济社会发展、城市化进程中的一种必然现象。学者们提出,失去土地的农民天然地失去了其赖以生存的保障资源,并认为政府在追求地方经济发展和自身的政绩的同时,以牺牲农民利益为代价,在对农民补偿过程中出现的"政府不作为或作为欠佳",必然会产生一系列不良的社会后果。据不完全统计,改革开放以来,农民由于政府征地所蒙受的经济损失近 2 万亿元,远超新中国成立后 30 年由于工农产品价格剪刀差所产生的损失。造成这种损失的原因来自多方面,首先是我国实行城乡二元土地制度,城市土地属于国家所有,农村土地属于集体所有,集体所有制的农村土地制度在农民进行农业生产时,实际上并没有影响农民享受土地的所有收益,但在进行征地非农用途时,农民就会因为模糊的土地集体所有权而蒙受巨大的利益损失。其次是我国宪法规定政府由于公共利益的需要可以征用农民的土地,但是对于公共利益的界定却没有一个细则出台,这给具有"经济人"冲动的政府带来了腐败的机会。最后是政府在征地补偿时没考虑土地的隐性收益,土地对于农民具有生活生存功能,同时还具有保障功能,土地拆迁补偿只按农民土地现行农业收益来折算,与土地密切相关的政治、经济、文化、教育等一系列权益却没有考虑在内。马克思指出,土地作为宝贵的自然资源和重要的生产资料是"一切财富的原始源泉",是人类"不能出让的生存条件和再生条件"。可见,不完善的土地制度已经严重影响了农民市民化进程。土地产权不明和法律对公共利益规定不明确,为地方政府和开发商在补偿过程中占据主导位置提供了"借口",两者共同主导了土地补偿标准的制定,农民则处于失语状态,从而才会出现补偿标准低、补偿不到位等现象。另外,政府没有充分估计土地对于农民的意义,只提供了土地现行农业收益补偿,忽略了土地的生活保障功能,从而降低了补偿标准。

二、构建路径设计:建立合理的土地征用补偿制度,保障农民经济权益

我国实行的农村土地承包责任制规定农民只享有土地承包经营使用权,农村土地的所有权属于集体。土地产权虚置导致的结果是农民无法充分享有土地征用时的收益,影响其重新融入城市生活的进程。因此,当前在坚持农村土地基本经营制度的同时,赋予农民对土地更多的土地收益处置权,使他们充分享有土地征用带来的收益。

　　第一，要规范土地流转流程。土地的流转交换需要建立在政府、用地单位和农民三方平等协商的基础之上，土地的交换不仅要考虑到农民现有土地的年均农业收入，还要充分考虑农民进城安家的实际生活成本。土地流转在三方平等协商的前提下，可以考虑多种形式的收益分配方式，如：可采用农民入股的方式，让农民共担风险，共享土地的非农收益；也可以按照约定的分配标准，把未来土地经营的收益定期划拨给农民，作为农民生计永久补偿部分。应该说，10％留用地的政策出台是对土地征用的一个较好的补偿政策，也是让农民分享土地收益的利好政策。通过因地制宜地开展村级10％留用地的落实开发工作，对发展被征地农村集体经济，拓展就业渠道，推进劳动力结构调整，提高被征地农民生产生活水平将起到积极作用。然而，从现实情况来看，10％留用地的落实到位情况不甚理想。这一方面制约了村级集体经济的持续发展，影响了农民群众的切身利益；另一方面，造成政府公信力和执行力的削弱。综合考虑，借鉴其他先进地区的做法，可以运用变现的办法灵活兑现留用地政策。针对近几年来一时无望落实留用地的，可分别对以下两种情况进行变现：一是性质为商业用地的留用地，采取变现方法给予一次性回购；二是性质为非经营性用地的10％留用地不能落实或要求变现的，根据地段类别确定均价进行变现。第二种情况可借鉴绍兴的做法，将地段分为四类，每征用一亩耕地一类地段增付 1.5 万元，二类地段增付 1.2 万元，三类地段增付 0.9 万元，四类地段增付 0.6 万元。同时，认真研究变现中必然碰到的土地作价及支付方式问题，变现方法可根据财力和该村土地征用面积占总面积的比例，分别采取一次性支付和由"一地"变为"两金"，即留用地变为养老金、公益金等方法。另外，对留用地确无可能落实兑现的也可采用付息过渡的办法，以此表明政府对留用地政策落实的一种态度和努力，也是缓解矛盾、维护稳定的一种方式。采用付息过渡办法时可设置一个前提条件，即土地征用面积累计超过本村土地总面积 60％以上。对符合条件且留用地已落实一部分的村，对其未落实的部分可采用支付利息的办法进行过渡。变现和过渡办法都涉及资金筹集，可采取以下三种办法解决：一是谁征地谁出钱；二是设立专项资金，即在已提取村级发展留用地指标变现款的前提下，再从土地出让金收益中，提取一定比例的资金；三是争取把部分 10％的留用地作为房产开发用地，提高资金收益率。

　　第二，要对宪法规定的"政府由于公共利益的需要可以征用农民的土地"这一条款做详细的说明。许多地方的政府和土地开发商相互勾结，钻法律的空子，打着"公共利益"的幌子到处圈占农民的土地，从中牟取巨大的土地收益,严重损害了农民的利益。为此,建议政府加快制定与土地征用相关的法律法规的步伐,及时出台相关的实施细则和地方性法规,明确规定哪些情况属于出于公共利益进行征地的范围。同时,要完善惩罚机制,加大对地方腐败官员和违法操作的土地开发商的处罚打击力度,防止国家农用土地的大量流失,切实保护农民的合法权益。

10.1.2　社会保障制度

一、构建因素分析

新世纪加速发展的城乡一体化得以较顺利地进行,是因为农民在权衡城乡生活成本和权益后,认为城市将带给他们更好的社会保障、更平等的地位和更自由的政治表达权利,而不仅仅是一张户籍证明。而事实上,我国现行社会保障制度和户籍制度并不协调,农民并没有享受与户籍身份挂钩的一整套社会保障,在实际权益方面,享受比城里人低得多的社会保障水平,结果造成农民无法认同市民身份,阻碍他们市民化发展。建立全面的社会保障是农民进入城市的门槛。建立全面的社会保障,首先,可以解决农民市民化的后顾之忧。进城农民的生活成本过高,生活中可能遇到挫折,建立社会保障可以将这种预期风险带来的后果降低到最低程度。其次,体现市民待遇。城市市民与农村居民一个重大差别是依附在城市户口上的各种权利,社会保障是农民感受最深的,拥有社会保障就在主要方面拥有了市民身份附属的权利。同时,可以增强与城市市民地位平等的感觉。现实情况表明,能否享受统一的待遇或者在待遇上出现差别,会很明显表现出农民与市民身份与地位的不同,农民会很自然地感到低人一等,是城里的外来人,无法融入城市社区。目前宁波农民基本上都有城市户籍,但是走访调查中得知,大部分农民并不在意这一户籍身份,他们认为能享受同等的待遇才是最为关键的。当前,宁波农民的社会保障存在两个方面的问题:第一,农民虽然被包括在城镇社会保障制度内,享有"养老""医疗"两种保险,但是政府只出台政策,资金需要农民自行解决负担;第二,征地拆迁款统一进入股份经济合作社,农民只享受分红的权利。由于一部分人经济条件不足,对于缴纳各种保险费用心有余而力不足,另一部分人由于目光短浅,参保意识不强,农保转社保的转保率不高,严重影响他们的社会保障利益。

二、构建路径设计:健全社会保障制度,为农民提供基本保障

社会保障是农民解决后顾之忧的最后一道防线,同时也是增强农民城市生活信心,促进农民完全市民化的重要举措。因此,必须健全社会保障制

度,建立城乡统一的普惠的社会保障机制。建立全面的社会保障制度,在短时间内不可能一蹴而就。

第一,要扩大社会保障资金的来源渠道。目前我国社会保障资金来源于国家、集体、个人三方缴纳,这大大减少了个人的经济负担。作为城镇化进程中的特殊群体农民,在坚持三方缴纳原则的基础上,还需要考虑到其生活环境转换带来的额外成本,如果简单地沿用城乡居民的社会保障缴纳模式,可能无法满足农民的需求。因此,可考虑建立农民社会保障基金制度,从三方面筹集资金。从土地转让金中拿出一部分,征地方有责任解决农民的生活着落;国家筹集一部分,农民为城市化做出贡献,国家有责任和义务照顾农民;社会也应该从社会关怀出发,贡献一部分力量。从目前实际出发,为农民建立五方面的社会保障是必要的:家庭养老保障可以让人们老有所依;就业保障可以使其有稳定的收入来源;最低生活保障可以为生活可能陷于困境的农民提供人道主义援助;医疗保障、住房保障则可以确保进城农民在城市健康、稳定地生活。目前深圳的做法是:(1)市区两级政府准备分5年时间,拿出6.6亿元为达到退休年龄和按规定缴费、但不满缴费年限的7万多农民补缴社会保障金;(2)市区财政补贴;(3)国土税收的3‰～5‰拨入保险金;(4)从共同富裕基金中划拨部分资金,通过上述三个渠道在资金上为城乡一体化人员参加养老保险提供保障和支持,解决部分欠发达村养老保险金缴纳问题。

第二,提高社会保障水平。虽然农民在户籍身份上已经是市民,但实际上他们享受的社会保障水平还是比原市民低,而且没有纳入城市社保网络。因此,当前要在公正平等的原则上,着力解决农民的社会保障网络转移并轨工作,建立健全社会保障资金的转移接续制度,使农民的社会保障利益不会受损。要尽快把因征地成为新市民、符合城市参保条件的农民纳入城镇社保体系,提高其社会保障水平,使其享有与城市市民平等的社会保障待遇。

10.1.3 就业制度

一、构建因素分析

马克思曾有关于人与生产之间关系的经典论述:"这同他的生产是一致的——既和他们生产什么一致,又和他们怎么样生产一致。因而,个人是什么样的,这取决于他们进行生产的物质条件。""在社会生产发展中生产者也改变着,练出新的品质,通过生产发展和改造自身,造成新的力量和新的观念,造成新的交往方式,新的需要和新的语言。"在现代社会的分工体系下,生产以就业的形式体现出来。可见,就业形式将改造一个人的思想与行动,就业制度对农民彻底市民化具有深刻的影响。当前,影响农民在城市正常就业的首要因素是城乡二元就业体制。这一源于计划经济时代的就业制度,当时是为了保证市民就业和缓解城市就业压力。然而,随着我国生产力的发展,目前的经济水平决定了必须要为农民提供平等的就业机会,这是马克思社会公正观的时代要求。而事实上,我们目前的就业制度还有计划经济时代的影子,针对农民的就业限制和歧视还存在一些残余。从宁波农民的实际情况来看,由于自身素质的限制,农民只能从事一些付出与收益不对称的非正规职业,如环卫工人、保安、保洁员、理货员等职业。当然,政府对农民职业技术培训投入不足,针对农民再就业的职业服务机构缺乏,法律对农民就业权益的保障不够等问题,都阻碍农民的正常就业,形成农民"就业无路"的职业现状。

二、构建路径设计:改革就业制度,提高农民的生存能力

职业角色转换是农民身份转换的最重要环节,就业是农民市民化的核心和关键。就业不仅是获得稳定的收入,维持个人及其家庭生计的保障,还是获得各种信息,培养其"现代性"的主要渠道。因此,要改革目前不利于农民城市就业的制度,从根本上为农民完全市民化创造条件。长期以来形成的城乡二元体制把劳动力市场人为地分开,农村劳动力很难通过自身的努力进入到城市劳动力市场,严重损害其就业权益。为此,首先要按照城乡统筹发展的原则,加快建立开放、自由、流动的城乡统一的劳动力就业市场,制定城乡统一的劳动力就业政策,取消对农民的种种不合理就业歧视和就业限制。其次,政府和社会要加强劳动力就业市场信息服务工作,大力加强信息搜集和发布工作,搭建公用信息共享平台,为农民就业提供便利,建立农民公共职业服务机构,加强针对农民的政策咨询、求职登记、职业介绍、就业指导和法规宣传等服务,提高农民的就业能力。如可以考虑建设以市、区劳动力市场为中心,以街道劳动力管理服务站为网点的就业服务网。再次,要通过税收等政策鼓励企业适当雇工当地的农民,通过税费减免、社保补贴、培训补贴等优惠政策,鼓励企业招用农民。最后,利用财政金融等各种优惠政策,完善创业环境,鼓励农民以创业带动就业,如通过清理限制措施、提供小额担保贷款和在用地、收费、信息、工商登记、纳税服务等方面给予支持。

10.2　文化层面

目前,学界从外在制度缺陷来研究农民市民化障碍的较多,而较少从农民自身心理、观念、态度转变的角度来探讨这个问题。事实上,农民难以融入城市生活并不是制度单方面的结果,农民自身内在文化不适也是其重要因素。联系宁波农民,他们相对缺乏的法律观念、理财观念、教育观念、家庭观念以及社区意识仍处于模糊矛盾当中,本质原因就是传统文化惯性的力量仍在发挥阻碍作用。除了传统文化的客观影响外,农民自身素质的主观影响也在一定程度上阻碍了其市民化进程。

10.2.1　农村传统文化(客观)

一、构建因素分析

社会学家英格尔斯认为,一个国家农民的社会心理基础对于这个国家"国民性"的转变和国家"现代化"具有决定性作用。联系当前城市化、市民化的实践就是,农民的传统文化观念对转变农民人格和实现现代化具有决定性影响。我国是传统农业大国,非理性、封闭、缺乏进取等传统性农耕文化已经内化在农民的思想、经济方式、生活方式当中。这种沉淀固化在农民身上的社会记忆在与代表"现代性"的城市文化碰触后,必然表现出顽强的文化惯性,甚至削弱"现代性"对农民的改造作用。宁波农民市民化是属于被动的市民化,在进入城市之前,他们有的只是传统文化的教育和熏陶,在保守落后小农意识的思想束缚下,我们很难想象农民能具备在残酷的市场竞争环境中所需的勇气、魄力和眼光。因此,要在短时间内让他们抹去源自长期农耕生活的各种感受及乡土性文化,而快速接受一种与乡村文化截然相反的现代城市文化,这是相当困难的。

二、构建路径设计:对农民进行现代性教育,增强城市文化认同感

英格尔斯对 6 个发展中国家的国民进行实证研究后发现,教育对一个人的"现代性"塑造具有很强的效果,以一个人因多上一年学而在综合现代性量表中的得分来衡量,教育的力量是其他单项输入的 2～3 倍。因此,除了要根据不同年龄层、不同文化水平的特点,有计划、有组织、有区别地对农民进行教育培训外,还要对他们进行"现代性"教育。这对农民从传统人向现代人转变,完全融入城市生活至关重要。对农民的"现代性"教育重点可

以从以下几个方面展开：

其一，灌输城市意识。对农民进行教育，首先应帮助他们了解城市的特点和功能，了解城市活动的基本规律，了解工业化、社会化生产所带来的行业区别和职业分工，了解他们生活的城市、生活的环境空间和风貌。只有当农民在思想上有了城市意识，把自己融入城市，真正归属于城市，才有可能对其进行后续的"现代性"教育。

其二，转变规则意识。情理是模糊地存在于农民思想中的、用于处理农村社会中人们之间互动的规则，而法律则是建立在理性基础上的用于规范市民行为的制度性条文，两者是互相对立的行为规则。农民在融入城市的初期，不得不面对规则意识转变的问题，而"现代性"教育将加快这一转变的过程。对此，城市管理者要通过各种形式活动、各种醒目的媒体工具、各种高效的组织形式对农民进行法律规则教育，让他们认识到城市有一套不同于农村的处事规则，让他们树立起遵纪守法、依法办事的法制观点。

其三，培养竞争意识。宁波农民保守的理财理念反映出他们缺乏市场竞争意识，仍然抱守着农村社会小富即安的落后观念，这对提高农民的经济水平促进其市民化十分不利。因此，政府和社区有责任培养农民的市场竞争意识，要破除农民"等、靠、要"的思想，让他们树立起干大事业、求大发展的理念，认识到通过参与市场活动，如通过自主创业、投资理财产品等方式，可以改变经济现状。

10.2.2　农民自身素质（主观）

一、构建因素分析

农民自身的科学文化素质低下，严重影响了农民市民化进程。科学文化素质是指在处理社会和自然的关系中，应该具备的知识、精神要素和实践能力。根据中国科学技术协会对中国公众科学素养调查的结果，具备科学素养的农村居民仅占0.4%，比城市居民的比例3.1%低了近7倍。科学文化素质低下，使得农民在劳动力市场处于不利地位，他们只能在城市从事一些劳动密集型工作，并且这些工作可能是最脏、最苦、最累，同时也是报酬水平最低的。宁波农民的文化水平较低，在访谈调查的农民中，具有高中文化水平的人寥寥无几，初中文化水平的也不多，而小学文化水平占大多数，甚至还有一小部分是没上过学的文盲。文化素质低使得他们虽然生活在城市，但缺乏满足工作需求的职业技能和知识文化。因此，宁波农民有相当一部分人是失业在家，也有就业的劳动力，但较多的是做诸如保安、环卫等缺乏技术含量的不稳定工种。

心理素质欠缺同样不利于农民市民化。我国城镇化的快速发展已经超出了工业化发展对劳动力的需求量,也超出了包括社会保障制度在内的各种配套制度的改革步伐。这势必造成失去土地这一生存和保障手段的农民,在城市生活与现实的残酷对比中产生巨大心理落差,在内心深处产生不安定感的心理危机。在对宁波农民的走访调查中,经常听到农民在担心"这样的日子是否能够一直过下去",他们担忧未来生活的不确定性,表现出心理的不安全感。农业生产方式和小农文化塑造的是抗压能力弱、封闭保守的农民,这种文化不适的弊端在农民市民化实践中充分暴露出来。

二、构建路径设计:对农民进行市民化教育,强化社会公民素养

马克思辩证唯物主义的观点认为,内因是根本,外因是条件。农民难以完全融入城市固然有制度方面的客观原因,但内化在农民思想与行动之中的"传统性"与"现代性"的对立,才是阻碍农民完全市民化的根本原因。从我们的实际调查来看,宁波农民淡薄的法律意识、模糊的社区意识和矛盾的教育观念等特点,都在一定程度上折射出传统性对他们思想的束缚。对农民的市民化教育着重从以下方面入手:

第一,强化教育观念。目前宁波农民的教育观念已经发生改变,基本都能支持子女的教育投资,但仍存在一些问题,如家长教育方式落后不能培养孩子良好的学习习惯,重视不足而没有给孩子营造好的学习条件,同时还存在农民不重视自身素质提高的问题。对此,要进一步强化农民的教育观念,让他们在支持子女教育的同时也讲究教育方法,为子女的教育提供更加有利的环境。让他们在重视子女教育的同时,也相信通过自身的再教育学习,也可以改变自身的命运。

第二,激活公共意识。传统农民经营的是自给自足的生产方式,这种生产方式塑造的是自私的小农。当他们融入城市生活,职业的转换和城市公共空间的扩大,都要求他们逐渐培养起公共意识。因此,对农民进行"现代性"教育应激活农民的公共意识,使他们自觉克服长期束缚的自私观念,不断加强对自身行为影响力的认识和控制。

第三,增强参与意识。农民的社交网络具有封闭性,如果把这个网络移植到城市,将对其市民化不利。因此,对农民进行参与意识教育,如教育他们作为社区一员就要积极参与社区政治生活,为社区发展建言献策等。通过参与各种城市活动,加快他们转变为市民的步伐。

10.3　社会层面

如果说制度和文化分别从宏观和微观方面对农民的市民化产生影响，那么社会层面的影响则属于中观层面的。学界普遍认为，农民市民化的影响因素来自宏观、中观和微观三个层面构筑的庞大网络的影响。因此本研究提出，作为社会层面的社区责任和原市民包容度，同样对农民完全市民化具有影响作用。

10.3.1　社区责任

一、构建因素分析

社区是居民聚居其中的、能够体现居民人际关系的区域性社会空间，同时也是居住其中的居民人格、素质养成的场所，通常把社区分为农村社区和城市社区。农村社区是一个封闭性的乡村网络，人们基于亲缘、血缘、地缘的关系守着最原始、最淳朴的情感交流和互助交往。在这样的一个道德社区里，人们获得心理的安全感和满足感。由于社区可以满足人们的心理需求，所以，即使是搬迁到城市社区生活的农民，出于满足心理需求和维护社区利益的目的，还是会通过区别于城市职业化互动形式的同质性互动，来维持已有的社会资本。客观地讲，这种封闭性的互动模式只能在短期内为农民带来安全感和满足感，从长远来看，这不利于农民融入城市生活。

社区是一个自我管理、自我教育、自我监督的组织，社区不仅是居民生活、生存的环境，更重要的是，社区在塑造居民人格态度，提高居民思想文化素质方面，发挥着更为重要的作用。因此，当前城市新型安置社区在支持、教育农民从传统向现代转变过程中的责任至关重要，社区引导农民转变观念的作用非常关键，农民的彻底市民化在很大程度上取决于城市社区责任能否到位。

在走访调查中，我们也发现，农民纵然有思想上的劣根性，但社区在引导农民健康生活，加速融入城市生活上做出的努力，在客观上消融了这种传统影响力的惯性，使农民的生活方式悄然发生改变。对引导农民转变人格态度，提高思想文化素质，尽快适应城市生活，真正完成市民化进程，起到了积极的推动作用。

二、构建路径设计:充分发挥社区功能,引导农民完全融入城市生活

托马斯和兹纳涅茨基在研究美国的波兰农民时发现,作为一种凌驾于个人之上的社区组织——互济工会,在解决人们疾病、死亡及失业等紧急问题时,提供了一个互助的平台。这一组织在一定程度上抵消了移民们生活在新环境的不适感,增强了移民社区的团结,使他们更好地融入新社区。农民从农村走向城市,无论是生产还是生活难免会遇到一些困难,如果能够充分发挥社区的作用,将大大减轻市民化这一过程的阵痛。

宁波农民融入城市已经多年,其完全市民化进展并不完美,这就亟须社区功能的加强。综合调查走访实际情况,我们认为当前做好社区管理和服务活动,应该做到以下几点:

首先,加强制度建设。在农民移居新社区后,要尽快将城市社区管理的模式引入新社区,破除社区与村民自治并存的二元化管理方式,在最短的时间内与城市管理模式接轨。

其次,重视社区教育。社区具有的"全员、全面、全程"特点,为农民进行城市再教育提供了最直接、最便利的场所。社区不仅能够帮助解决农民遇到的紧急问题,为其提供生产生活的方式,而且有助于社区成员价值观念、道德规范、行为准则的形成。当前,社区教育的重点是致力于引导农民明确人生的方向,根据社会现实,建立新的生活目标和社会理想,并通过职业技能培训给予农民必要的知识和技能,使之适应现代社会生活。

再次,开展社区活动。社区活动以一种喜闻乐见的方式让农民在不知不觉中接受新思想、新理念,更好地适应城市生活。通过开展一系列社区公益性、娱乐性、福利性活动,塑造平等、参与、互惠、合作的社区精神,使个体获得新社区的社会规范、价值观念和行为模式,并将其内化为自身的人格特征。通过开展各类特色的主题活动,如社区讲座、现代生活展示会,让社区成员有机会表达意见,在讨论中不断理解何为合格新市民,引导他们养成现代文明的生活方式和行为习惯,推动农民向市民转变。通过组织建设各类社团组织,让社区成员学会自我管理、自我教育,同时通过社团生活,增强其社区归属感和群体意识,缓解城市生活带来的紧张感。

最后,优化社区环境设施。加大对社区基本环境设施的投资力度,使其在交通、娱乐等公共设施方面基本达到城市社区的标准,构建城市生活空间,为农民转换为市民角色提供相似的环境。

10.3.2 原市民包容度

一、构建因素分析

由于长期以来城乡二元体制的影响,农村和城市之间得不到有效互动,农民和市民之间缺少交流的机会,以致缺乏一种互相理解和尊重的情感,从而形成城乡两种异质性的文化。因此,农民和市民两种不同的地位身份,他们彼此之间的生存方式不同,经济条件不同,文化资本也不同,这集中反映在两个群体的爱好、秉性的巨大差别上。虽然随着城镇化的发展,有部分城郊的农村纳入城市发展,很多农民也过上城市生活,但长期隔绝的不同文化仍然无法让原市民在短期内接受农民的习性。这在客观上造成了农民与原市民的对立,固化了农民封闭的社会互动网络,加大了农民完全市民化的困难。

二、构建路径设计:加强群体间的互动,优化市民化的社会环境

受城乡异质性文化和经济条件差距的制约,长期以来,作为城市新人的农民和城市其他群体之间的社会互动障碍重重,这严重影响了农民的市民化进程。经典移民理论认为,移民的融合要经过定居、适应和完全同化三个阶段。根据该理论,即使是已经定居城市多年的宁波农民,虽然可以说达到适应的标准,但还未达到完全融入同化的阶段。就全国而言,目前大部分农民还处于定居阶段,其后需要一个逐渐适应的较长过程,才可能达到认同和融入城市的阶段。通过增加农民与城市不同群体之间的互动机会,可以加速其市民化进程。

政府在引导城市不同群体互动方面,应该发挥更积极的作用。一方面,政府要从以人为本和和谐社会的高度来认识农民市民化问题,强化群体互动可以促进农民市民化。通过加大资金投入力度,组织开展各种适合所有群体参与的城市活动,增加城市不同群体特别是农民与其他群体的接触机会,让他们在活动中互相理解,弥合城乡文化的分歧,为加深不同群体之间的理解创造条件。另一方面,媒体作为现代社会的宣传工具,在传播塑造新思想、新文化方面具有其他手段无可比拟的便利和效果,因此,政府要鼓励和引导各类媒体通过各种形式,宣传不同群体的价值规范、行为准则、文化形态,如通过出版物、宣传片等方式展现不同文化形态的特点,从而为不同群体的互动创造思想上的准备。另外,随着公民社会的崛起,社会团体组织也应该发挥一定的作用,比如,通过志愿者组织的形式开展社区宣传、公益讲座等活动,让农民和其他群体加深对彼此的了解,降低潜意识里对对方的反感。当然,农民与其他群体特别是城市原市民互动的根本还是需要各自的努力,只有群体自身有互动的意识、需要、冲动,外界的推动才有可能发挥作用。总之,农民与城市其他群体的社会互动,需要来自政府、社会和个人的共同努力。

10.4　经济层面

近年来,为了加快城乡一体化进程,各地纷纷进行"撤县建区""撤村建居"和"城中村"改造,农村集体经济受到很大冲击,农民的经济利益得不到保障,严重阻碍了其市民化。于是,在现有制度选择边界制约下,将20世纪50年代农村社会主义合作化时期"初级社"的制度安排与城市正在推行的"股份制"改革进行嫁接,"股份合作制"就成为一种必然的制度选择(傅晨,2014)。一些地方尝试对村级集体经济组织进行股份合作制改革,即将原集体经济组织的所有财产等额折成股份,组建股份合作社,让集体经济组织成员的村民"持股进城",有效保护了农民的经济利益,在促进其彻底市民化方面取得了很大成效。

从实践情况来看:村级集体经济股份合作制改革可以明晰集体资产产权,促进集体资产保值增值;可以解除农民进城的后顾之忧,加快城乡一体化步伐;可以有效建立农村集体资产收益分配机制,优化农民收入结构,提高农民收入水平,加快市民化进程。然而,经过多年发展,基于全域都市化战略,当城乡一体化进入完全消融(农民彻底市民化)的历史阶段,股份合作社改制也相应地进入了市场化综合改革的深水区,面临一系列发展瓶颈。

宁波市江东区自2005年全面完成农村股份合作制改革以来,如何打破封闭僵化的运营机制,促进集体经济市场化改革,一直是推行完全消融范式的城乡一体化的重大难题。随着市场经济的深入和现代化核心城区的加快建设,主要得益于、依托于城市经济发展壮大的集体经济股份合作社,在可持续发展、社会管理等方面均面临严峻的挑战。

这些问题既有经济发展问题,又有社会管理问题,但归根结底是城乡一体化高级阶段(即完全消融)所不可回避的问题。其根源是农民市民化还没有完全接轨而导致合作社"政企难分",即使到目前为止,仍然没办法完全剥离合作社的社会管理及保障职能。其核心是产权制度改革不彻底,即合作社是非完全的市场经济主体、社员是非真正主动出资的股东、股权是非完全的产权。庞大的集体资产反而束缚了股东的自由发展,包括市场经济意识、风险意识、市民意识的培育等。其出路是以新一轮市场化综合改革为重点，着力从完全消融上促进城乡一体化，即加大合作社市场化改革步伐，充分发挥市场在资源配置中的基础性作用，加快合作社的人才、资金、股权和资产等市场要素的自由流动，促进合作社股东结构、股权结构和资产结构的优化，促进股东个人的创业发展，加快农民彻底市民化直至完全消融，最终促进合作社向现代企业制度方向发展，实现完全消融范式下的城乡一体化。

因此，经济发展方式转型、股东市场风险意识培育、社会保障提升等成为股份合作社市场化综合改革的指导思想，具体包括产权制度（股权融资、股权交易）、内部治理结构（民主决策）、可持续发展（组织创新）、"三资"（资源、资金、资产）、科学化管理（监督管理）等方面的顶层构建。

10.4.1 股权融资

一、构建因素分析

周其仁指出，集体公有制既不是一种共有的、合作的私人产权，也不是一种纯粹的国家所有权，它是由国家控制但由集体来承受其控制结果的一种中国农村特有的制度安排。显然，产权的模糊性自村级集体经济一出生就天然存在。农村集体经济股份合作制改革也是源于村级集体资产，尤其是集体土地征用后村级集体资产急剧增加，是在农民对分享、占有集体资产的要求十分强烈，但在原有制度框架内又无法实施的情况下进行的一项改革。这项改革在一开始，从制度安排上就偏重于分配，忽视了产权制度建设，提出了"坚持集体资产所有权不变的原则"折股量化到户、到人的集体资产，其所有权仍属于股份合作社；量化到户、到人的集体资产股权，只作为享受集体经济收益分配的依据。也就是说，只量化了实实在在的收益分配权和名义上的所有权，不是终极财产所有权，股权的所有权仍归集体，集体经济的公有制属性没有发生根本变化，集体经济的产权模糊问题依然没有得到根本性的改观。对此，有关专家、学者认为，赋予股东完备的产权，是股份经济合作社市场化综合改革的关键所在，是建立股权流转机制、实现资本重组和资源重新配置的基石，是向现代企业转换的根本举措。

股权的封闭运行（不可转让、抵押、交易等），会导致难以通过产权交易和产权重组的过程来实现资本的重组和资源的优化配置，产生严重抑制股东个体的创业激情，影响经营管理层的积极性，阻碍股份经济合作社进一步对外扩股融资发展、强化"内部人控制"机制等问题。因此，从发展的角度看，股权流转的封闭将严重制约股份经济合作社的健康发展。

二、构建路径设计：建立股权融资平台，解决股东个人发展资金需求

产权包括所有权、占有权、收益权、使用权和处置权。深化股份合作社产权制度改革，不仅能有效激活合作社的沉睡资本和股东的创业创新活力，而且能不断优化合作社的股东结构和股权结构。要按照"归属清晰、权责明确、保护严格、流转顺畅"的要求，积极稳妥地深化合作社产权制度改革。当前，重点是在使用权和处置权上进行创新突破。

允许股权融资是解决合作社股东创业资金筹集难题的有效手段，也是逐步解除股东与集体强制捆绑关系的探索途径。从实际情况看，股东在生活消费、看病和就业等方面，对资金的需求较大，而且金融机构也对合作社的股权抵押贷款业务感兴趣。可以借鉴"两权一房"融资经验，依托金融机构，建立合作社股权融资平台，鼓励金融产品创新，为股东提供有针对性的股权抵押贷款金融服务。在实践中，需要与街道、法院、司法局、法制办、金融机构等进行协商、研究，共同积极做好前期相关准备工作。如宁波农村信用合作社已草拟了"随贷通"方案、宁波银行推出了"路路通—股民白领通"方案，都是集体经济股份合作社股权融资的有益尝试。

10.4.2　股权交易

一、构建因素分析

经过股份制改革，虽然界定了股份合作组织成员的身份，明确了他们的收益分配权，但总的来说，农村股份合作社的产权仍没有完全明晰。个人产权还存在残缺的现象。按照产权理论，产权是一束权利集合，完备的产权至少包括使用权、收益权和处置权。目前，一般农村集体经济股份合作社规定的个人产权只拥有分配股份的名义所有权，只能据此参与分红，没有转让、买卖、抵押等处置权。另外，合作社资产大多数至今仍然是按照多年前成立之初的投入计账，股东股权的账面价值与目前的市场价有很大的差距。由于资产价格不清晰，股权内部交易非常不活跃。同时，合作社与股东的这种强制捆绑关系不仅制约了合作社人才、资金等市场要素的流通，难以形成明显的大股东，而且强化了股东对集体的过度依赖，人们对合作社分红的攀比愈演愈烈。

这种格局会使股权丧失应有的流动性，从而使本村之外的个人和法人资本不能进入，村内的股权也不能流出。这种封闭性与工业化、城镇化和农业现代化的进程是不相适应的，也与市场经济的开放性不相适应。

股权交易的封闭会带来两种后果：一是导致股东的封闭。股东只限于本村经济合作社的原有成员，不从外部吸纳股东。加之他们的股东身份是刚刚从社员、村民转变而来的，人员素质相对较低，自我发展意识、风险意识还相当淡薄，普遍认为集体的所有资产都是他们个人的，排外心态严重，由此造成了股东封闭性和特殊性，这是阻碍股份经济合作社进一步发展的因素之一。二是导致管理人员封闭。目前农村股份经济合作社普遍缺乏向外招聘专业管理人才参与股份经济合作社经营管理机制的尝试，其董事会、监事会成员一般还是原村经济合作社班子成员，所以经营上相对保守，这也不利于股份合作社进一步发展壮大。

二、构建路径设计：建立股权交易平台，促进合作社市场要素自由流通

股权等市场要素的自由流通是市场经济最基本的要求，也是优化股东结构、股权结构，逐步减少股东、形成大股东的关键。可以依托"三资"（资源、资金、资产）管理服务中心，探索建立股权交易平台，规范流转程序，降低交易成本，提供股权交易一条龙服务。结合年度财务审计，聘请中介审计机构对股份合作社资产进行评估，定期发布各合作社资产动态净值、回报率等信息，增加资产价格的公信度和透明度。目前，一些地方已建立各种农村产权交易中心，有较成熟的做法，值得借鉴。同时，规范完善股权继承制度，探索小股东等特殊股东的股权退出机制。可根据各合作社的货币资金实力，每年推出一定额度的指标，通过竞拍等方式，回购部分小股东的股权。

10.4.3　组织创新

一、构建因素分析

一方面，合作社的资产仍属集体所有且尚未在工商登记，其经营范围往往受到严格的限制。随着农村传统发展空间的萎缩，合作社可持续性发展面临严峻考验。由于投资渠道受限，不少合作社出现收支倒挂。目前，部分股份合作社因为尚有少量的留用地和一些老工业小区等资源，还有一些发展空间；其他合作社则已经基本没有新的经济增长点，极少数合作社按目前分配趋势发展，则几年后极有可能自然消亡。

另一方面，与公司股东相比，股份合作社股东不是主动的投资者，市场风险意识低。表现在分红方面，股东群众分红喜欢攀比，希望年年有增长，这不符合市场经济规律。

二、构建路径设计：创新组织形式和规范内控制度，探索建立合作社可持续发展机制

随着宁波现代化核心城区建设的加快，农村原来的"摊大饼"式的发展模式已无出路。要按照既注重经济效益又注重社会效益的要求，积极创新经济组织形式，规范内部控制制度，努力拓展经营多元化，加快转型升级，切实提高合作社经济发展的质量。

针对不断萎缩的发展空间和越来越严厉的监管实际，在目前城乡二元体制的政策环境下，根据各合作社发展阶段、资源禀赋和股东群众意愿的不同，精心规划设计不同的深化改革方案，积极创新经济组织形式，不失为促进可持续增长的务实之策。(1)对城乡一体化早、市场化成熟的合作社，通过项目公司化，鼓励集体经济向现代企业制度方向发展，切实提高经济发展质量和效益。(2)对留用地开发尚未完成，还有较大集体经济发展潜力的合作社，通过创新内部经营机制，促进集体经济做大做强，确保广大股东群众分享城市化发展成果。(3)对持有较多物业资产，但没有发展空间的合作社，严格按照集体资产"三资"规范化管理的要求，创新监管机制，提升物业租赁效益，并按照"简政高效"的要求，从严控制非生产性开支，着力确保为广大股东提供持续稳定的分红保障。(4)对极少数资产较少、严重超分配的合作社，积极关注和提前谋划合作社退出机制，确保社会和谐稳定。

例如，按照确保回归"经济人和投资人"的要求，合作社可以通过项目公司化(或项目合作社分社)、若干个合作社利用零星留用地指标合股成立开发公司等方式创新组织形式，以实现多元化发展。在发展思路上，要加快落实和推进10%留用地开发、工业小区改造，研究制订货币资金使用管理办法，出台相关支持政策。同时，要引导股份合作社妥善处理好消费与投入的关系，规范分红，避免出现超额分配性亏损。对在分配中出现"分资产"的现象，要及时调整有关资本账户，并向广大股东作出资本减值情况说明，避免留下隐患。

10.4.4 民主决策

一、构建因素分析

第一，股份合作制在制度设计时，强调的是"一人一票"决策原则，而非"一股一票"决策原则。实行"一人一票"原则，较好地体现了民主管理的原则，但是，这种决策机制是比较低效的，在对重大事项进行民主决策时，由于股东人数众多，可能难以达成一致，决策时间过长，造成决策成本上升，延误

了合作社的发展。加之农民具有小农意识,缺乏远见、缺乏对市场经济的认识,但大家又都很想表达自己的意见,行使表决权的积极性很高,其结果必然是很难实现快速、高效的决策。随着社会经济快速发展,市场竞争愈加激烈,这种决策机制导致很多发展机会流失。

第二,经营管理层的股权与普通股东并无差距,其工资报酬由街道考核、合作社支付,与十年前相比,几乎没有什么增长。虽然有些地方尝试借鉴国有企业"年薪制"的考核办法,以提升股份合作社董事长的待遇,但很多人表示难过股东代表大会这一关,最后不了了之。很多董事长坦言:"股份合作社改革形成了新的大锅饭,如何优化股东和股权结构,建立科学的激励和决策机制,是合作社深化改革的当务之急。"

第三,随着时间的推移,一些通过继承进来的非原社员股东呈增长趋势。这些非原社员股东和原来的大量小股东是影响合作社决策效率和管理效率的重要因素。

第四,各权力机构之间的决策权限未厘清,很难形成符合市场经济快速变化需要的科学决策机制。

二、构建路径设计:优化内部治理结构,创新民主决策机制与激励考核机制

一个科学、合理、有效的内部治理结构,能够解决合作社权责不清、激励不足、决策效率不高等问题。要按照"产权清晰、权责明确、政企分开、管理科学"的要求,积极优化合作社内部治理结构,逐步建立起一套与市场经济相适应的现代企业制度。

首先,探索推行"一人一票"与"一股一票"相结合的表决办法,创新合作社民主决策机制。"一人一票"体现人的权重,是合作制的主要特征。"一股一票"体现资本的权重,是市场化的重要特征,也是促使合作社科学高效决策、促进股权优化的重要保证。在一些合作社的换届选举中,基层已经自发地增加股权在表决中的权重,如:推荐股东代表候选人时,越来越多的合作社采取了一定额度股权推荐产生一名候选人的做法,或者采取以一定的股权量直接组合产生一名股东代表的办法,这样选出的代表具有广泛性,便于今后发挥代表的作用。因此,要结合市场化综合改革的进程,推进"一股一票"表决办法在股份合作社日常管理中的运用。

其次,探索实施项目责任制奖励办法,创新合作社激励考核机制。鼓励股份合作社经营管理层创业,探索实施项目责任制奖励办法,即对合作社的

经济发展分项目进行目标责任考核。在承诺期限内完成目标的,由股东代表大会讨论给予经营管理层一定的物质奖励。完善合作社经营管理层工资报酬考核办法,提高基本工资,加大经营业绩的考核奖励力度。结合项目公司化和回购小股东股权,鼓励和支持经营管理层持大股。同时,每年评选一批股份合作社董事长的经济发展"突出贡献奖"和"优胜奖"。

10.4.5　监督管理

一、构建因素分析

股份合作社经过多年发展,围绕着两极分化、财务规范、"三资"管理等敏感领域,出现了一些新问题。

首先,当年量化的股权现在市值大都翻了好几番,合作社发展两极化日益加剧。好的合作社股东人均资产可达上百万元、分红高达5万~6万元,而差的只有十几万元资产、2万多元分红。资产越多,将越加剧合作社之间的利益落差以及边缘人群(包括边缘股东)与股东之间的利益落差,给社会稳定带来潜在的风险。"资产越多、风险越大",这是很多基层干部和郊区农村的普遍担忧。

其次,个别股份经济合作社存在财务预决算、货币资金管理、开支审批、往来款管理、票据使用等方面不规范的情况,甚至存在公款私存、白条抵库、多头存款等严重现象,影响到股份经济合作社的稳定运行发展。这也是广大股东关注的热点和焦点问题,并成为近几年来信访的主要源头。

第三,在股份合作社的"三资"管理中,还暴露出制度执行不够到位、民主监督不够有力、债权债务清理不够及时、资产运行效率不够高等问题,影响了集体经济的和谐发展壮大。

二、构建路径设计:完善五大制度体系和立体化监督体系,建立市场化科学管控机制

合作社的"三资"管理关系到广大农民的切身利益。要坚守"股份合作社资产安全不出风险"这条底线,主动适应股份合作社市场化综合改革的变化,借鉴现代企业制度的监管经验,积极建立市场化的科学监管机制,使股东群众对集体经济发展既有信心,又能放心。

首先,建立完善五大制度体系,把"三资"管理的风险关进制度的"笼子"。注重强化股份合作社重点环节、重点部位的制度建设,形成明令禁止性、程序规范性、监督制约性、风险防范性、廉洁自律性等"五大制度管理体

系",并实行"红黄橙等级管理",彻底把"三资"管理的风险关进制度的"笼子"。同时,要加强制度宣传,把各种政策、制度汇编(简明版)发放到广大股东手中,使合作社干部和普通股东都加强对股份合作社制度的认识。

其次,强化立体化的监管体系建设,切实增强制度执行的刚性。要形成以街道会计代理站业务监督为主阵地,年度审计监督为重点,日常专项治理行动为关键,民主监督为补充的监督网络;基本做到风险及时防范,问题及时发现,整改及时到位;注重建立常态化的考核整改机制,出台街道代理会计考核办法,制订每季度查检通报制度,确保制度执行的刚性。按照"减存量、控增量"的目标,全面开展股份合作社"问题整改清零行动"。

11   研究结论

通过对基于全域都市化视角的宁波城乡一体完全消融范式的理论研究,以及对沿海地区城乡一体化的先行者——宁波市原江东区(现与鄞州区合并)福明街道的案例调研,本课题得到以下研究结论:

第一,传统的城乡一体化模式内在体现于"人口数量转移型"城市化,本质上是一种单维度的城市化;而基于全域都市化完全消融范式的城乡一体化内在体现于"结构形态转换型"城市化,本质上是一种多维度的城市化。基于全域都市化完全消融范式的城乡一体化是一个以"人"为中心、受众多因素影响、极其复杂多变的系统转化过程,其核心是城市物质文明和精神文明的不断扩散,农村居民的生活方式日益接近城市居民,强调的是作为一切经济社会活动的终极目的的"人"在城乡一体化过程中,思想、观念和文化的转变以及附着的物质生活的提高,强调的是一种生活状态的现代化,是一个综合性的概念。

第二,世界各国(地区)成熟的城市化经验显示,城市化要以农业的持续稳定发展为前提,城市化要与工业化适度同步,从区域层面考虑,完整的城镇体系要考虑系统性、层次性、有序性,尤其要强调市场调节与政府调控并重。而国内的主要城乡一体化道路(模式)带来的启迪是,农民市民化,即"人的城市化"是目前国内城乡一体化的关键瓶颈。而较低的农民素质与不断减弱的县域经济承载力、制度缺失与不断强化的农村劳动力转移的市场拉力、社会歧视与过高的劳动力转移成本等则是当前我国农民市民化进程中存在的核心问题。

第三,转型时期我国沿海地区城乡一体化的特征是和谐与冲突共存、博弈与失衡共存、整合与分化共存、存续与消除共存。同时,沿海农村还存在思想观念、生态环境、利益分配和政策等制约城市化协调发展的相关问题。以上特征和问题,在一定程度上影响了人们对城乡一体化的判断,并使人们产生许多困惑:既需要各级政府重视,又需要全社会的理解和社会公众的广泛参与;既希望农民分化、重组与发展,又希望整个社会稳定与整合;既希望对农村社区进行彻底的城市化改造,又希望对有历史意义的农民原住空间环境予以适当的存续保留。

第四,宁波市的城乡一体化进程分为三个阶段:初级阶段以"三改一化"为重点,从功能形态上推进城乡一体化;中级阶段以做大做强合作社集体经济为重点,从深度融合上推进城乡一体化;高级阶段以新一轮市场化综合改革为重点,从完全消融上推进城乡一体化。

通过对江东区福明街道农民市民化典型个案进行研究,发现他们主要存在着经济条件不足、身份认同障碍、社会互动困难和观念意识落后四个方面的主要问题。这些问题并不是单独的,而是相互作用、共同制约宁波农民的市民化进程,使其仍处在介于农民与市民的"半市民化"状态。以往的研究比较侧重物质层面对农民市民化的障碍研究,而较少涉及精神文化层面的讨论,这对促进农民市民化进程十分不利。正是考虑到以往研究在这方面可能不足,本课题基于全域都市化战略,研究"不仅涉及农民身份、居住条件和管理体制等外在功能形态上的转变,而且涉及生活方式、行为习惯和精神文化等内在本质上的人的城市化"的城乡一体化完全消融范式。

第五,基于全域都市化视角的城乡一体完全消融范式的衡量标准是农民彻底市民化,其范式构建也应该以促进农民彻底市民化为核心,从全局的角度把握宏观、中观、微观各层面的互动。通过前期对完全消融范式内涵的探究,对国内外城乡一体化规律的萃析,本课题构建了基于全域都市化视角的城乡一体完全消融范式,具体包括制度、文化、社会、经济等四个层面,以及土地、社会保障、就业、农村传统文化(客观)、农民自身素质(主观)、社区责任、原市民包容度、股份合作社股权融资、股权交易、组织创新、民主决策、监督管理十二个环节。针对每个环节分析了主要的构建(影响)因素,并设计了实践中相应的构建路径(对策),为助推中央提出的以"人"为核心的新型城镇化提供有益的理论参考和实践借鉴。

参考文献

[1] 顾益康,许勇军.城乡一体化评估指标体系研究[J].浙江社会科学,2004(6).

[2] 李志杰.我国城乡一体化评价体系设计及实证分析:基于时间序列数据和截面数据的综合考察[J].经济与管理研究,2009(12).

[3] 张立华,陈洁,刘雪芹.基于元分析的城乡一体化评价:2004—2011[J].统计与决策,2012(17).

[4] 苏春江.河南省城乡一体化评价指标体系研究[J].农业经济问题,2009,30(7).

[5] 陈国生,向泽映,陈春泉.基于因子分析的湖南省城乡一体化发展研究[J].经济地理,2009,29(6).

[6] 修春亮,许大明,祝翔凌.东北地区城乡一体化进程评估[J].地理科学,2004(3).

[7] 焦必方,林娣,彭靖妮.城乡一体化评价体系的全新构建及应用:长三角地区城乡一体化评价[J].复旦学报(社会科学版),2011(4).

[8] 王元凤,钱龙.发达地区城乡一体化水平测度与空间分布研究[J].商业经济研究,2015(11).

[9] 赵红,王新军.我国农业转移人口市民化推进研究——基于机制设计理论[J].西北农林科技大学学报(社会科学版),2015(3).

[10] 王琛.农业转移人口市民化基本路径研究——基于利益相关者的视角[J].科学社会主义,2015(2).

[11] 魏后凯,苏红键.中国农业转移人口市民化进程研究[J].中国人口科学,2013(5).

[12] 刘传江,程建林.第二代农民工市民化:现状分析与进程测度[J].人口研究,2008(12).

[13] 刘嘉汉,统筹城乡背景下的新型城市化发展研究——以全国统筹城乡综合配套改革试验区成都为例[D].成都:西南财经大学,2011.

[14] 王勇,城市化进程中失地农民的利益表达——以川北某开发区失地农民为例[D].武汉:华中师范大学,2007.

[15] 刘海云,城市化进程中失地农民问题研究[D].保定:河北农业大学,2006.

[16] 杨风,人口城市化进程中农民市民化研究[D].成都:西南财经大学,2008.

[17] 王洪祥,县级市城市化演进及创新发展研究[D].南京:南京理工大学,2011.

[18] 罗蓉,中国城市化进程中失地农民可持续生计问题研究[D].成都:西南财经大学,2008.

[19] 张广威,中国特色城市化发展战略问题研究[D].成都:西南财经大学,2011.

[20] 邵峰,转型时期山东沿海农村城市化模式及整合机制研究[D].天津:天津大学,2009.

[21] 赵树枫,陈光庭,张强.北京郊区城市化探索[M].北京:首都师范大学出版社,2001.

[22] 袁以星,冯小敏.上海城乡一体化建设[M].上海:上海人民出版社,2002.

[23] 王景新,李长江,曹荣庆,等.明日中国:走向城乡一体化[M].中国经济出版社,2005.

[24] 杨振宁.城乡统筹发展评价指标研究——基于时列数据[J].北京:农村经济与科技,2008,19(11).

[25] 童玲玲,梁雪春,刘艳.江苏省城乡统筹评价体系评估及探讨[J].特区经济,2007(10).

[26] 漆莉莉.中部地区城乡融合度的综合评价与分析[J].江西财经大学学报,2007(4).

[27] 付海英,郝晋珉,朱德举,等.市域城乡统筹现状评价及其影响因素分析[J].农业技术经济,2006(5).

[28] 张培刚.农业现代化[M].武汉:华中科技大学出版社,2012.

[29] 倪跃峰.西方人口思想史[M].北京:中国人民大学出版社,2013.

[30] 威廉·配第.配第经济著作选集[M].北京:商务印书馆,2012.

[31] 斯尔斯.国际社会科学百科全书[M].伦敦:麦克米伦出版社,2010.

[32] 袁方.社会学家的眼光[M].北京:中国社会出版社,2014.

[33] 戴维·波普诺.社会学[M].沈阳:辽宁人民出版社,2013.

[34] 约翰·穆勒.政治经济学原理及其在社会哲学上的若干应用[M].北京:商务印书馆,2011.

[35] 李培林.农民工——中国进城农民工的经济社会分析[M].北京:社会科学文献出版社,2014.

[36] 刘中一.西部城市发展:避开班加罗尔陷阱[J].城市开发,2001(4).

[37] 陶斯文,杨风.人口流动对四川民族地区经济社会发展的影响[J].安徽农业科学,2007(20).

[38] 杨风,陈明立.缓解"银发浪潮"冲击的战略对策分析[J].重庆工学院学报,2006(10).

[39] H.鲁宾孙.人口与资源[M].陈锦棠,等译.北京:高等教育出版社,2010.

[40] 刘伟.生活方式诸问题初探[J].中川学刊,1985(6).

[41] 向德平.城市社会学[M].武汉:武汉大学出版社,2012.

[42] 青连斌.城市生活方式[M].南昌:江西人民出版社,2011.

[43] 陈小伟.城市生活方式的主要特征和功能[J].社会学研究,1987(4).

[44] 杨成钢,杨风.四川居民消费水平的影响因素与改善策略[J].重庆工商大学学报,2003(4).

[45] 万克德.人口经济导论[M].北京:中国物价出版社,2010.

[46] 杨成钢,杨风.四川省消费结构的发展变化及其影响因素[J].消费经济,2003(4).

[47] 李汉宗,单欣欣.城市化理论的发展与城市化概念的规范化[J].中国西部科技学术,2007(10).

[48] 杨成钢,杨风.农民市民化进程的社会学思考[J].农村经济,2004(10).

[49] 卢文.当前农村改革中的三个重要矛盾[J].理论月刊,1985(11).

[50] 费孝通.志在富民[M].上海:上海人民出版社,2008.

[51] 周大鸣,郭正林.论中国乡村都市化[J].社会科学战线,1996(5).

[52] 张兴华."十二五"期间农民工进城面临的挑战与对策[J].经济研究参考,2011(13).

[53] 宋斌文,樊小钢,周慧文.失地农民问题是事关社会稳定的大问题[J].调研世界,2014(1).

[54] 申兵.我国农民工市民化的内涵、难点及对策[J].中国软科学,2011(2).

[55] 江小涓.中国经济发展进入新阶段:挑战与战略[J].经济研究,2004(10).

[56] 刘永佶.中国政治经济学:主体 主义 主题 主张[M].北京:中国经济出版社,2010.

[57] 葛正鹏.农村城市化:农民市民化研究的新视角[J].经济问题,2007(4).

[58] 方江山.非制度政治参与[M].北京:人民出版社,2010.

[59] 陈彧.农民市民化问题研究:一个文献综述[J].重庆社会科学,2011(5).

[60] 刘文烈,刘晨之.试论城镇化进程中失地农民权益保护问题[J].齐鲁学刊,2007(3).

[61] 汝信,付崇兰.中国城乡一体化发展报告(2011)[M].北京:社会科学文献出版社,2011.

[62] 蔡定剑.民主是一种现代生活[M].北京:社会科学文献出版社,2011.

[63] 马克·彼特拉克.当代西方对民主的探索:希望、危险与前景[M].国外政治学,2011.

[64] 赵刚印.现代化进程中的公民政治参与[M].上海:上海人民出版社,2012.

[65] 方志权.城乡一体化进程中农民利益保护研究[M].上海:上海财经大学出版社,2013.

[66] 沈立人.中国弱势群体[M].北京:民主与建设出版社,2013.

[67] 吴业苗.城乡公共服务一体化理论与实践[M].北京:社会科学文献出版社,2013.

[68] 俞可平,薛晓源.治理与善治[M].北京:社会科学文献出版社,2010.

[69] 魏星河.当代中国公民有序政治参与研究[M].北京:人民出版社,2007.

[70] 于海青.当代西方参与民主研究[M].北京:中国社会科学出版社,2011.

[71] 国家统计局农村社会经济调查司.中国农村住户调查年鉴[M].北京:

中国统计出版社,2010.

[72] 张沛,李信仕,赵国锋.国外乡村发展经验对我国西部地区新农村建设的若干启示[J].西安建筑科技大学学报(社会科学版),2007(3).

[73] 谭智奇,廖顺余,冼平芳.我国农民话语权缺失的原因及对策[J].安徽农业科学,2008(11).

[74] 朱恒.我国城乡一体化问题的思考与对策研究[J].湖北经济学院学报(人文社会科学版),2010,7(5).

[75] 汪广荣.论农村建设中农民的话语权及其实现——韩国新村运动的经验与启示[J].农业经济,2008(9).

[76] 陈国宁,吕小波.论新农村建设中的农民参与问题[J].社科纵横,2009,24(6).

[77] 张法.主体性、公民社会、公共性——中国改革开放以来思想史上的三个重要观念[J].社会科学,2010(6).

[78] 曹婕.浅谈农村公共产品与农民主体性[J].农经论坛,2011(10).

[79] 魏娟.当代和谐社会视阈下的"农民话语权"研究[J].甘肃理论学刊,2011.3.

[80] 梁秀香.关注农民话语权[J].重庆科技学院学报(社会科学版),2008(10).

[81] 胡美灵,肖建华.新农村建设中的农民利益如何表达[J].求索,2007(4).

[82] 余少祥.法律语境中弱势群体概念构建分析[J].中国法学,2009(3).

[83] 王高贺.沉与浮:我国弱势群体利益表达困境及其突破[J].理论导刊,2012(4).

[84] 谢菊.论建设社会主义新农村的主体问题[J].学术探索,2006(1).

[85] 杨凯.城乡一体化规划概述[J].产业与科技论坛,2010,9(11).

[86] 石忆邵.城乡一体化理论与实践:回眸与评析[J].城市规划汇刊,2003(11).

[87] 成受明,程新良.城乡一体化规划的研究[J].四川建筑,2005(S1).

[88] 巫丽芸.关于城乡一体化规划的思考[J].福建建筑,2009(2).

[89] 赵群毅.城乡关系的战略转型与新时期城乡一体化规划探讨[J].城市规划学刊,2009(6).

[90] 汪恩振,张长立.新农村建设中农民话语权的缺失与回归探析[J].齐齐哈尔大学学报(哲学社会科学版),2010(1).

［91］汪波.对城乡经济社会发展一体化的几点思考［J］.哈尔滨市委党校学报,2009(2).

［92］童玲玲,杨玉军.论社会主义新农村建设中实现农民话语权的价值［J］.黑龙江科技信息,2010(22).

［93］陈世伟.我国农村公共服务供给主体多元参与机制构建研究［J］.求实,2010(1).

［94］廖艺萍.农民话语权与农村社会和谐［J］.理论与现代化,2006(4).

［95］何花.增强西部农民自主性发展能力的探索——基于新一轮西部大开发背景［J］.西南民族大学学报(人文社会科学版),2011,32(11).

［96］梁发祥.浅谈农民"话语权"的缺失即回归途径［J］.江汉大学学报(社会科学版),2009,26(2).

［97］社会管理体制改革研究课题组.合作主义:城乡社区一体化中政府、市场、农民的关系［J］.华中师范大学学报(人文社会科学版),2012,51(2).

［98］胡传明,周跃龙.农民主体性"嵌入":建设社会主义新农村的关键［J］.湖南师范大学(社会科学学报),2007(1).

［99］张凤云.农业现代化中的农民主体性问题研究［J］.科学社会主义,2011(3).

［100］黄进.中国农民主体性的现状与重塑［J］.探索与争鸣,2012(2).

［101］邓彦.试论新农村建设中的农民主体性功能［J］.农业考古,2008(3).

［102］缪青.公民参与和社区和谐:理念、变迁和制度化的趋势［J］.中国特色社会主义研究,2007(3).

［103］黄兴华.农村自主性培育:构建新型农村文化生活形态的内源力探究——基于城乡统筹的视角［J］.云南行政学院学报,2012,14(4).

［104］温锐,陈胜祥,邱贵明.新农村建设中农民主体作用的实证研究——以江南某省为例［J］.农业经济问题,2007(5).

［105］喻娟娟.中日乡村治理中农民参与问题的比较研究［D］.东北师范大学,2012.

［106］叶宁.地方治理中的公民参与——以地方自治为例［D］.浙江大学,2010.

［107］JONES E,GAVENTA J. Concept of citizenship:A review. Paper-prepared for the Development Research Centre on Citizenship,Participation and Accountability,Institutes of Development Studies,Brighton,England,2002.

[108]ARNSTEIN S. A ladder of Citizen Participation. Journal of the Royal Town Planning Institute，April，1971.

[109] MARSHALL A. Principles of Economics [M]. London，2011. WIRTH L. Urbanism as a Way of Life[J]. American Journal of Sociology,1938,44(1).

后　记

　　本书是 2017 年度宁波市与中国社科院战略合作研究课题经费资助的课题"宁波城乡一体完全消融范式研究——基于全域都市化的视角"（NZKT201703）的研究成果。在本书面世之际，我要对在本书写作、修改和出版过程中给予我帮助的同事、编辑、朋友和亲人们表示深深的谢意。

　　首先要感谢原宁波市江东区经信局的各位领导及工作人员在本课题研究过程中所提供的帮助：在课题研讨会中详细介绍宁波城乡一体化的历史进程及各个发展阶段的有益经验和政策，并提供实践素材供课题组参考学习；从宏观和微观层面对课题研究提出有针对性的政策建议，从宁波本地与全国其他省市的正反两方面经验和教训对课题研究提出诸多修改意见。

　　感谢原宁波市江东区福明街道的各位领导及工作人员在课题组历时一年多的调研、访谈等实证研究过程中，做了大量的协调、组织工作，并在后期案例分析、数据收集方面仔细复核、研判探讨，形成诸多有价值的研究结论，使课题组的研究工作得以顺利完成。

　　感谢课题组全体成员在文献梳理、理论分析和数理统计过程中的辛勤付出。从选题、研究内容的确定、技术路线的明晰到具体章节的撰写等各个细节，体现了课题组认真严谨的治学态度、学术视野及学术思维，使得课题研究在学术上更加缜密。

　　感谢我的家人。感谢父母对我的支持和鼓励，感谢爱人对我的关心和理解。你们的爱是我求学的精神支柱和动力源泉。

　　最后，衷心感谢宁波市与中国社会科学院战略合作办公室在资助本课题研究的过程中，以及宁波市社会科学院（宁波市社会科学届联合会）在资助本书出版的过程中，不断给予本人细心的指点和帮助，使得本书最终按时顺利出版，在此深表感谢！

姜卫韬

2018 年 10 月

图书在版编目(CIP)数据

　　宁波城乡一体完全消融范式研究:基于全域都市化
的视角 / 姜卫韬著. —杭州:浙江大学出版社，
2018.12
　　ISBN 978-7-308-18736-7

　　Ⅰ.①宁… Ⅱ.①姜… Ⅲ.①城乡一体化—研究—宁
波 Ⅳ.①F299.275.53

　　中国版本图书馆 CIP 数据核字(2018)第 251797 号

宁波城乡一体完全消融范式研究

——基于全域都市化的视角

姜卫韬　著

责任编辑	傅百荣
责任校对	陈 翮　黄梦瑶
封面设计	春天书装
出版发行	浙江大学出版社
	（杭州市天目山路 148 号　邮政编码 310007)
	（网址:http://www.zjupress.com)
排　版	浙江时代出版服务有限公司
印　刷	虎彩印艺股份有限公司
开　本	710mm×1000mm　1/16
印　张	17
字　数	296 千
版 印 次	2018 年 12 月第 1 版　2018 年 12 月第 1 次印刷
书　号	ISBN 978-7-308-18736-7
定　价	62.00 元